FACILE!

MATHILDE PAU

ATELIER Maelström

TRACER SES PATRONS

FACILE ! avec creapassions.com

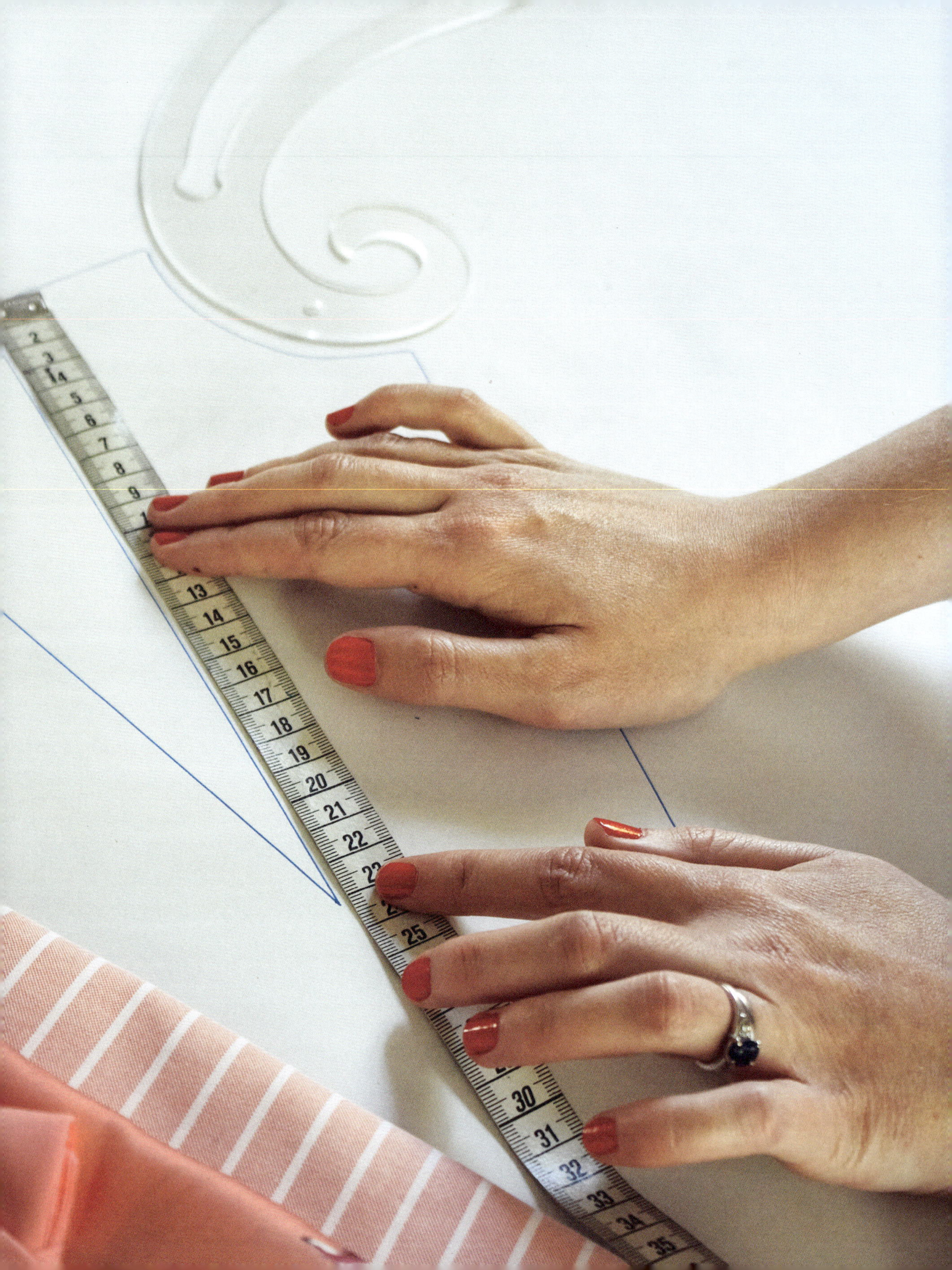

INTRODUCTION

Vous et moi avons une passion commune : la couture ! Alors pourquoi ne pas partager tous mes petits secrets de modéliste pour que vous puissiez réaliser, à votre tour, des patrons à la maison ?

À l'heure où la couture revient en force et où l'on prône le cousu main, je propose dans ce livre des explications détaillées, pas à pas, pour que vous puissiez vous faire plaisir à la maison en créant des patrons originaux. Du choix du tissu à la prise de mesures, en passant par le patronage de la jupe et du corsage de base, des trucs et des astuces seront proposés au fil de l'ouvrage pour que le patronage ne soit plus un mystère pour vous et devienne un réel plaisir !

Diplômée en 2013 en stylisme-modélisme dans le secteur du prêt-à-porter féminin haut de gamme, et après diverses expériences dans le secteur de la lingerie et de la maroquinerie de luxe, il me tenait à cœur de transmettre mon savoir et de partager avec le plus grand nombre mon métier, qui est aussi mon passe-temps préféré !

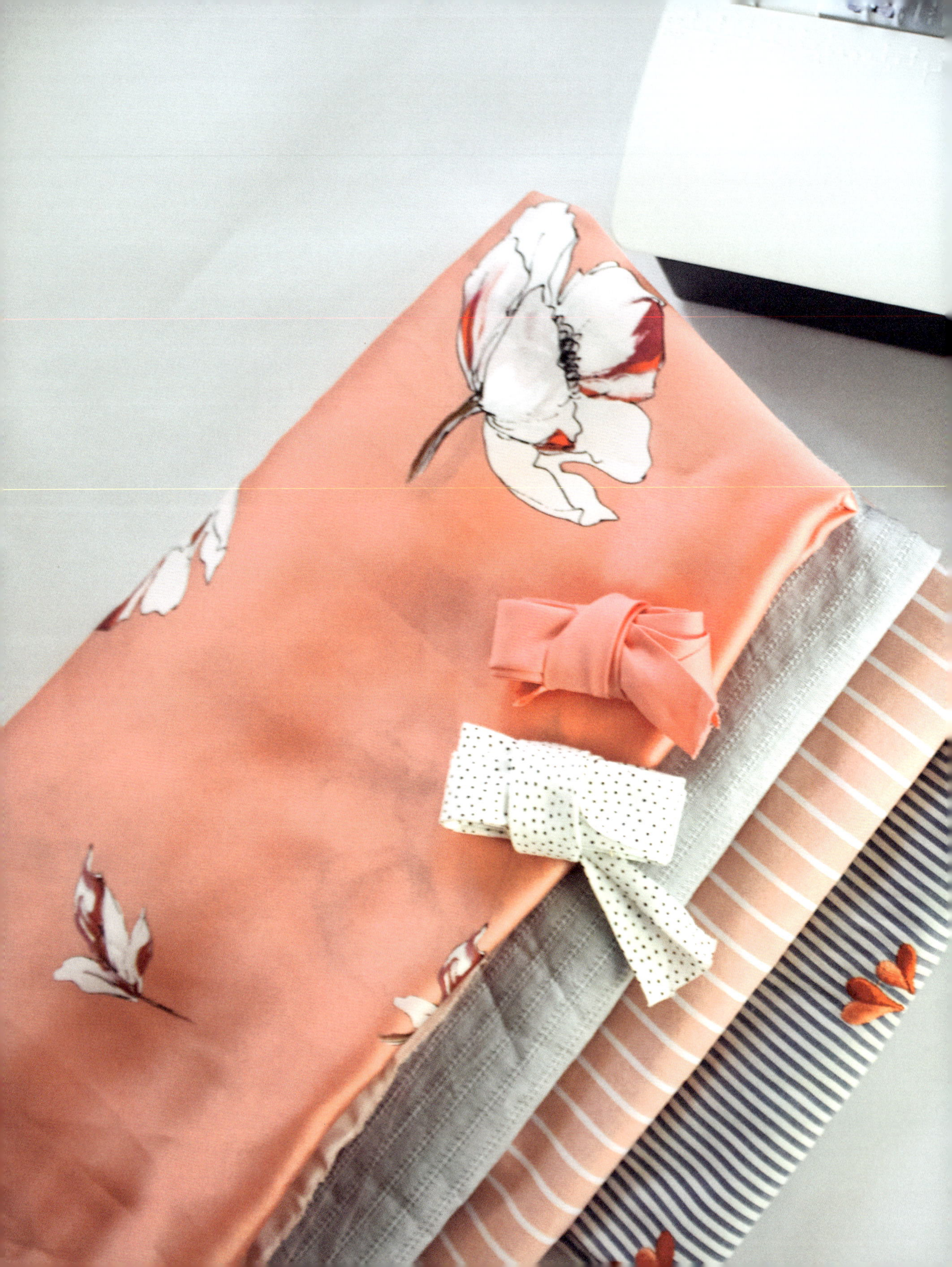

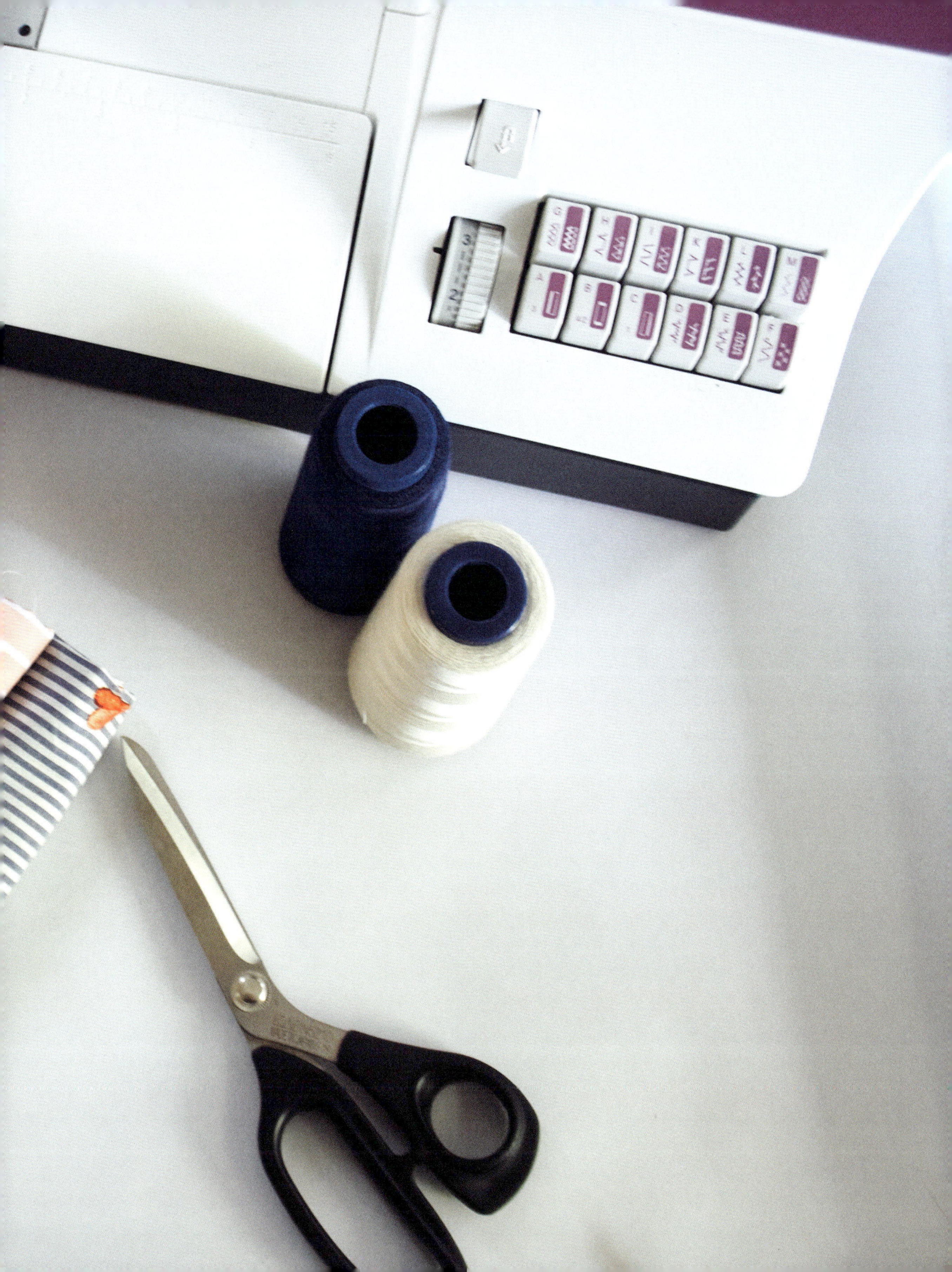

SOMMAIRE

SOMMAIRE

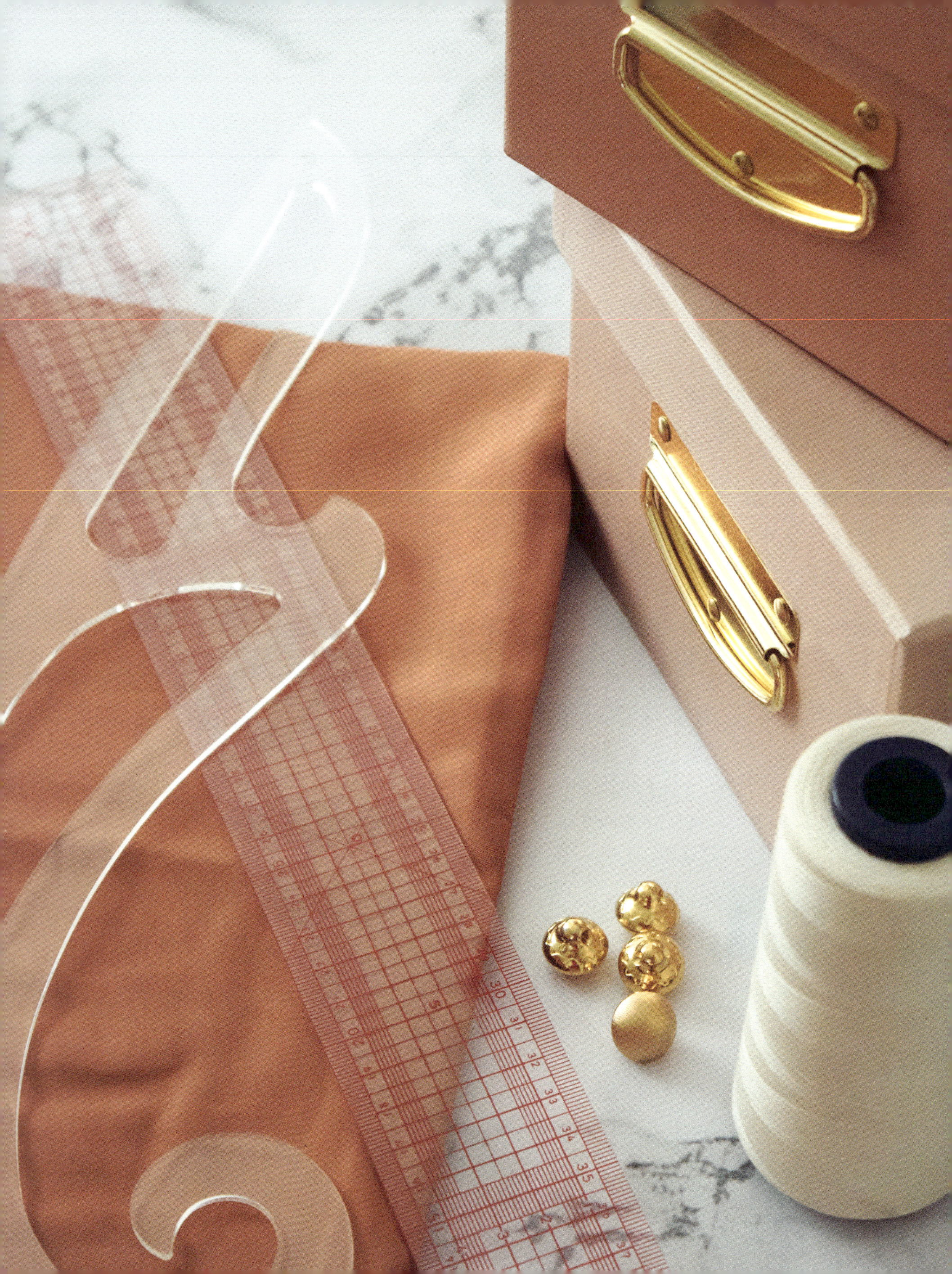

Chapitre 1
Pour bien commencer

QU'EST-CE QUE LE PATRONAGE ?

Le patronage est l'art de construire un vêtement en 3D à partir de tracés géométriques en 2D. Rassurez-vous, nul besoin d'être mathématicien ou génie scientifique pour réussir, il faut simplement être précis et appliqué dans ses mesures et dans ses tracés.

LES FONDAMENTAUX À RESPECTER

Lorsque vous travaillez un patron, il est important de raisonner en symétrie par rapport à une ligne imaginaire correspondant au milieu du corps. On parle de *demi-devant* et de *demi-dos*. En effet, les patrons sont toujours réalisés en symétrie, soit par rapport à un axe correspondant au *milieu dos*, soit par rapport à un axe correspondant au *milieu devant*. Ce travail en symétrie permet d'économiser du papier, du temps, et garantit le résultat final (qui sera symétrique par construction). Les seules fois où vous serez amené à travailler le patron en plan complet correspondront à la création de vêtements asymétriques. C'est pourquoi vous trouverez beaucoup de calculs dans le livre parlant de *demi-mesures* (*demi-tour d'encolure, demi-tour de taille, demi-tour de hanches*…).

Une fois le nouveau patron tracé, **il est obligatoire de faire une toile avant de couper votre tissu final**. Pourquoi ? Pour la simple et bonne raison que parfois, on peut préférer porter un vêtement un peu plus long, des plis plus profonds, moins de fronces, etc. Et ce n'est pas sur un patron en 2D que vous pourrez vous rendre compte du rendu final, même après de nombreuses années de pratique ! Ne négligez jamais cette étape, surtout en tant que modéliste amateur. Les modélistes professionnels ne dérogent pas à cette règle.

Avant de couper votre patron dans votre tissu définitif, veillez à bien laver ce dernier. En effet, certains tissus rétrécissent légèrement lors du tout premier lavage à cause de l'apprêt appliqué. Il est donc important de couper vos pièces après un passage en machine et un repassage pour ne pas être déçu quand le vêtement fini sortira du lave-linge.

LES ALTERNATIVES POUR CRÉER DES VÊTEMENTS

LE MOULAGE

Le moulage consiste à couper de larges pans de tissu et de les épingler directement sur une moitié d'un mannequin en bois. Ainsi vous visualisez directement comment placer les découpes et obtenir le volume voulu.

Le moulage a néanmoins quelques inconvénients :

- il faut posséder un mannequin en bois, car il est impossible de mouler sur une personne vivante ;
- il faut que le mannequin en bois ait vos proportions et courbes pour que le vêtement soit du sur-mesure ;
- le moulage requiert énormément de toile, car chaque pan doit faire environ 50 cm de large.

En revanche, il peut être complémentaire de vos patrons en papier. Par exemple, vous voyez dans un magazine de mode une jolie manche très particulière mais vous n'avez aucune idée de la transformation qu'a subie la manche de base pour avoir cet effet. Dans ce cas, le moulage vous sera bien utile pour transformer une manche de base jusqu'à obtenir la manche fantaisie voulue.

L'UPCYCLING (OU RECYCLAGE)

L'upcycling est une nouvelle tendance. Il consiste à récupérer de vieux vêtements pour leur donner une nouvelle vie. Il y a deux façons de faire de l'upcycling :

- soit en apportant des modifications simples au vêtement (cintrer, raccourcir, ajouter des poches, etc.) pour en faire des pièces qui reviennent dans l'air du temps ;
- soit en démontant intégralement le vêtement pour comprendre les montages et avoir directement un patron juste sur un support en tissu, qui pourra être retranscrit vers le papier kraft pour ensuite recouper le vêtement dans un nouvel imprimé non défraîchi et non usé.

CALCULER SA CONSOMMATION DE TISSU

Lorsque l'on fait des patrons, il est crucial de savoir calculer son besoin en tissu pour chaque modèle et ne pas en acheter trop inutilement. Votre porte-monnaie et votre étagère à tissus vous diront merci !

Pour savoir de quel métrage vous aurez besoin, il existe une astuce toute simple et très efficace :

- sur votre papier kraft, tracez à 70 cm de l'un des bords une ligne de 3 m de long parallèle à la longueur du rouleau. Découpez ce rectangle de 70 cm × 3 m. Il représente une laize de tissu de 140 cm repliée en deux, ayant une longueur de 3 m ;

INFOS

▶ **Si vous utilisez des tissus à laizes particulières de 110 cm, alors votre rectangle devra faire 55 cm × 4 m (55 cm représentant une laize de 110 cm repliée en deux).**

▶ **Nous faisons un rectangle long de 3 m car il est rare qu'une consommation de tissu dépasse les 3 m. En général, une consommation de top sans manches est inférieure à 1 m ; une blouse à manches varie entre 1,30 m et 1,80 m ; une jupe varie entre 1 m et 1,60 m ; et enfin, une robe varie entre 2 et 3 m.**

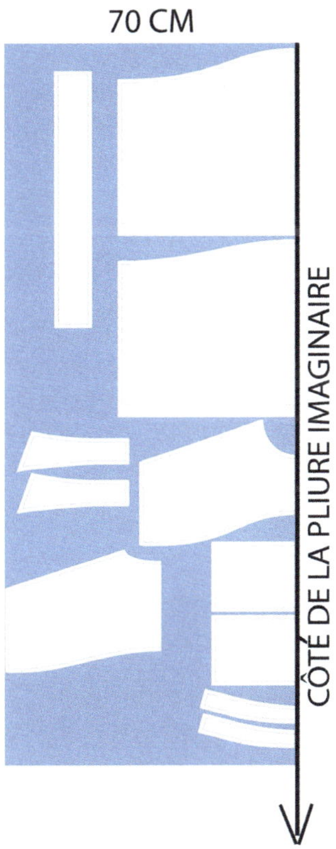

- placez les pièces de votre patron sur votre rectangle de kraft représentant votre tissu. Selon que les morceaux sont à couper à simple ou au pli, le placement des pièces sera optimisé de manière à occuper le moins de longueur de kraft (en ayant à l'esprit que le rectangle représente un tissu plié en deux), tout en prenant soin de conserver le droit-fil parallèle à la lisière (autrement dit, parallèle à la longueur de 3 m) ;
- lorsque toutes les pièces du patron ont été positionnées sur le kraft, vous pouvez alors mesurer le métrage strictement nécessaire à la réalisation du modèle.

LE PATRONAGE NUMÉRIQUE

Une fois les techniques du patronage sur papier kraft comprises et parfaitement assimilées, vous pourrez tenter l'expérience du modélisme sur ordinateur. En effet, il existe un logiciel gratuit qui permet de créer directement ses bases sur ordinateur et de leur appliquer des transformations. Il s'agit du logiciel Seamly2D.

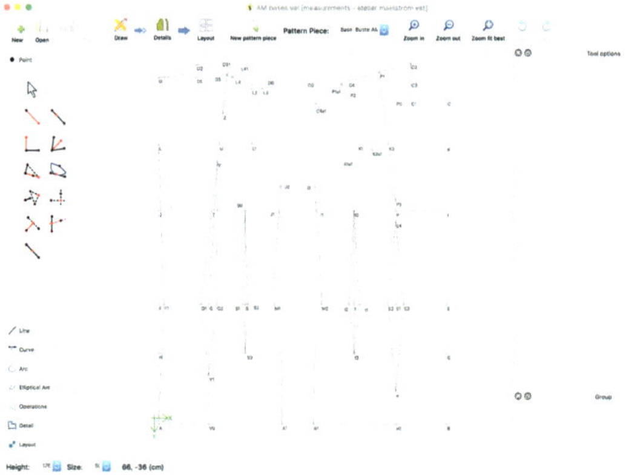

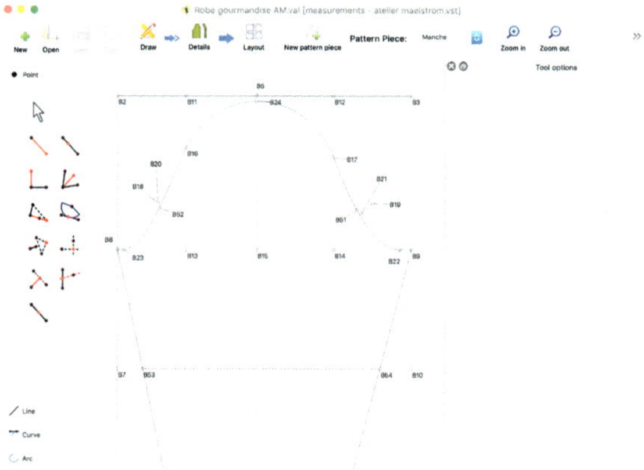

LES AVANTAGES DE SEAMLY2D

Différentes raisons vous pousseront à passer des constructions sur papier kraft à celles produites sur un ordinateur :

- cela nécessite moins de surface pour travailler et ne requiert pas de matériel à racheter ;
- les patrons seront bien propres et précis avec un rendu professionnel sans bavures ni ratures ;
- les valeurs de couture se tracent automatiquement, ce qui permet de gagner du temps ;
- vous pourrez faire la gradation de vos patrons de manière personnalisée ou industrielle facilement et rapidement une fois votre tableau de mesures enregistré dans le logiciel ;
- vous pourrez vous constituer une bibliothèque de patrons, que vous pourrez modifier par la suite très facilement, soit pour ajouter une transformation, une personnalisation, etc., soit si vos mesures ont évolué ;
- vous pourrez garder l'enregistrement de vos patrons aussi longtemps que vous le souhaitez. C'est très utile si vous perdez vos pièces en papier : un clic et le patron est à nouveau imprimé ;
- vous pourrez partager ou vendre votre patron à la communauté de couture. En effet, après avoir enregistré le patron au format SVG, il existe de nombreuses possibilités pour le mettre en téléchargement légal sur une plate-forme de revente ou en libre accès sur votre blog, par exemple.

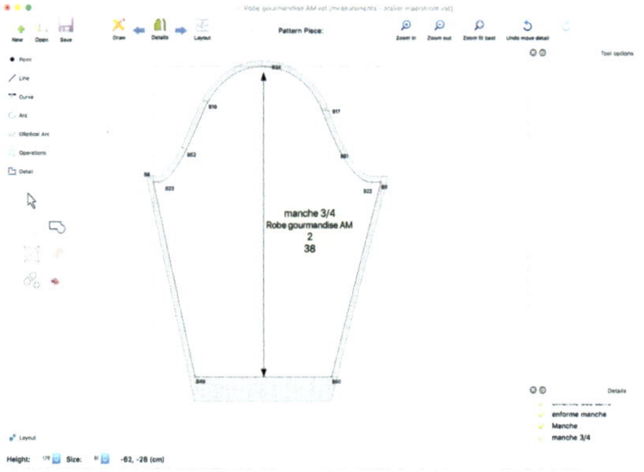

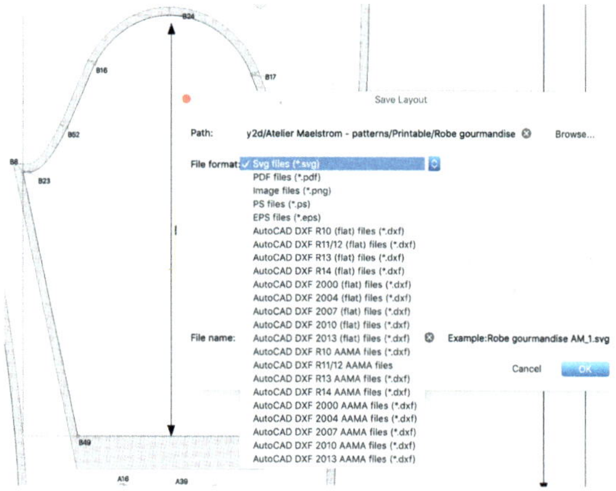

LES INCONVÉNIENTS DE SEAMLY2D

Vous vous en doutez, si ce logiciel possède de nombreux avantages, il présente aussi forcément quelques petits inconvénients. Rien ne sert de paniquer pour autant, mais il est utile de les connaître avant de se lancer :

- il n'existe pas de notice en français du logiciel à proprement parler. Pour comprendre les différents boutons et options, vous pourrez soit regarder quelques tutoriels de démonstration sur Internet, soit rejoindre un forum de discussion qui vous aidera à résoudre vos interrogations ou blocages liés à l'utilisation du logiciel ;
- il faut un peu de temps et de persévérance pour réussir à prendre en main ce logiciel. Certaines manipulations ne sont pas instinctives et c'est uniquement en y consacrant du temps et en pratiquant que vous apprendrez ;
- certaines transformations et recherches de volume sont complexes et, lorsque vous n'êtes pas sûr de vous, resteront plus faciles à tracer sur papier. En effet, vous pouvez manipuler votre construction en kraft et visualiser plus rapidement une opération si vous n'êtes pas certain de la transformation ;
- une fois le patron tracé informatiquement, vous pourrez l'imprimer au format A4 (ou à d'autres formats si vous avez accès à des imprimantes professionnelles), l'assembler avec du ruban adhésif et le redécouper. Cela ajoute des opérations ;
- les vérifications de certaines mesures et repères ne sont pas aussi faciles à faire que sur le support en kraft ;
- le placement des pièces est certes automatique mais pas optimisé ;
- certains repères internes sont moins instinctifs et il faut chercher des techniques *via* le forum.

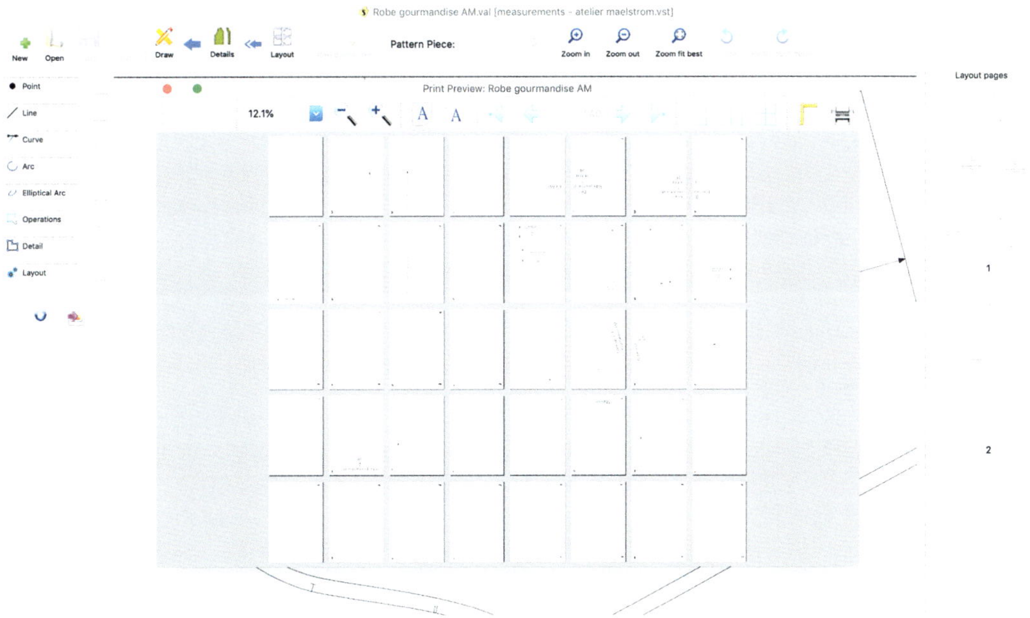

D'AUTRES LOGICIELS À TESTER

Il y a de nombreux autres logiciels plus avancés que Seamly2D, mais ceux-ci sont payants car plus professionnels. Vous pourrez les tester gratuitement avant de les acheter, mais sur une courte période uniquement.

Certains de ces logiciels permettent notamment de placer les pièces manuellement pour calculer la consommation nécessaire au vêtement en question. D'autres ont des avatars pour faire les premiers essayages en mode numérique et permettent de perfectionner le patron avant l'impression.

Les plus connus de ces logiciels sont :

- Modaris de Lectra ;
- Gerber ;
- Marvelous Designer ;
- CLO3D.

LE LEXIQUE DU PATRONAGE

Comme pour toute activité manuelle, il existe un vocabulaire propre au patronage et à la couture. Il est important d'en saisir toutes les définitions pour maîtriser le sujet et être à l'aise lors de la lecture des explications.

POUR TRACER UN PATRON

Aisance : valeur supplémentaire ajoutée sur un patron pour permettre au vêtement d'être confortable quel que soit le mouvement.

« Au pli » : mention indiquant qu'une demi-pièce de patron doit se positionner sur la pliure du tissu pour obtenir une pièce complète.

Construction : première étape pour tracer un patron. Elle sert de support de travail pour effectuer les modifications et les transformations.

Cran : petit trait sur un patron positionné perpendiculairement à la valeur de couture pour donner une indication (un milieu, un pli, un départ de fronces, etc.).

Droit-fil (DF) : ligne tracée sur le patron qui est toujours parallèle à la lisière. Il permet le bien-aller du modèle. Il est crucial de le respecter lorsque vous épinglez vos patrons sur le tissu. Toutefois, pour des petites pièces, vous pouvez exceptionnellement le mettre perpendiculaire à la lisière pour créer un jeu de rayures selon l'imprimé choisi. Dans cet ouvrage, il est indiqué par une ligne rouge légendée « DF ».

Emmanchure : partie sur le patron du corsage de base indiquant l'endroit où sera cousue la manche.

Enforme : finition en tissu ayant une forme ellipsoïdale positionnée à l'intérieur du vêtement. Elle sert le plus souvent à finir une encolure ou une emmanchure, mais peut également terminer le bas d'un vêtement si le bord n'est pas droit mais arrondi.

Marge de couture (ou valeur de couture) : trait parallèle à la construction du patron, prenant en compte la largeur de la future couture. Traditionnellement, elle est de 1 cm, mais peut être de 0,7 cm ou de 0,5 cm pour des petites pièces (par exemple : rabat de poche).

Ourlet : partie en bas d'un vêtement ou d'une manche, ayant une valeur de couture spéciale de 3 cm.

Parmenture : pièce de tissu cousue et rabattue le long du bord d'une veste ou d'un manteau, permettant une jolie finition.

Passage de pince : transformation permettant de supprimer les pinces au profit de découpes.

Pince : petit triangle sur un patron permettant de réduire le surplus de tissu pour venir mouler le corps. Il y en a à la taille et à la poitrine.

Pointeau : petit point pour indiquer le placement d'une poche ou d'un bouton.

POUR COUDRE UN PATRON

« Assembler endroit contre endroit » : expression qui signifie coudre deux pièces de tissu de sorte que les endroits respectifs des pièces A et B se superposent. C'est la manière de coudre la plus courante. Il est possible de coudre envers contre envers, mais ce cas de figure ne se rencontre que lorsque l'on veut faire une couture anglaise.

Bord franc : bord du tissu laissé tel quel, sans ourlet. La suédine par exemple permet d'avoir un bas de jupe coupé bord franc car elle ne s'effiloche pas.

« Coucher la couture » : expression qui signifie orienter la couture vers le haut ou vers le bas en la repassant, pour l'aplatir, ou la préparer pour une future opération.

Cranter : couper avec le bout des ciseaux 0,5 cm du tissu pour marquer le cran dessiné sur le patron. Il est vivement conseillé de cranter avec des petits ciseaux pour éviter de faire un cran trop long.

Dégarnir : couper l'excédent de tissu dans un angle pour avoir moins d'épaisseur lorsque la pièce sera retournée sur l'endroit ; cela permet d'avoir un angle parfait.

« Faire une toile » : expression qui signifie c'est l'équivalent de faire un brouillon. Vous devez toujours faire une toile pour vous assurer que le patron tombe bien et pouvoir faire les ajustements si nécessaire. Une toile se fait dans un tissu au tombé équivalent au tissu final pour avoir une réelle idée du volume.

Fourreau : technique de couture consistant à doubler entièrement une pièce pour cacher les valeurs de couture à l'intérieur.

Froncer : diminuer la longueur ou l'ampleur d'une pièce de tissu.

Laize : largeur d'un tissu. Traditionnellement, elle est de 140 cm pour l'habillement, mais il en existe également de 110 cm de large et de 150 cm de large. Pour l'ameublement, les laizes sont beaucoup plus larges et dépassent souvent les 200 cm.

Le « bien-aller » : expression qui signifie que le vêtement tombe bien et qu'il est coupé sans défauts d'aplomb.

Lisière : chacune des deux bordures du tissu. Elles ne s'effilochent pas et servent de repères pour placer le droit-fil. Lorsque votre tissu est au pli, la lisière de gauche doit être superposée à la lisière de droite, ou inversement. Mais vous ne devez pas rabattre la lisière sur elle-même, le droit-fil serait faussé.

« Ouvrir la couture » : expression qui signifie écraser la couture en son milieu en la repassant au fer pour l'aplatir et la préparer en vue d'une future opération.

Plan de coupe : plan défini pour avoir un placement de patron optimal sur le tissu.

Surfiler (ou surjeter) : finir les bords des pièces en tissu à l'aide d'une surjeteuse pour qu'ils ne s'effilochent pas.

Surpiquer avec une nervure (ou surpiqûre nervure) : coudre sur l'endroit du vêtement à 0,5 ou 0,3 cm du bord pour maintenir une enforme ou une poche en place.

« Terminer la pince en mourant » : expression qui signifie que l'on commence à piquer la pince par sa base (l'endroit le plus large) et que l'on termine la piqûre par la pointe de la pince en faisant quelques points dans le vide.

Thermocollant : matière thermofusionnante permettant de rigidifier ou de renforcer un tissu fluide. Il est recommandé d'en mettre dans les ceintures, dans les pieds de col et les cols, dans les poignets ou dans les pattes de boutonnage. Il existe différentes épaisseurs de thermocollant, c'est pourquoi il faut toujours faire des essais pour choisir celui qui s'adapte le mieux à votre tissu.

LE MATÉRIEL

Le matériel pour créer ses patrons est très spécifique et un peu coûteux. Il est important d'acheter du bon matériel dès le début pour pouvoir l'utiliser pendant de nombreuses années sans devoir le renouveler si vous en prenez soin.

LES RÈGLES

1 **La règle japonaise de 50 cm :** cette règle graduée, transparente et souple, permet de mesurer facilement les courbes sur vos patrons. La graduation en largeur permet aussi de tracer rapidement les valeurs de couture.

2 **L'équerre graduée :** l'équerre graduée est indispensable pour faire du patronage. Elle permet de tracer des angles droits pour conserver le bon aplomb sur le vêtement. Un repère sur l'équerre permet de tracer rapidement les valeurs de couture.

3 **Le perroquet n° 21 (ou pistolet) :** le perroquet permet de tracer n'importe quelle courbe du corps de la femme, que ce soit l'emmanchure, la tête de manche, l'encolure, la courbe des hanches, etc.

4 **Le mètre à ruban :** il permet de prendre ses mesures.

LES OUTILS DE TRAÇAGE

5 **Le porte-mine :** plus précis qu'un crayon à papier, il sert lors des transformations des bases. Il est conseillé d'utiliser une mine HB 0,7 mm.

6 **Le feutre noir indélébile :** il n'est utilisé que sur les plaques de rhodoïd pour garder de manière éternelle les lignes d'aplomb.

7 **Le feutre noir :** il sert à tracer et à légender les pièces du patron.

8 **Le feutre rouge :** il sert à tracer la ligne de droit-fil (DF) sur vos différentes pièces du patron.

LES SUPPORTS DE TRAÇAGE

9 **Le papier kraft :** ce support papier sert à tracer les différentes pièces du patron. Il est blanc ou marron. Il est conseillé de le prendre blanc, car étant légèrement transparent, il permet de relever par transparence certaines pièces.

10 **Les plaques de rhodoïd :** ces plaques en plastique souple et transparent sont utilisées pour tracer les bases de la jupe et du corsage. Grâce à ce support réutilisable, vous n'aurez plus qu'à décalquer les contours sur le papier kraft lorsque vous voudrez créer un top, un chemisier ou une robe.

DIVERS

11 **Le ruban adhésif transparent :** indispensable dans la création du patron, il permet de maintenir les pinces fermées lors de la transformation des bases.

12 **La gomme :** elle permet d'effacer les petites bêtises ou les annotations provisoires.

13 **Le poinçon :** il vous sera utile pour percer les pointes des pinces tracées sur les plaques de rhodoïd.

14 **La paire de ciseaux à papier :** ils sont utilisés lors des transformations des bases. Il est très important d'avoir une paire de ciseaux à papier différente des ciseaux de couture, car le papier émousse les ciseaux. Il serait très dommage que vos ciseaux de couture plus onéreux s'abîment et hachent vos jolis tissus.

15 **Le carnet :** il est très pratique pour noter vos mesures ou pour effectuer vos calculs.

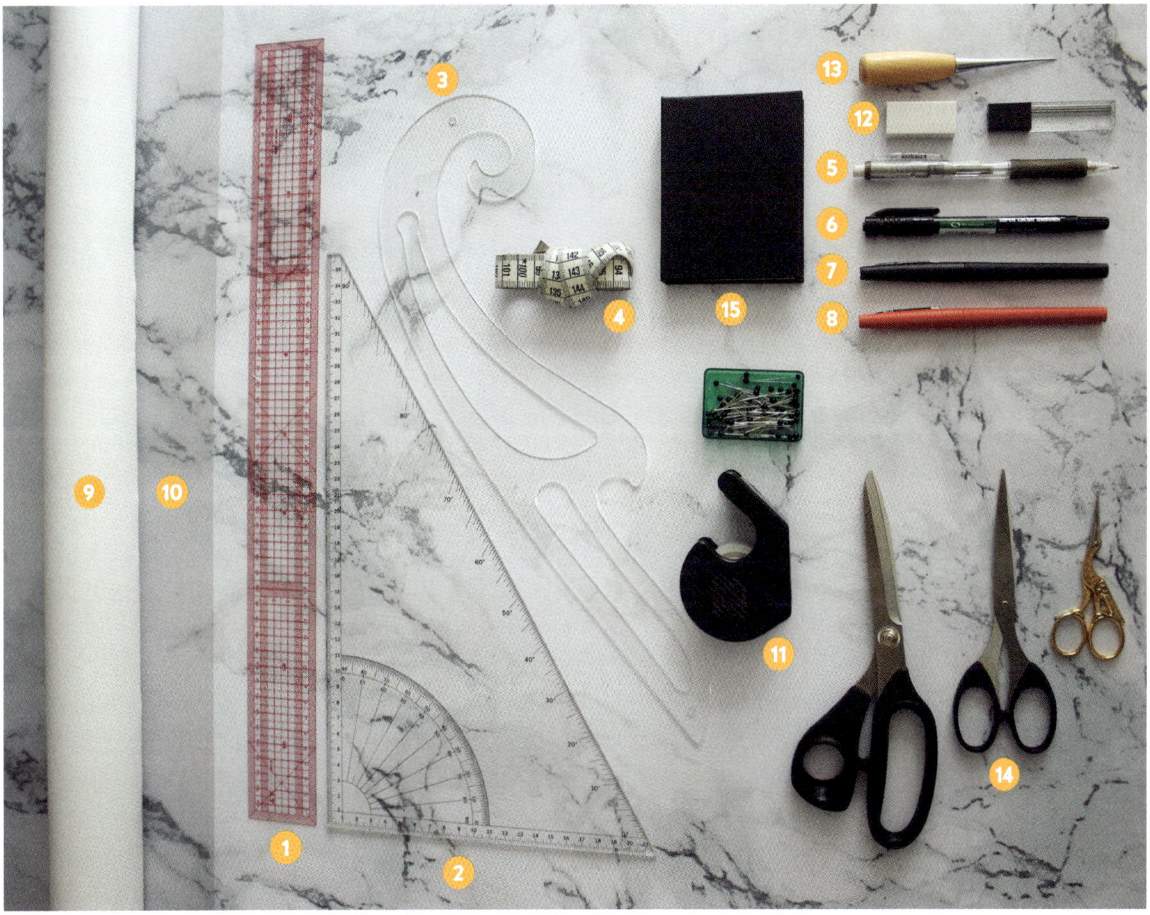

Vous retrouverez facilement l'ensemble de ce matériel de patronage dans les magasins de beaux-arts, de loisirs créatifs ou sur les sites de merceries spécialisées. Pour acquérir la totalité du matériel nécessaire, comptez une enveloppe comprise entre 150 et 200 euros.

SAVOIR SE MESURER

Prendre ses mesures en couture fait partie du b.a.-ba du modéliste. De cette prise de mesures va découler tout le travail pour créer ses bases à ses mesures.

LES MESURES FONDAMENTALES

En couture, trois mesures sont fondamentales pour créer un vêtement : le *tour de poitrine*, le *tour de taille* et le *tour de grandes hanches*. Si vous ne connaissez pas encore vos propres mensurations, munissez-vous de votre mètre à ruban et suivez les instructions ci-dessous :

- **tour de poitrine :** c'est l'endroit le plus fort de la poitrine. Le mètre à ruban doit passer sur les pointes des seins ;
- **tour de taille :** c'est l'endroit le plus fin du buste. Le *tour de taille* se situe entre les dernières côtes et le nombril ;
- **tour de hanches :** c'est l'endroit le plus large du bassin. Le mètre à ruban doit passer sur la partie la plus bombée des fesses.

INFOS

▶ Il est crucial de bien prendre ses mesures, alors voici les règles à respecter lors de la prise des mesures :

- **attention à ne pas faire vriller le mètre à ruban ;**
- **attention à bien regarder les mesures en centimètres et non en pouces, car certains mètres à ruban sont recto verso avec des unités différentes ;**
- **attention à bien maintenir le mètre à ruban parfaitement à l'horizontale ;**
- **ne trichez pas : ne serrez pas de toutes vos forces le mètre à ruban pour faire diminuer le périmètre ! Cela aurait un impact catastrophique sur vos patrons.**

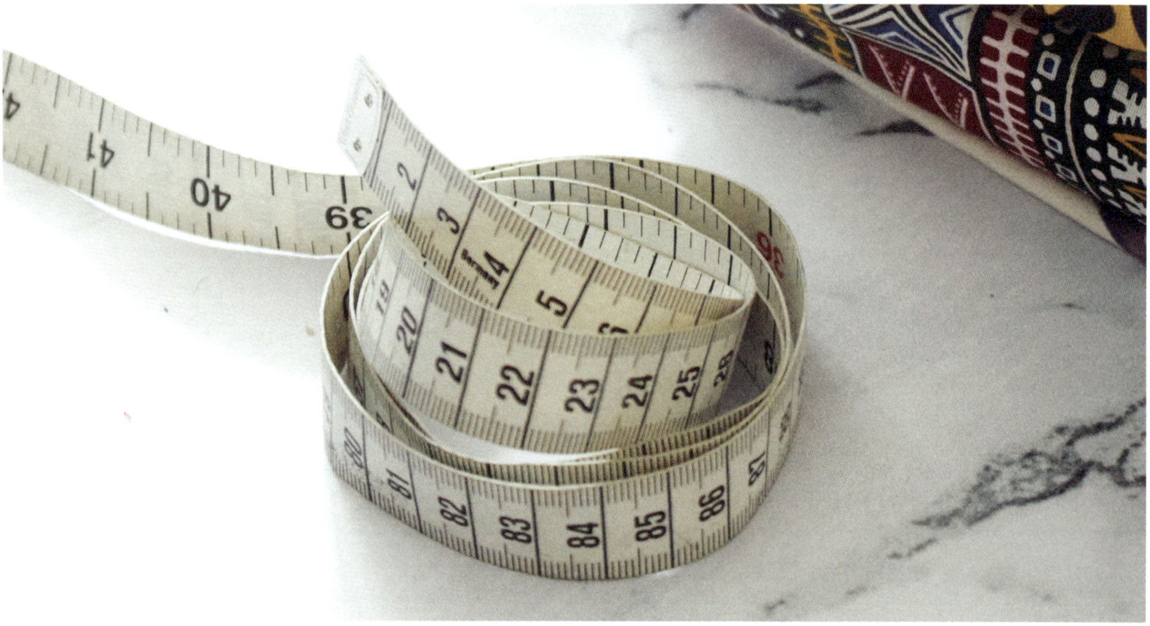

LES MESURES POUR CONSTRUIRE UN PATRON

Pour créer les bases servant au patronage (*cf.* chapitre 2), il faut prendre toute une série de mesures dès le début. Inscrivez dans un petit carnet vos mensurations pour ne pas avoir à les reprendre plus tard.

Voici un schéma explicatif vous montrant à quels endroits se prennent les différentes mesures dont vous aurez besoin au cours du livre. Le tableau des mesures de couture vous permettra de vous situer.

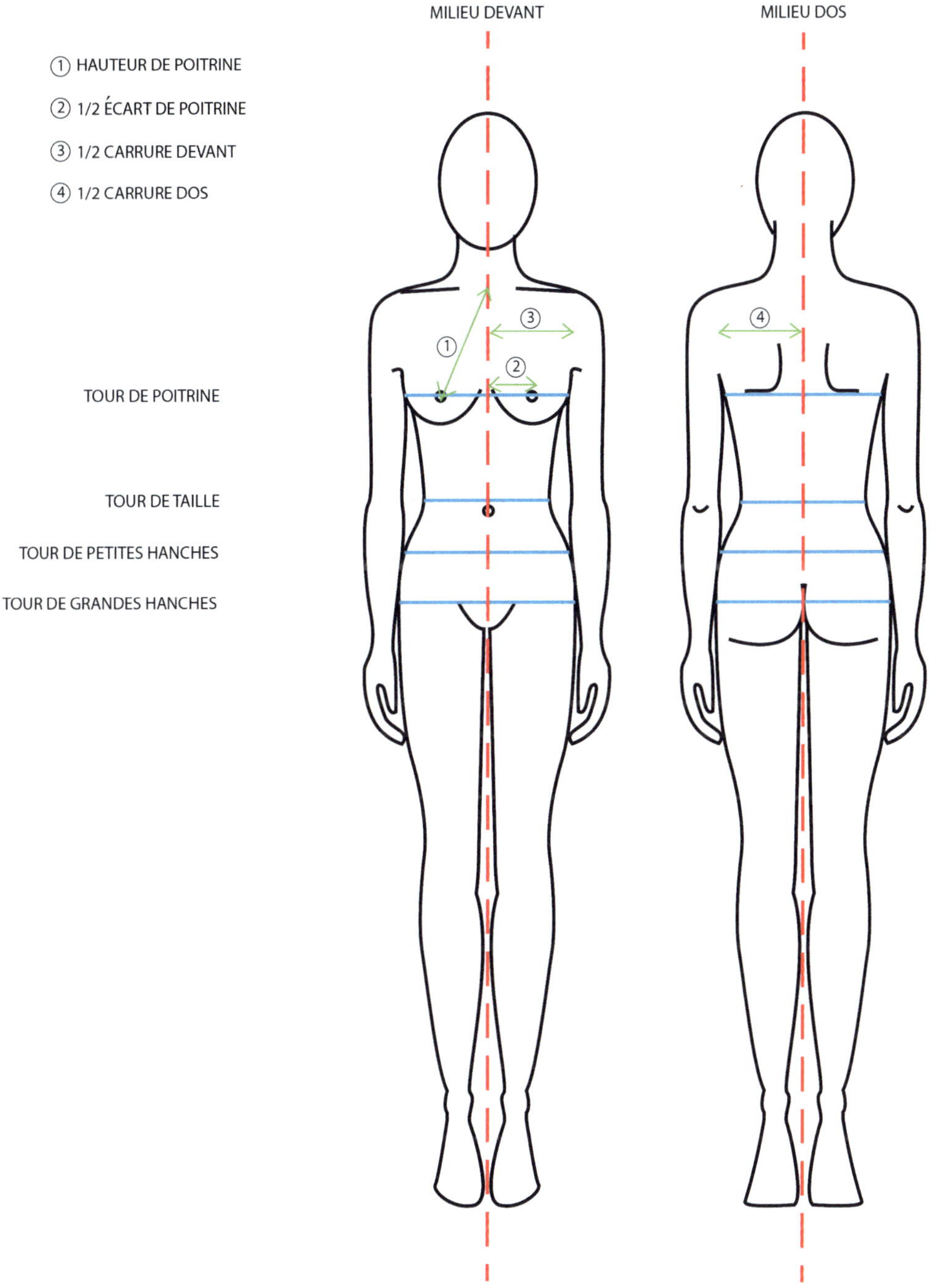

Ci-dessous, le tableau des mesures de couture qui pourra vous aider à vous situer. Ce tableau est utilisé par un grand nombre de marques de patrons.

Taille de couture	34	36	38	40	42	44	46	48	50
Tour de poitrine	80	84	88	92	96	100	104	108	112
Hauteur de poitrine	21	21,5	22	22,5	23	23,5	24	24,5	25
½ écart de poitrine	8,75	9	9,25	9,50	9,75	10	10,25	10,50	11
Tour de taille	60	64	68	72	76	80	84	88	92
Tour de petites hanches	77	81	85	89	93	97	101	105	109
Tour de grandes hanches	86	90	94	98	102	106	110	114	118
½ carrure dos	17	17,25	17,50	17,75	18	18,25	18,50	18,75	19
½ carrure devant	16	16,25	16,50	16,75	17	17,25	17,50	17,75	18
Longueur bras	60	60	60	60	60	60	60	60	60
Hauteur coude	35	35	35	35	35	35	35	35	35
Tour de poignet	15,50	15,75	16	16,25	16,50	16,75	17	17,25	17,50

INFO

- **Les lignes surlignées en bleu correspondent aux mesures principales. Vous pouvez observer que la gradation entre chaque taille pour les mesures principales est de + ou - 4 cm.**

DIFFÉRENCES ENTRE LES MESURES COMMERCIALES ET LES MESURES COUTURE

Vous l'aurez sans doute déjà remarqué, les tailles des patrons sont bien différentes des tailles du commerce. Oui, mais pourquoi ? Tout simplement parce que les tailles du commerce ont changé avec l'évolution de la morphologie humaine. En effet, au fil des années, nous sommes devenus plus grands et plus larges. En revanche, le tableau des tailles de couture, lui, n'a pas évolué ! C'est pourquoi, si vous comparez vos mesures commerciales au tableau de mesure des tailles de couture, vous risquez de prendre un coup au moral, car il y a en général un décalage d'une demi-taille, voire plus. Pas de panique, c'est normal ! Voici un tableau comparatif entre les mesures de couture (en bleu) et les mesures commerciales (en violet).

Taille des patrons	34	36	38	40	42	44	46	48	50
Tour de poitrine	80	84	88	92	96	100	104	108	112
Tour de taille	60	64	68	72	76	80	84	88	92
Tour de grandes hanches	86	90	94	98	102	106	110	114	118
Taille du commerce	**34**	**36**	**38**	**40**	**42**	**44**	**46**	**48**	**50**
Tour de poitrine	82	86	90	94	98	102	106	110	114
Tour de taille	62	66	70	74	78	82	86	90	94
Tour de grandes hanches	90	94	98	102	106	110	114	118	122

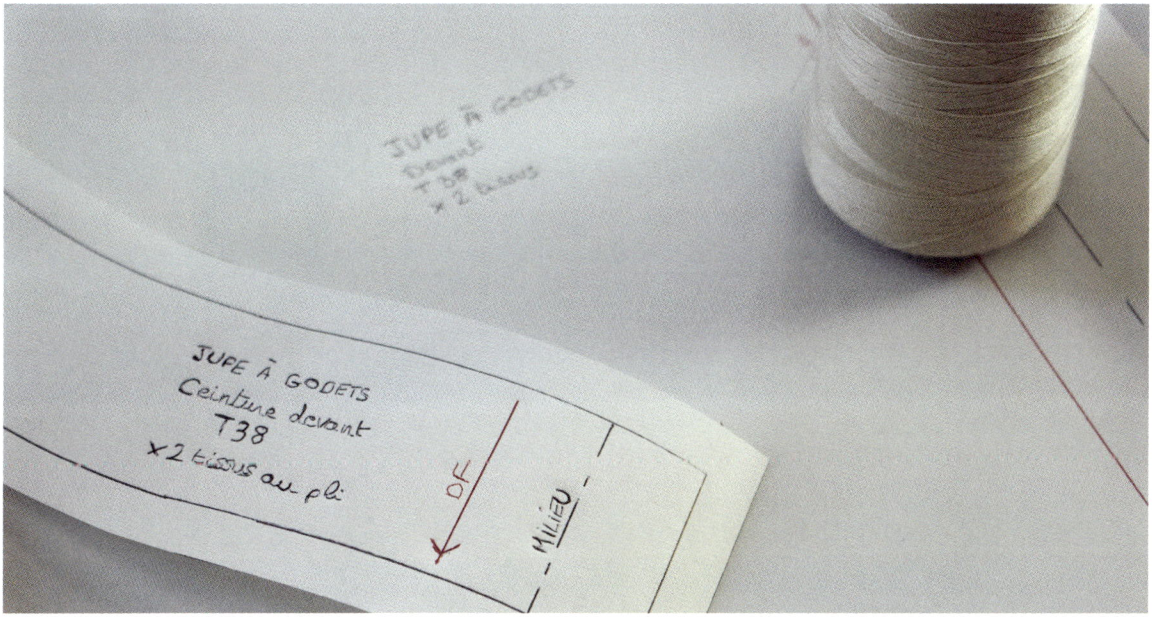

BIEN CHOISIR SON TISSU

Pour faire un joli vêtement, il est important de savoir choisir la composition et le style de tissu. Ci-dessous, un petit tableau récapitulatif sur la classification des tissus pour vous aider à y voir clair :

Origine		Tissu
Naturelle	Animale	Cuir Soie Laine de mouton (mérinos) Laine de chèvre (cachemire) Laine de lama (alpaga) Laine de lapin (angora)
	Végétale	Coton Lin Chanvre Jute Ramie
Chimique	Matière artificielle (naturelle recomposée)	Viscose Lyocell Modal Bambou
	Matière synthétique	Polyester Polyamide Acrylique Élasthanne

D'une manière générale, les matières naturelles seront plus douces et plus respirantes que les matières chimiques. En revanche, les matières naturelles seront aussi plus chères, car elles demandent plus d'eau, de temps et d'étapes dans leur fabrication. Quel que soit votre choix, pensez à prendre soin de vos tissus et vêtements.

INFO

- **Certaines merceries en ligne vous indiquent dans le détail comment nettoyer et entretenir vos tissus. Pensez à regarder systématiquement ces indications pour ne pas avoir de mauvaises surprises lors du lavage !**

POUR RÉALISER UN MANTEAU

Pour réaliser un manteau, vous aurez besoin d'un tissu lourd et chaud. Vous devrez donc opter pour un tissu ayant des propriétés thermiques (qui tiennent chaud), calorifiques (qui retiennent la chaleur) et, dans certains cas, imperméables (qui ne laissent pas passer l'humidité). On distingue plusieurs types de tissus en fonction du style et du modèle de manteau que vous voulez réaliser. Pour coudre un manteau chaud, vous pouvez opter pour :

- un tissu pur laine, par exemple du drap de laine (environ 400 g/m^2) ;

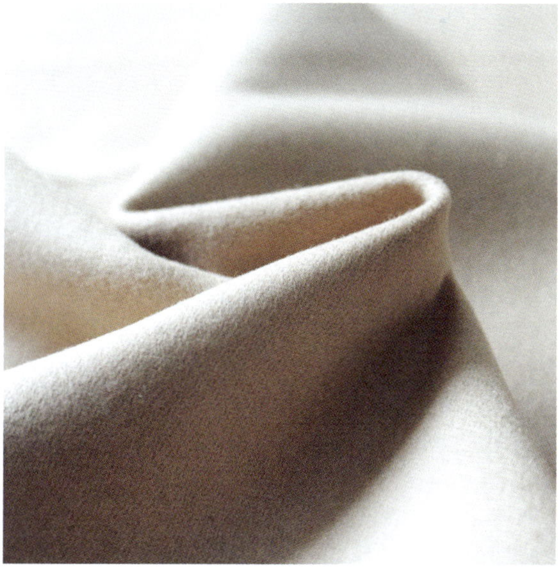

- un tissu synthétique, par exemple de la fausse fourrure (environ 500 g/m^2) ;

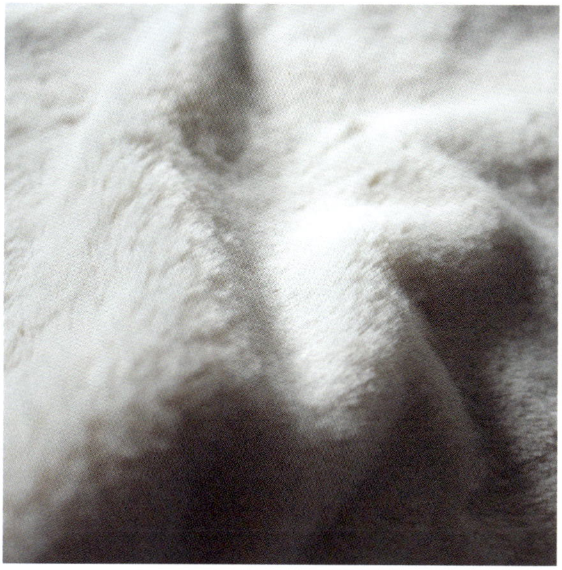

- un tissu laine mélangée, par exemple de la laine bouclée (environ 350 g/m^2).

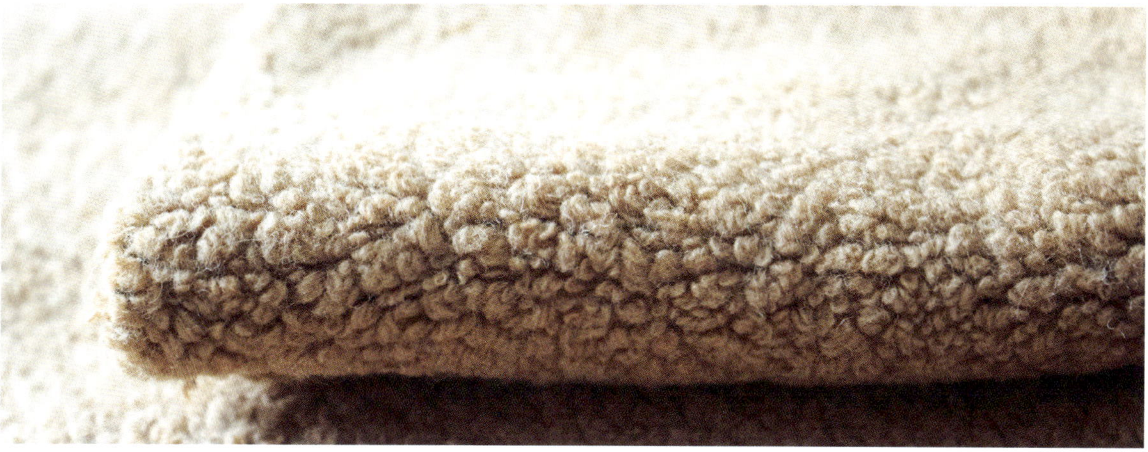

Plus le pourcentage de laine sera élevé, plus le tissu sera cher. Toutefois, il est recommandé d'utiliser un tissu présentant un important pourcentage de laine dans sa composition, car la laine possède de nombreuses qualités :

- elle est très **isolante** ;
- elle a une **très forte capacité d'absorption de l'humidité** ; elle peut accumuler une quantité importante d'eau sans que l'on s'en aperçoive ;
- elle est **légèrement élastique**, donc elle est facile à travailler notamment en cas d'embu au niveau des manches ;
- elle **prend très bien la teinture** et offre ainsi des couleurs profondes.

POUR RÉALISER UNE VESTE

Il existe deux styles majeurs de vestes : le perfecto et la veste tailleur.

LE PERFECTO

Pour réaliser un perfecto, plusieurs matières s'offrent à vous, suivant votre porte-monnaie et votre sensibilité :

- **le cuir :** c'est la matière la plus connue mais aussi la plus rare et la plus chère. Son épaisseur dépend de l'animal. La vachette ou le veau seront moins souples que l'agneau, par exemple ;

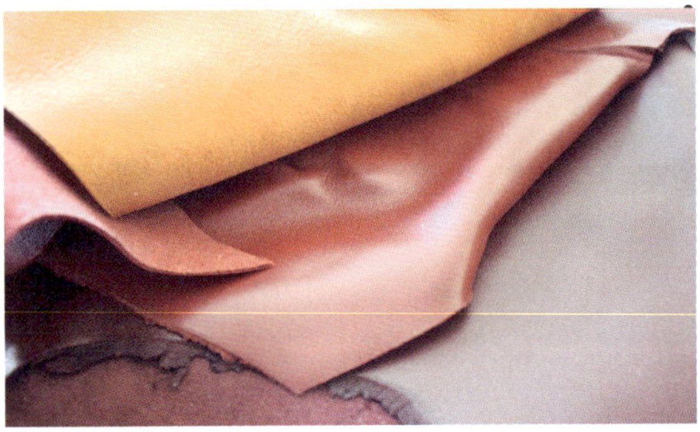

- **le simili cuir (ou skaï) :** c'est une matière 100 % synthétique qui est une très bonne alternative au cuir, car beaucoup moins chère. Il donne l'illusion d'un vrai cuir. Vous pourrez même en trouver imitant des cuirs exotiques comme le cuir d'autruche ;

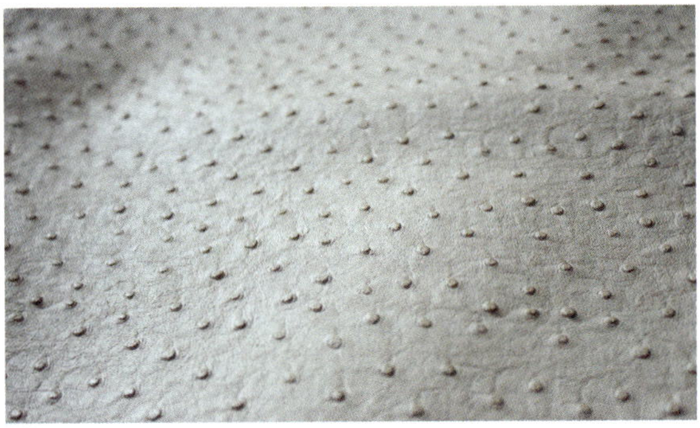

INFO

▶ **Les machines à coudre familiales ne sont pas conçues à la base pour la couture du cuir. Néanmoins, quelques astuces pourront vous permettre de coudre du cuir :**

- **le cuir doit faire au maximum 1 mm d'épaisseur. Si le cuir est trop épais, demandez à des spécialistes de vous le refendre ou de vous parer les bords ;**
- **pensez à changer l'aiguille de votre machine contre une aiguille spéciale cuir ;**
- **n'épinglez surtout pas le cuir car cela laissera des trous dans votre peau !**

- **la suédine :** c'est une matière synthétique, plus connue sous le nom de « daim ».

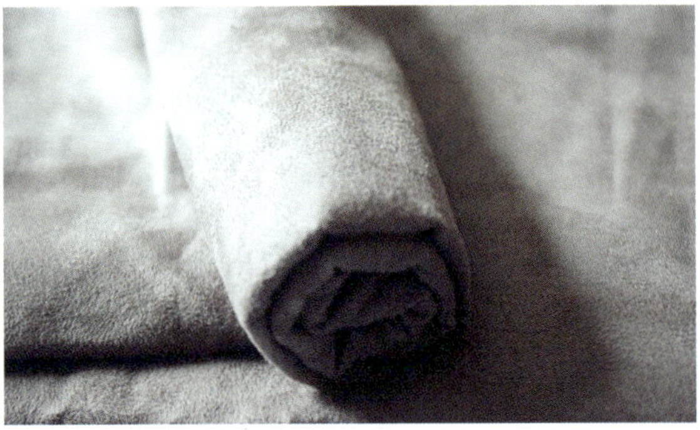

LA VESTE TAILLEUR

Pour la veste tailleur, vous pouvez utiliser un tissu 100 % laine unie, ou bien un joli tweed. Il existe différents tweeds, mouchetés ou chinés, mais l'effet est toujours garanti ! De plus, il est extrêmement facile à travailler car très souple, il permet de résorber facilement l'embu.

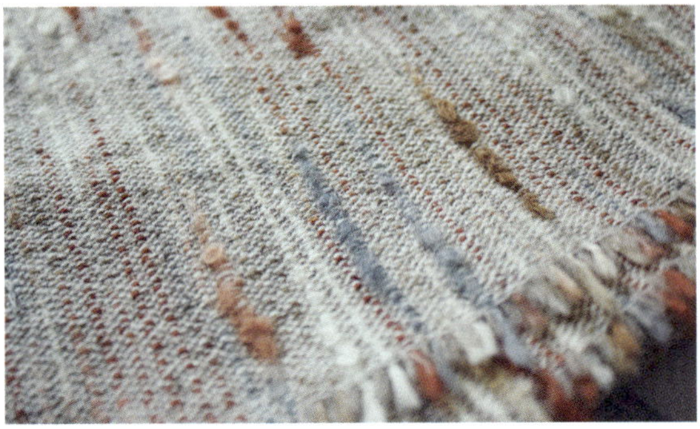

POUR RÉALISER UNE JUPE, UNE ROBE OU UN CHEMISIER

Pour réaliser une jupe, une robe ou un chemisier, différents tissus s'offrent à vous. Néanmoins, certains tissus plus transparents que d'autres demanderont obligatoirement une doublure si vous les utilisez pour une jupe ou une robe, alors que la transparence peut être tolérée pour un chemisier, un top ou une manche. Suivant le rendu que vous voulez obtenir, voici les différents tissus que vous pouvez choisir :

LES TISSUS FLUIDES ET FINS

Pour un vêtement fluide et léger, avec un joli tombé souple qui permet de réaliser des drapés, préférez :

- du crêpe polyester parce qu'il est infroissable ;

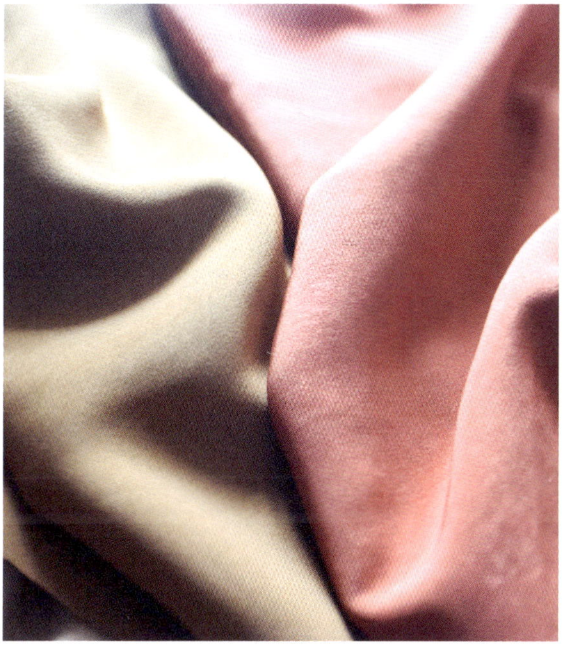

- de la flanelle qui respire ;

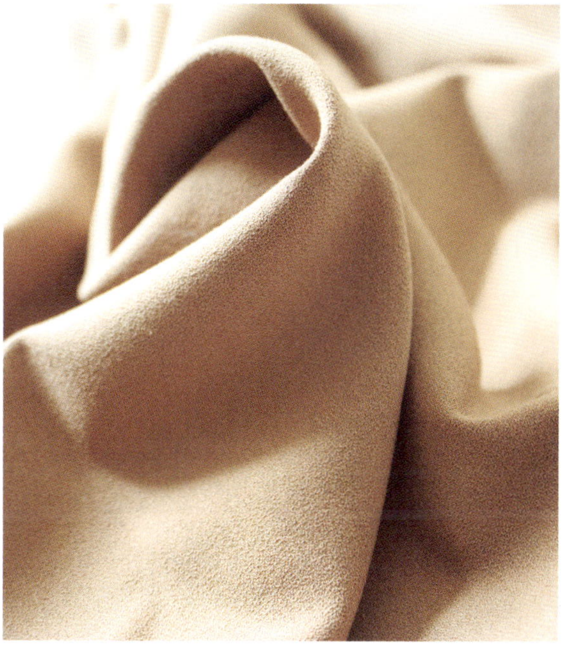

- de la viscose ou du Lyocell pour leur douceur.

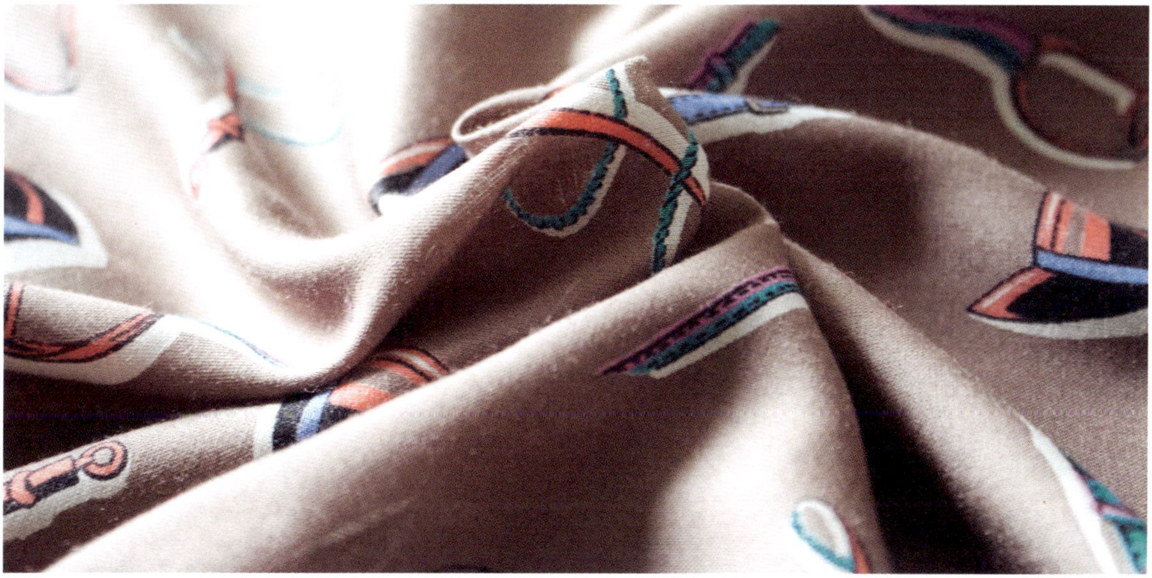

LES TISSUS INTERMÉDIAIRES

Pour réaliser un vêtement avec plus de tenue, sans pour autant avoir un tissu épais, choisissez :

- de la popeline de coton car facile à travailler et à laver ;

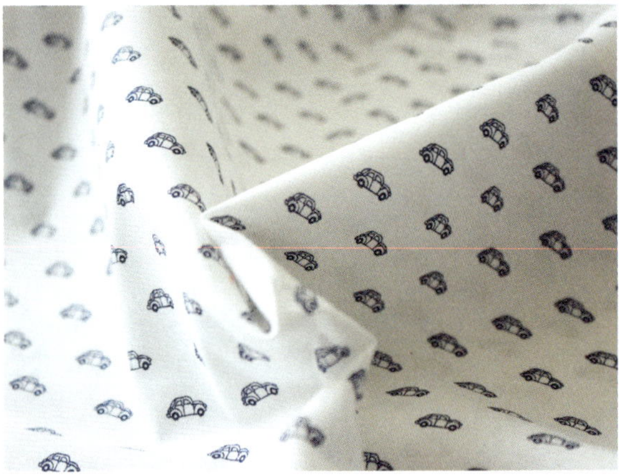

- du velours chaud pour l'hiver ;

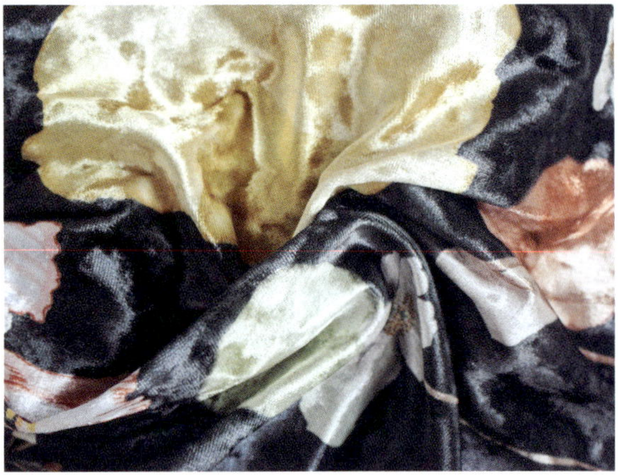

- du lin qui est très frais ;

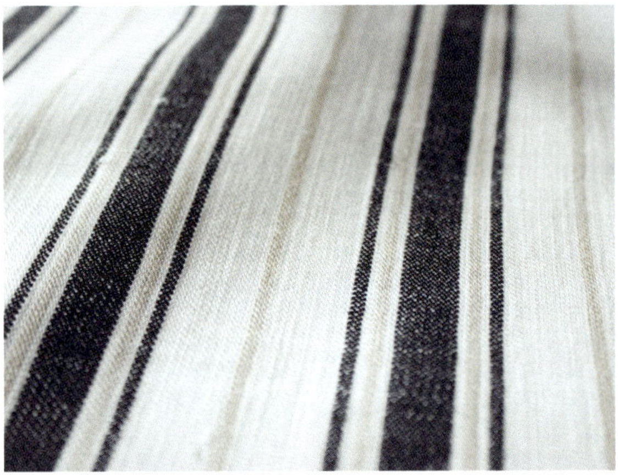

- du plumetis qui apporte une petite fantaisie sans avoir un imprimé pour autant ;

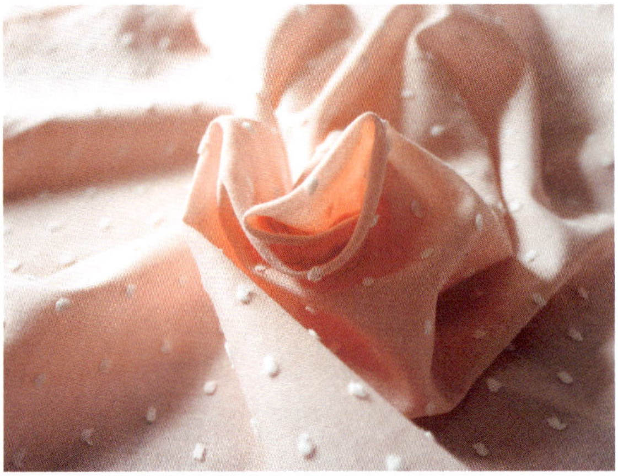

- du wax pour ses motifs africains très originaux ;

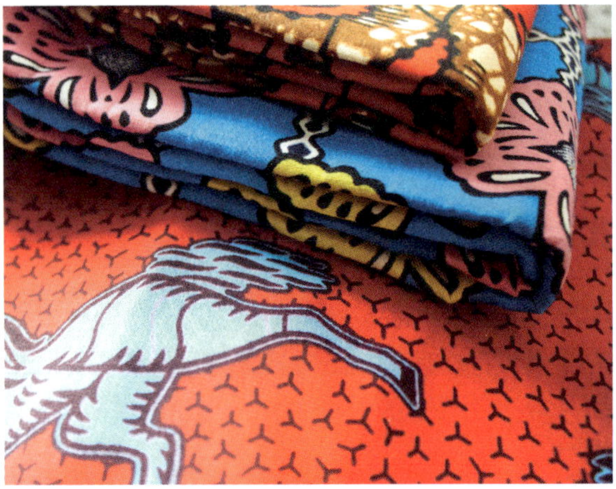

- de la double gaze très aérienne et douce pour les jeunes enfants.

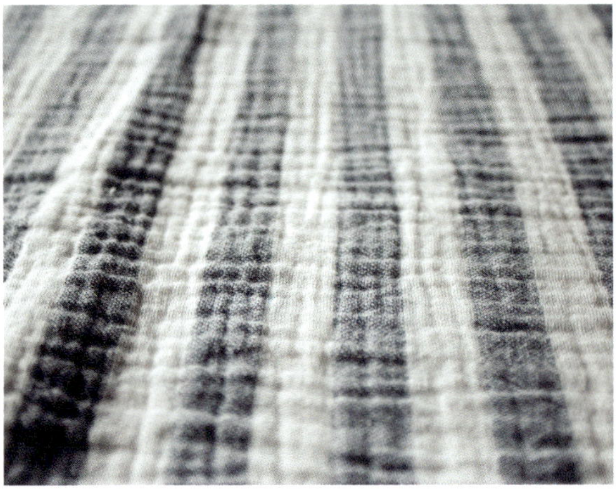

LES TISSUS STRUCTURÉS ET PLUTÔT LOURDS

Si vous désirez créer un vêtement avec plus de tenue ou de nombreuses découpes, choisissez :

- de la broderie anglaise très féminine et agréable à porter ;

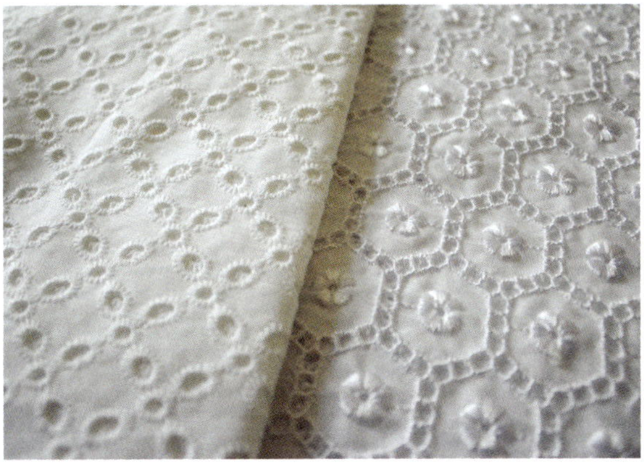

- du jacquard avec lequel on peut jouer avec l'endroit et l'envers ;

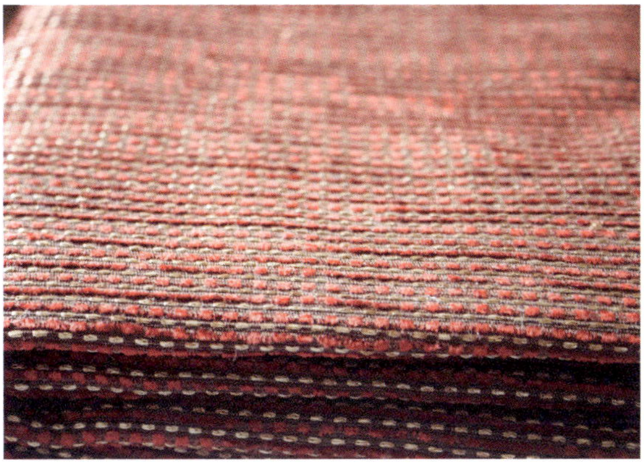

- du jean indémodable et solide ;

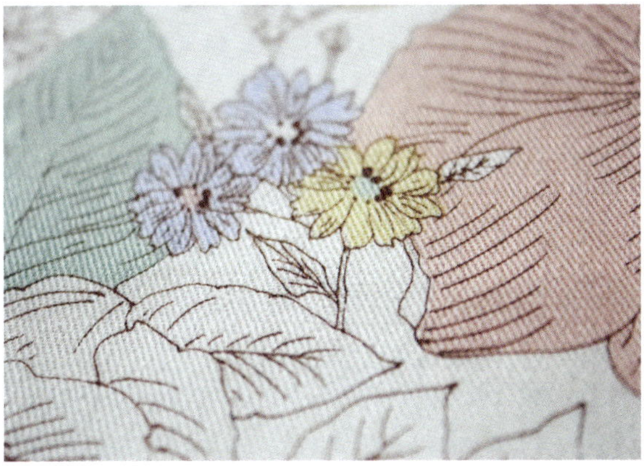

- du taffetas de soie qui peut avoir, pour certains, deux reflets.

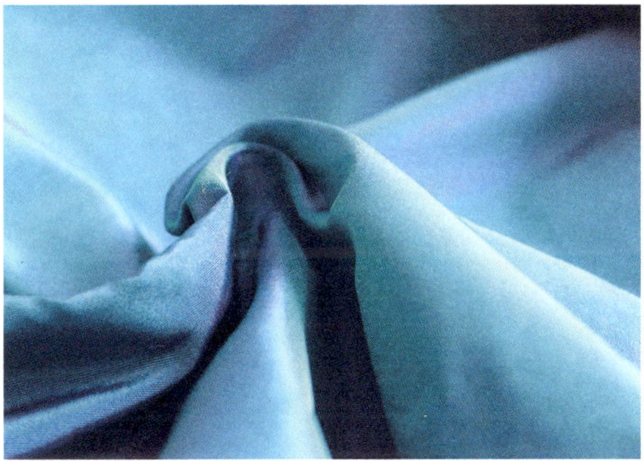

POUR DOUBLER

Vous pouvez opter pour :

- une doublure satin polyester ;

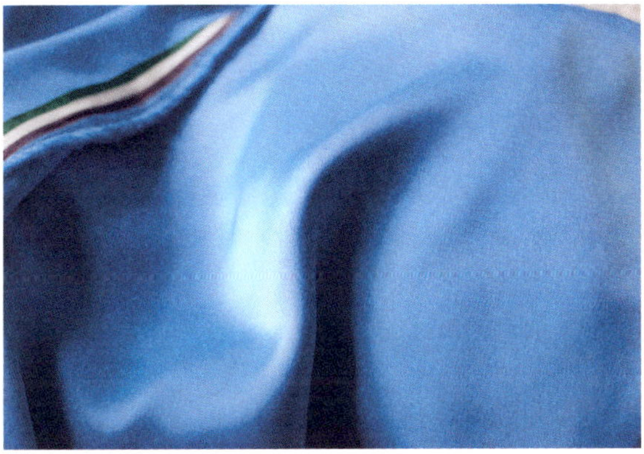

- un voile de coton.

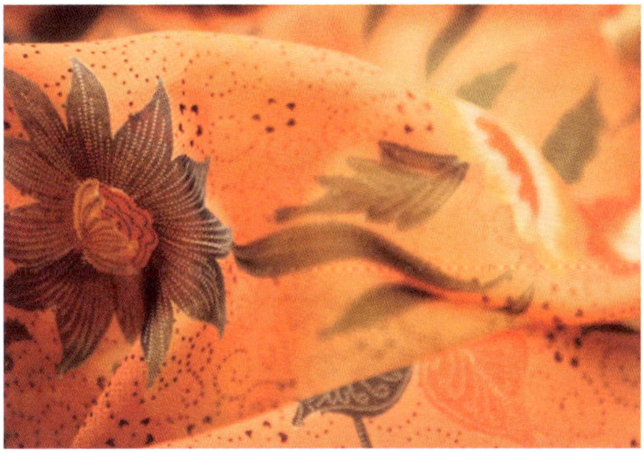

POUR RÉALISER UN TEE-SHIRT OU UN SWEAT-SHIRT

Pour réaliser un tee-shirt, un sweat-shirt ou un pull, vous devrez utiliser une maille et non un tissu chaîne et trame. Mais connaissez-vous la différence entre la maille et le tissu chaîne et trame ?
Les « tissus » sont fabriqués sur des **métiers à tisser** et sont constitués de fils qui s'entrecroisent perpendiculairement. **Les fils de trame sont les fils perpendiculaires à la lisière**, alors que **les fils de chaîne sont les fils parallèles à la lisière**. On parle donc de tissu **chaîne et trame**.
Les mailles sont quant à elles aussi appelées « **tricots** ». Elles regroupent tous les textiles réalisés sur un **métier à tricoter**. Les fils forment des boucles (les « mailles ») qui s'entrelacent les unes aux autres comme un tricot classique que vous pouvez réaliser à la maison. Il existe tout un panel de mailles pour réaliser de nombreuses pièces de l'habillement.

INFO

▶ **Une maille ne se coud pas de la même façon qu'un tissu chaîne et trame. Il est important de coudre la maille soit à la surjeteuse, soit à la machine à coudre mais avec un point zigzag. Pensez également à changer l'aiguille de votre machine contre une aiguille spéciale jersey, à pointe arrondie.**

LES TEE-SHIRTS

Ils sont réalisés avec la maille la plus connue dans l'habillement : le jersey. Il en existe de différentes qualités : le jersey 100 % coton est le plus populaire, mais il existe aussi le jersey de bambou, le jersey de viscose et le jersey lin.

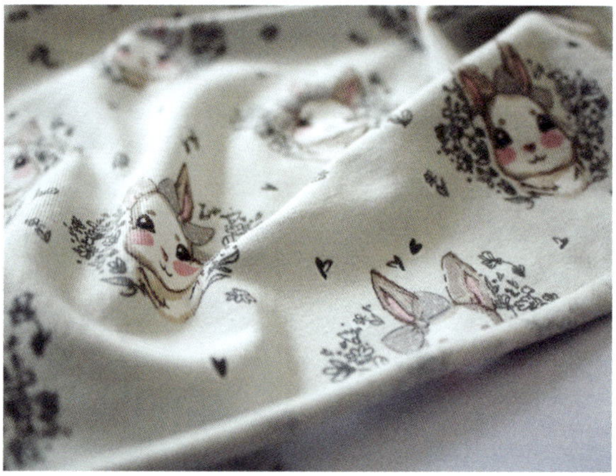

INFO

▶ **Sur l'endroit du jersey, on distingue de petits V. Sur l'envers, les mailles ressemblent à des petits U formant des vagues.**

LES SWEAT-SHIRTS

Nos sweat-shirts à capuche préférés sont très souvent réalisés en molleton, tout comme certains joggings confortables. Le molleton est une maille qui présente un envers gratté extrêmement doux. Il est très facile à coudre car il est peu extensible.

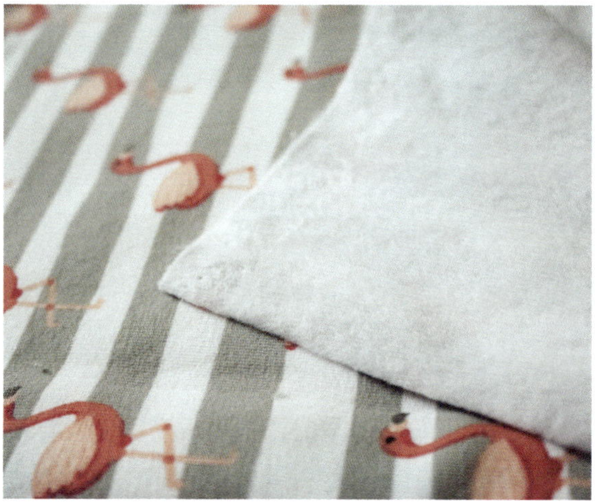

POUR RÉALISER UNE PIÈCE DE LINGERIE

Pour réaliser de la lingerie, de nombreuses matières s'offrent à vous en fonction de ce que vous voulez coudre, une pièce de *homewear/nightwear* (body, pyjama, caraco, nuisette, etc.) ou une pièce de corseterie (soutien-gorge, culotte, etc.).

LES MATIÈRES BASIQUES

De nombreuses matières sont proposées pour coudre de la lingerie. Néanmoins, privilégiez au maximum les matières naturelles qui seront plus douces, confortables et respirantes.

- **Le jersey coton :** c'est la matière parfaite pour se lancer dans la confection de petites culottes ou de boxers. Le jersey coton est extrêmement doux, agréable au porter et se coud très facilement. Il y en a pour tous les goûts : bio, uni, imprimé, et même odorant ! Oui, vous avez bien lu !

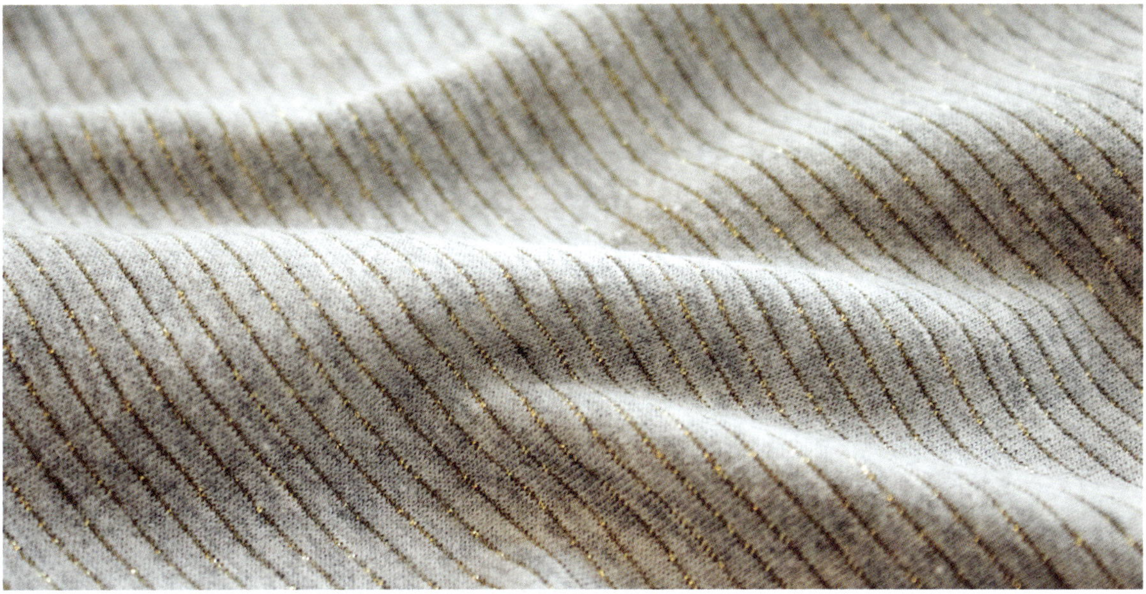

- **La microfibre (ou Lycra®) :** c'est une matière très douce mais synthétique (polyamide et élasthanne). Suivant le pourcentage entre le polyamide et l'élasthanne, le poids, la transparence et les propriétés, vous pourrez l'utiliser en lingerie ou en maillot de bain.

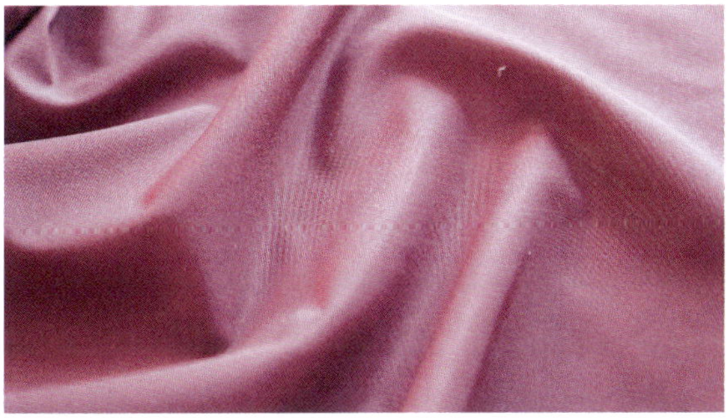

- **Le tulle gainant (ou powernet) :** ce sont des tulles et des résilles comprenant de l'élasthanne permettant de gainer la silhouette. Les tulles gainants sont principalement utilisés sur des culottes montantes gainantes et le dos des soutiens-gorge. Mais vous pouvez également les utiliser comme matières d'empiècement sur un maillot de bain une pièce, par exemple.

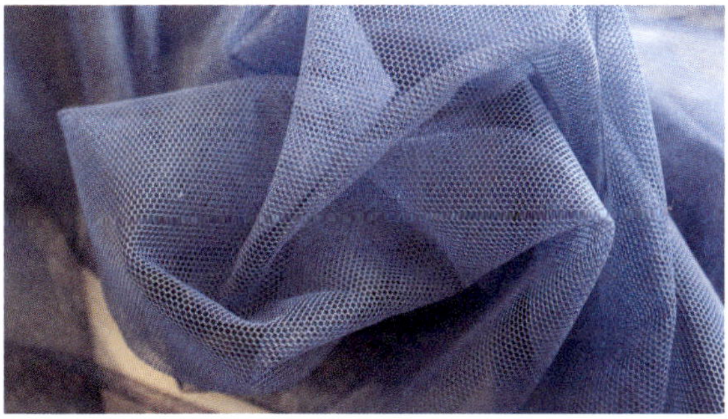

INFO

▶ **Les matières ornementales listées ci-dessous peuvent se présenter sous plusieurs formes, allant de la petite bande de 1 cm de large à la laize de 140 cm en passant par le galon de 25 cm.**

Quand on pense lingerie, on pense surtout aux matières ornementales. Or il en existe de différentes sortes, très souvent confondues.

- **La dentelle :** c'est la matière la plus répandue et la plus connue. Elle peut être soit élastique, soit rigide. Néanmoins, si les dentelles élastiques peuvent aussi bien être utilisées en corseterie qu'en grandes pièces de *homewear/nightwear*, les dentelles rigides sont quant à elles plutôt à éviter en corseterie car moins confortables.

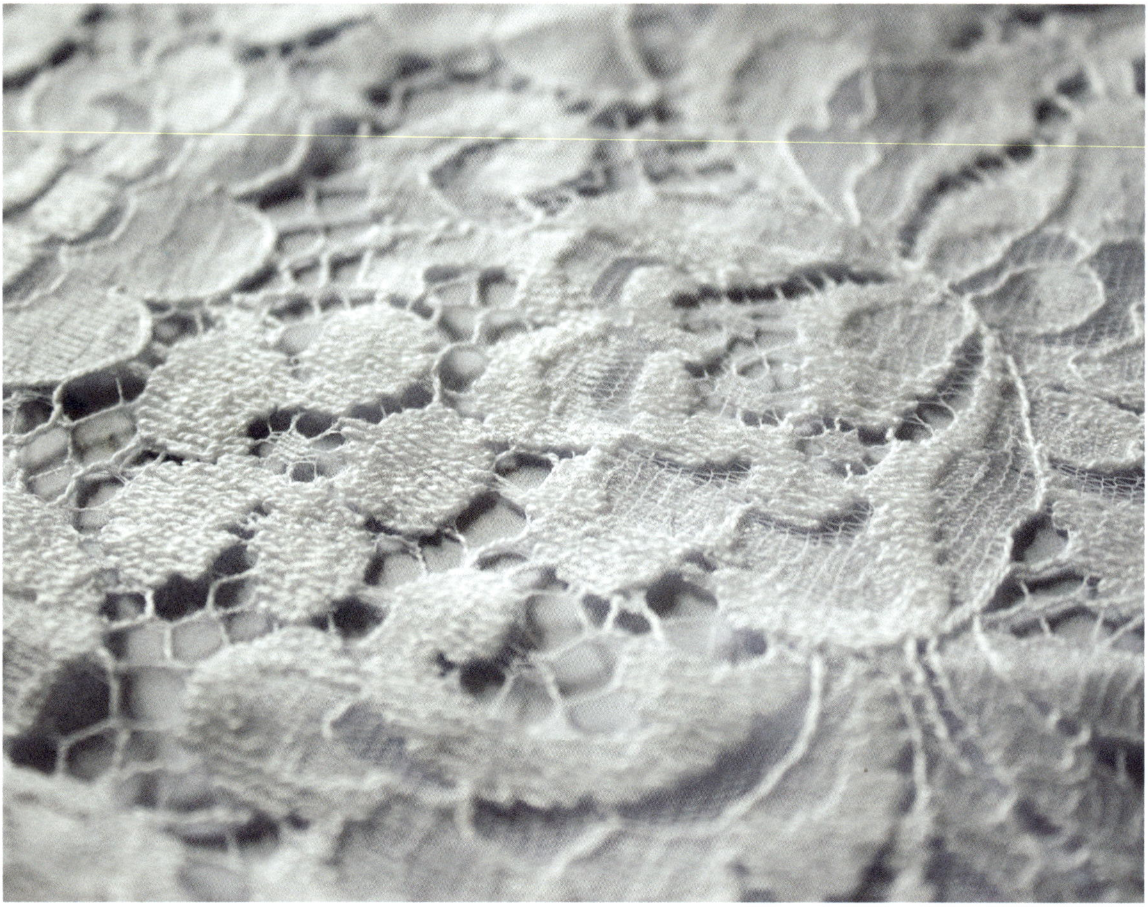

INFO

▶ **Il est possible d'utiliser une dentelle rigide pour de la corseterie à condition de la réserver uniquement à des petits empiècements. En effet, n'ayant aucune élasticité, si la dentelle n'est pas couplée d'un jersey, vous ne pourrez pas rentrer dans votre culotte !**

- **La broderie sur tulle :** elle est très souvent confondue avec la dentelle ! Elle n'a pourtant rien à voir, même si les motifs sont similaires. En effet, la dentelle est créée sur des machines à tricoter spéciales, tandis que la broderie sur tulle est un tulle élastique ou rigide sur lequel ont été brodés des motifs. Une autre différence est qu'une dentelle est très souvent unie voire bicolore, alors qu'une broderie peut aussi bien être unie que multicolore, ou combinée avec des fils Lurex par exemple.

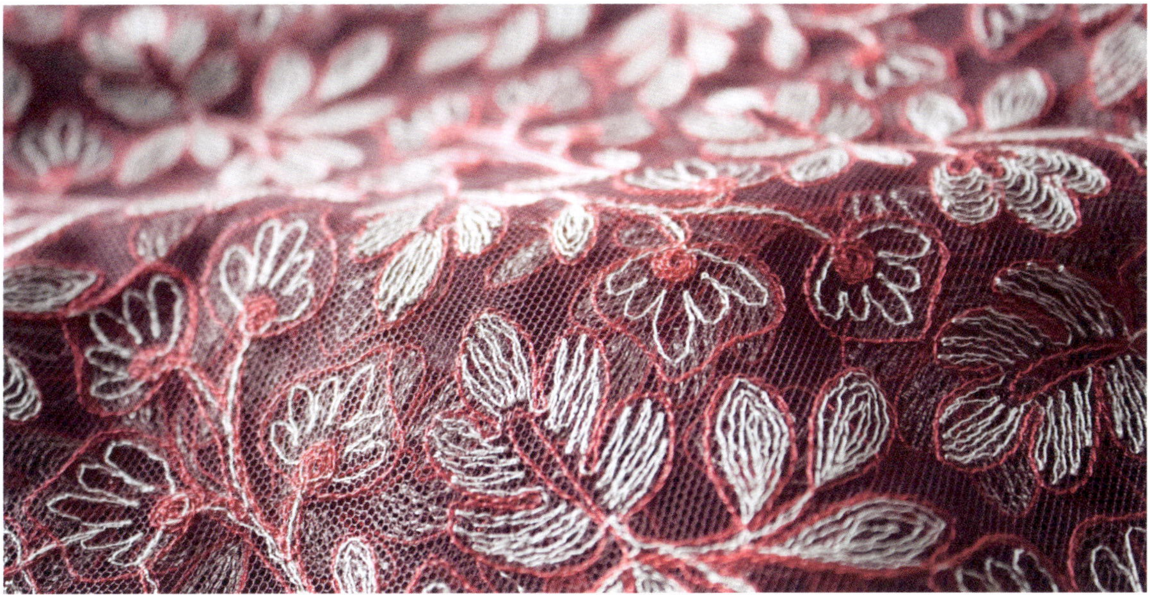

- **La guipure :** c'est une matière très semblable à la broderie sur tulle, mais elle n'a aucun support. En effet, la guipure est obtenue à partir d'une broderie réalisée sur un support qui se dissout à l'eau. Cette étape de la fabrication (dissolution du support) fait que la guipure est très souvent bien plus onéreuse que la broderie sur tulle, mais aussi plus spectaculaire.

INFO

▶ **La guipure est plus difficile à coudre que la broderie sur tulle car elle présente de nombreux vides.**

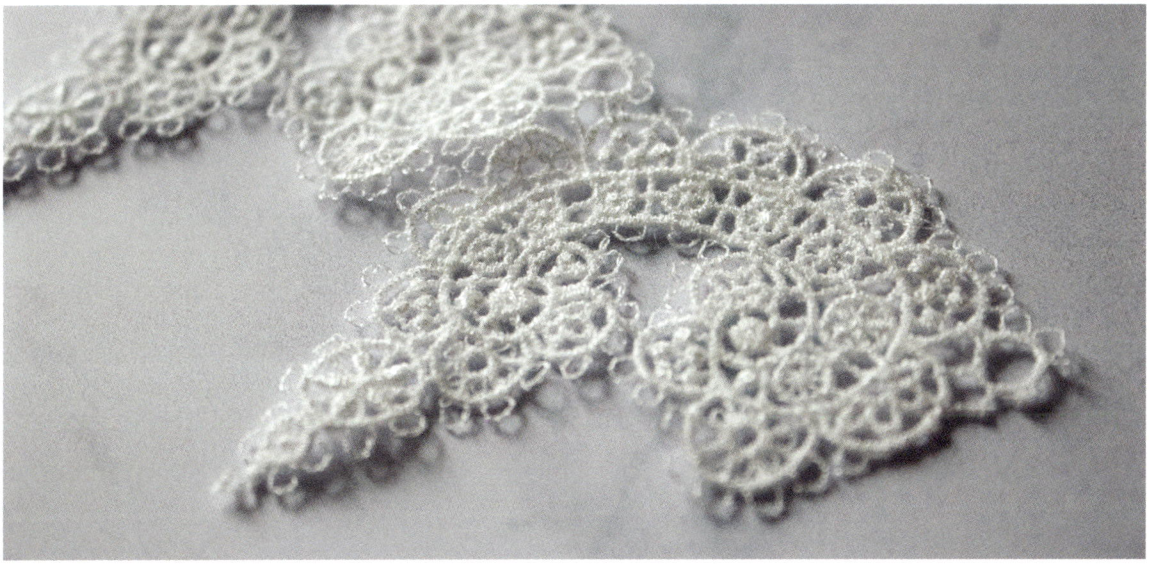

LES MAGASINS GÉNÉRALISTES

Mondial Tissus : www.mondialtissus.fr
Tissus Plus : https://tissusplus.com
Tissus Bennytex : www.bennytex.fr
Ma petite mercerie : www.mapetitemercerie.com/fr
Pretty Mercerie : https://prettymercerie.com
Tissus GMC : www.tissusgmc.fr
Rascol : www.rascol.com
Tissus Lolie Shop : https://tissuslolieshop.fr
Craftine : www.craftine.com
Mercerine : www.mercerine.com
The Sweet Mercerie : www.thesweetmercerie.com
Henry et Henriette : https://henryethenriette.com
Les Filles à Pois : www.lesfillesapois.fr
Tissus de rêve : www.tissus-de-reve.fr
Chipote et Papote : www.chipote-et-papote.com
Stragier : www.stragier.com/fr/home
Glitzerpüppi : www.glitzerpueppi.fr
Charlie coud : www.charliecoud.be/collection
Little Fabrics : www.littlefabrics.com
Fairy Factory : www.fairyfactory.fr
Mercerie de l'étoile : www.mercerie-etoile.com
Aud'ReyVerie : https://audreyverie.fr/fr

LES IMPRIMEURS FRANÇAIS

Kakoungochi Fabric : https://kakoungochi-fabrics.com
Églantine et Zoé : www.eglantine-zoe.fr
Lise Tailor : https://lisetailor.com

LES MAGASINS DE GRANDS COUPONS

Les coupons de Saint-Pierre :
www.les-coupons-de-saint-pierre.fr/fr
Sacrés coupons : https://www.sacres-coupons.com

LE COIN DES BONNES AFFAIRES

Le Vide Atelier : https://levideatelier.fr

LES MAGASINS PROPOSANT DES TISSUS BIO, ÉCORESPONSABLES OU OEKO-TEX®

Mamzelle fourmi : https://mamzellefourmi.com
Cousubio : www.cousubio.com
Mars-Elle : www.mars-elle.com/boutique-tissu-bio
Un chat sur un fil : www.un-chat-sur-un-fil.fr/fr
Fil Etik : www.fil-etik.com
Lulu la luciole : https://lululaluciole.com
Cousette : www.cousette.com
Les tissus du chien vert : www.chienvert.com
Ophélie mercerie : www.opheliemercerie.com

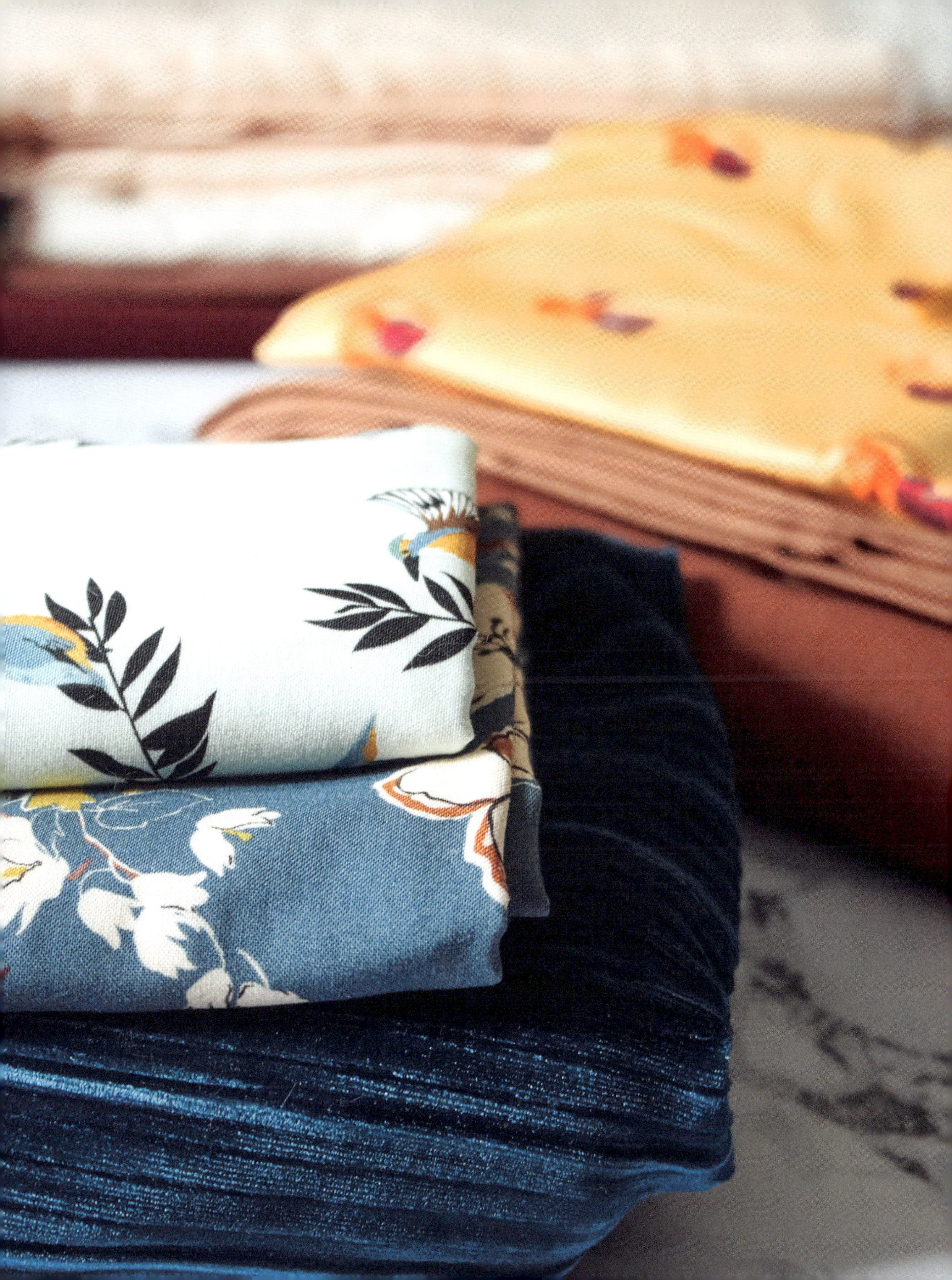

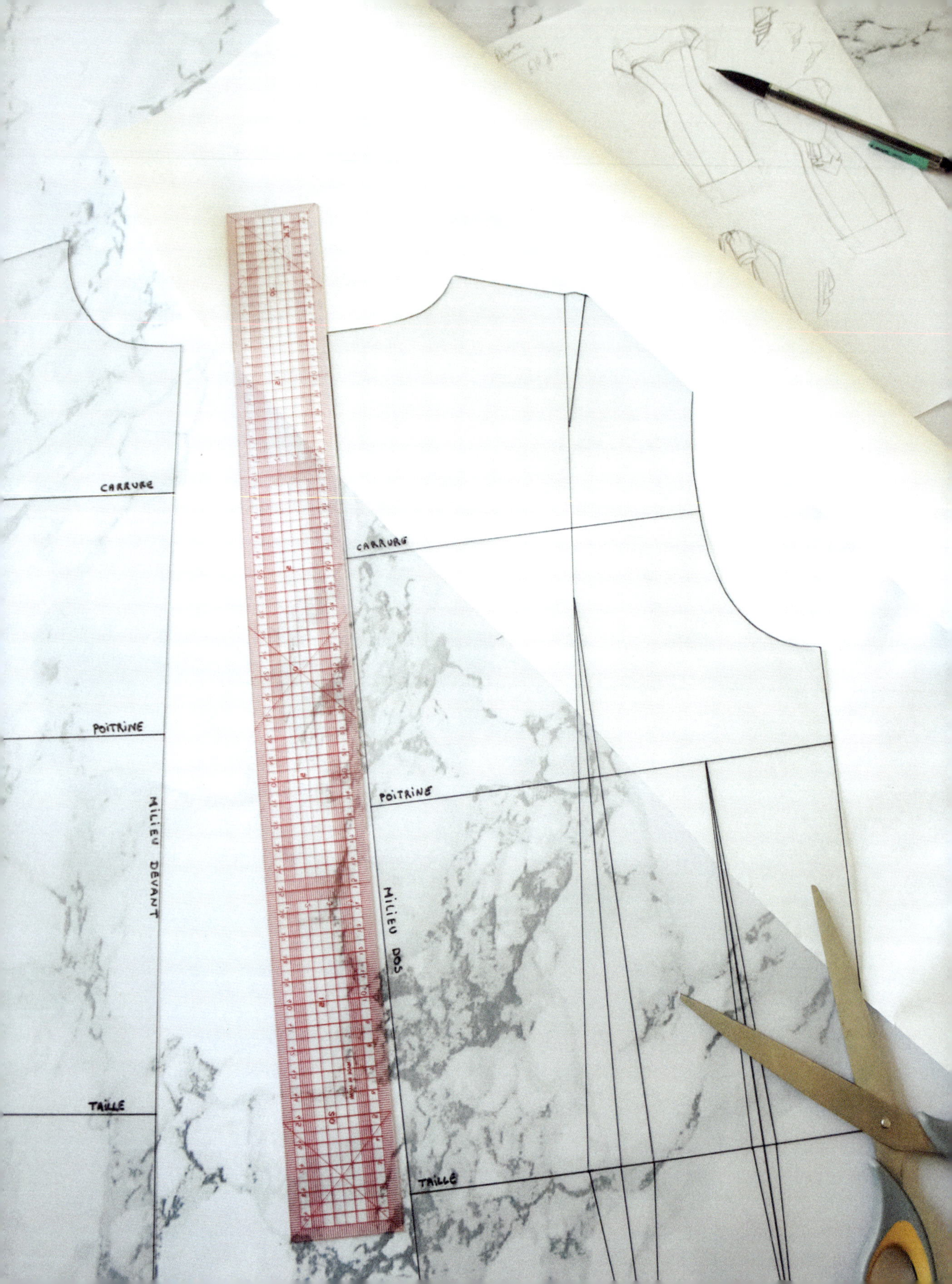
CARRURE
POITRINE
MILIEU DEVANT
TAILLE
CARRURE
POITRINE
MILIEU DOS
TAILLE

CHAPITRE 2

LES BASES DE RÉFÉRENCE

AVERTISSEMENT

▶ Les schémas suivants sont des schémas de principe, les facteurs d'échelle ne sont pas garantis. Selon vos mensurations, les bases pourraient être allongées ou élargies.

TRAÇAGE DE LA JUPE DE BASE

Dans cette partie, vous allez apprendre à tracer la jupe de base à vos mesures sur un support réutilisable. Grâce à ce support réutilisable, vous n'aurez plus qu'à décalquer les contours lorsque vous voudrez créer une jupe. L'aisance est incluse pour éviter de devoir l'ajouter aux futures jupes.

TRAÇAGE DU CADRE RECTANGLE

1. Prenez votre planche de rhodoïd, votre feutre noir indélébile et votre porte-mine. Les lignes et annotations seront à inscrire de façon indélébile, en revanche, toutes les lettres qui vous servent à la construction (A, A', B, etc.) devront être inscrites au porte-mine pour pouvoir les effacer à la fin du tracé.

Tracez à l'aide de votre règle japonaise, en bas de la planche en rhodoïd, une ligne horizontale **AA' = ½ *tour de grandes hanches* + 1,5 cm** (le 1,5 cm correspond à l'aisance).

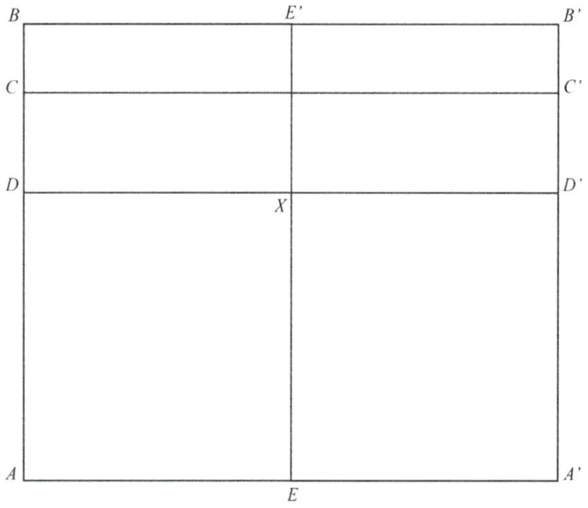

2. À l'aide de votre équerre, tracez une ligne AB verticale et perpendiculaire à AA' (ligne partant de A dirigée vers le haut) mesurant 60 cm, et une seconde ligne A'B' verticale et perpendiculaire à AA' (ligne partant de A' dirigée vers le haut) mesurant 60 cm. Reliez B et B'. Vous obtenez un grand rectangle.

Tracez CC', une ligne parallèle à BB', 9 cm en dessous de BB'.

Tracez DD', une ligne parallèle à BB', 22 cm en dessous de BB'.

Tracez EE', une ligne parallèle à AB, avec **A'E = ½ A'A + 1 cm**.

INFO

- **Le point E n'est pas pile à la moitié de AA' pour que la couture côtés soit légèrement décalée vers l'arrière.**

Marquez X à l'intersection entre EE' et DD'.

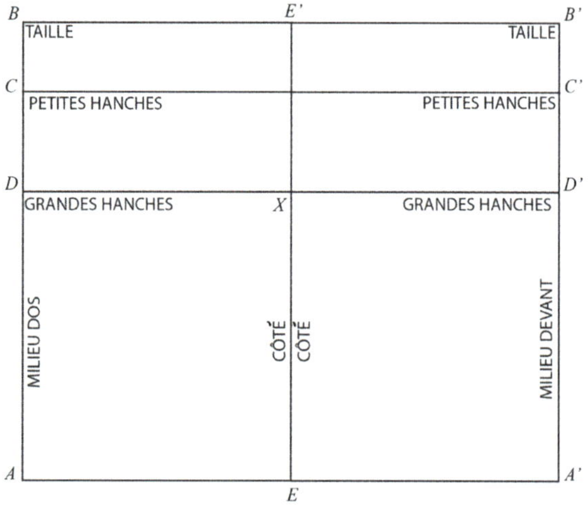

3. Annotez au feutre indélébile les lignes tracées :

AB : « DF – MILIEU DOS »

A'B' : « DF – MILIEU DEVANT »

BB' : « TAILLE »

CC' : « PETITES HANCHES »

DD' : « GRANDES HANCHES »

EE' : « CÔTÉ »

TRAÇAGE DU GALBE CÔTÉ ET TRAÇAGE DES PINCES

Actuellement, **BB' = AA' = ½ *tour de grandes hanches* + 1,5 cm**. Comme vous le savez, le *tour de taille* est inférieur au *tour de grandes hanches*. Vous devez donc tracer le *galbe côté* et les *pinces* pour réduire la valeur de BB' à la bonne mesure du *tour de taille*.

LE GALBE CÔTÉ

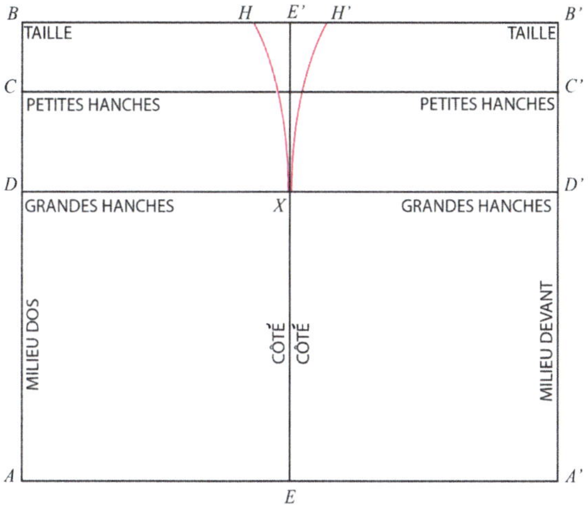

4. Pour réduire le *galbe côté*, placez sur la ligne BB' les points H et H' avec **HE' = 2,75 cm** et **E'H' = 2,75 cm**. À l'aide du perroquet, tracez une courbe harmonieusement bombée reliant H à X avec une courbure plus marquée vers les hanches. Faites de même avec H'.

LES PINCES

Pour cette nouvelle étape, l'illustration sera faite en taille 38 standard, en se basant sur les mesures du tableau page 26.

5. Pour pouvoir tracer les *pinces*, vous devez calculer l'*excédent* restant.

Excédent = (longueur BB') - (½ *tour de taille* + 1 cm d'*aisance* + 5,5 cm du *galbe côté*)

Exemple : excédent = (47 + 1,5) - (34 + 1 + 5,5) = 48,5 - 40,5 = 8 cm

Vous devez donc répartir cette valeur d'*excédent* entre les quatre *pinces*.

Pince* = ¼ *excédent

Exemple : pince = 8 cm ÷ 4 = 2 cm

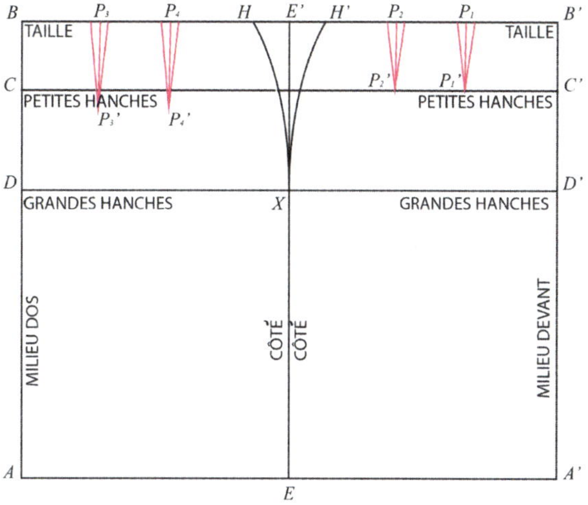

Pour les *pinces devant* : placez P_1 sur H'B' à 9 cm du *milieu devant*. Placez P_2 au milieu du segment P_1H'. Tracez une ligne perpendiculaire à H'B' passant par P_1 et allant jusqu'aux *petites hanches*. L'intersection devient P_1'. Répartissez de part et d'autre de P_1 la valeur de *pince* calculée précédemment. Reliez P_1' aux deux points de la base de la *pince* situés de part et d'autre de P_1. Répétez l'opération avec P_2.

Pour les *pinces dos* : placez P_3 sur BH à 7,5 cm du *milieu dos*. Placez P_4 au milieu du segment P_3H. Tracez une ligne perpendiculaire à BH passant par P_3 et allant jusqu'aux *petites hanches*. L'intersection devient P_3'. Répartissez de part et d'autre de P_3 la valeur de *pince* calculée précédemment. Reliez P_3' aux deux points de la base de la *pince* situés de part et d'autre de P_3. Répétez l'opération avec P_4.

VÉRIFICATIONS

Vérifiez le *tour de taille* en mesurant la *ligne de taille* sans compter les *pinces* et le galbe. Vous devez tomber sur ½ de votre *tour de taille* + 1 cm d'aisance.

Exemple : si votre tour de taille est de 68 cm, vous devez trouver pour :

le ½ tour de taille dos = 32 - 1 + 1 = 32 cm ;

le ½ tour de taille devant = 32 + 1 + 1 = 34 cm.

INFO

▶ **Quelles que soient vos mensurations, il y a forcément 2 cm d'écart entre le ½ *tour de taille dos* et *devant*.**

Une fois les vérifications faites, découpez les bases sur les contours extérieurs et poinçonnez les pointes de *pinces* (P_1', P_2', P_3' et P_4') à l'aide d'un poinçon et d'un marteau.

TRAÇAGE DU CORSAGE DE BASE

Je vous propose ici d'apprendre à tracer le corsage de base à vos mesures sur un support éternel. Grâce à ce support éternel, vous n'aurez plus qu'à décalquer les contours lorsque vous voudrez créer un top, un chemisier ou une robe. L'aisance y est incluse pour éviter de devoir l'ajouter aux futurs tops, chemisiers ou robes.

TRAÇAGE DE LA CONSTRUCTION

Prenez votre papier kraft et votre porte-mine. Vous tracerez dans un premier temps la construction sur le kraft et, une fois terminée et vérifiée, vous la relèverez sur la plaque de rhodoïd.

1. Tracez à l'aide de votre règle japonaise et de votre porte-mine, 5 cm en bas du papier kraft, une longue ligne horizontale XY. Placez vos supports de jupe de sorte que la *ligne de grandes hanches* de la base jupe soit sur l'axe XY, avec la *base dos* à gauche et la *base devant* à droite. Les deux supports ne sont pas accolés.

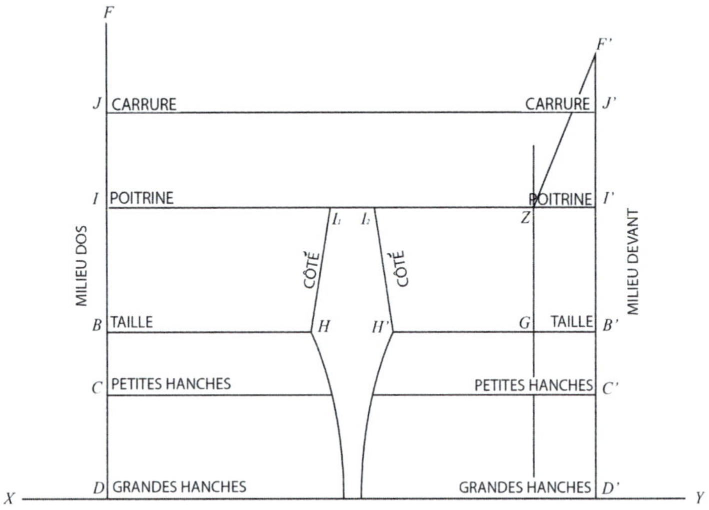

Tracez le contour extérieur des bases jupes et relevez en annotant les *lignes d'aplomb internes* (*ligne de taille, ligne de petites hanches, ligne de grandes hanches*). Attention, le *milieu dos* et le *milieu devant* doivent être parfaitement parallèles pour la suite de la construction.

Prolongez la ligne du *milieu dos* de 41 cm depuis la *taille* et vers le haut, placez F (la base de la nuque) et prolongez la ligne du *milieu devant* de 37,5 cm depuis la *taille* et placez F' (la base du cou).
Mesurez votre *écart de poitrine* d'une pointe de sein à l'autre. Sur la *ligne de taille* de la base devant, placez G tel que **B'G = ½ de votre mesure d'*écart de poitrine***. Votre *demi-écart de poitrine* oscille entre 9 et 11 cm. À partir de G, tracez une parallèle au *milieu devant*.

Mesurez votre *hauteur de poitrine* : le mètre à ruban va de la base du cou jusqu'à la pointe de sein. Sur la parallèle passant par G, portez la hauteur de poitrine en ligne droite en partant de F'. On obtient Z. Tracez une ligne II' perpendiculaire aux *milieux* et passant par Z. C'est la *ligne de poitrine*.
Sur le *milieu dos*, placez **J = ½ IF**. Tracez JJ' perpendiculaire aux milieux. C'est la *ligne de carrure*.

Sur votre *ligne de poitrine* II', placez I_1 avec **II_1 = (¼ de votre *tour de poitrine*) + 1 cm**, et **I_2I' = (¼ de votre *tour de poitrine*) + 3 cm**. Joignez I_1 à H et I_2 à H'.

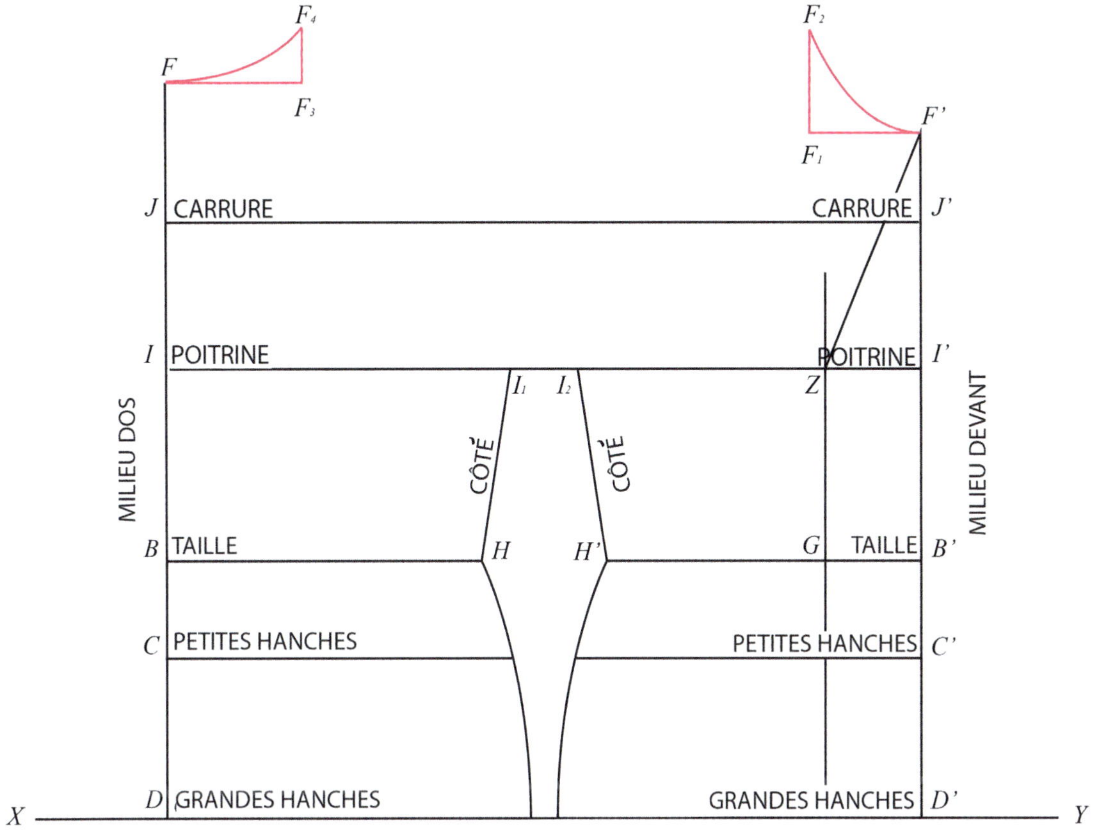

DOS

2. À partir de F, tracez une ligne perpendiculaire au *milieu dos* et placez F_3 tel que **FF_3 = ⅓ de votre *demi-encolure* + 0,5 cm**. À partir de F_3, tracez une parallèle au *milieu dos* et placez F_4 tel que **F_3F_4 = ⅓ de FF_3**. Reliez F à F_4 avec une courbe creusée harmonieuse, ayant une platitude de 1 cm au *milieu dos*. C'est l'*encolure dos*.

DEVANT

3. À partir de F', tracez une ligne perpendiculaire au *milieu devant* et placez F_1 tel que **$F'F_1$ = ⅓ de votre *demi-encolure* + 0,5 cm**. Une *demi-encolure* oscille entre 17 cm et 22 cm. À partir de F_1, tracez une ligne perpendiculaire à $F'F_1$ et placez F_2 tel que **F_1F_2 = $F'F_1$**. Reliez F_2 à F' avec une courbe creusée harmonieuse, ayant une platitude de 0,5 cm au *milieu devant*. C'est l'*encolure devant*.

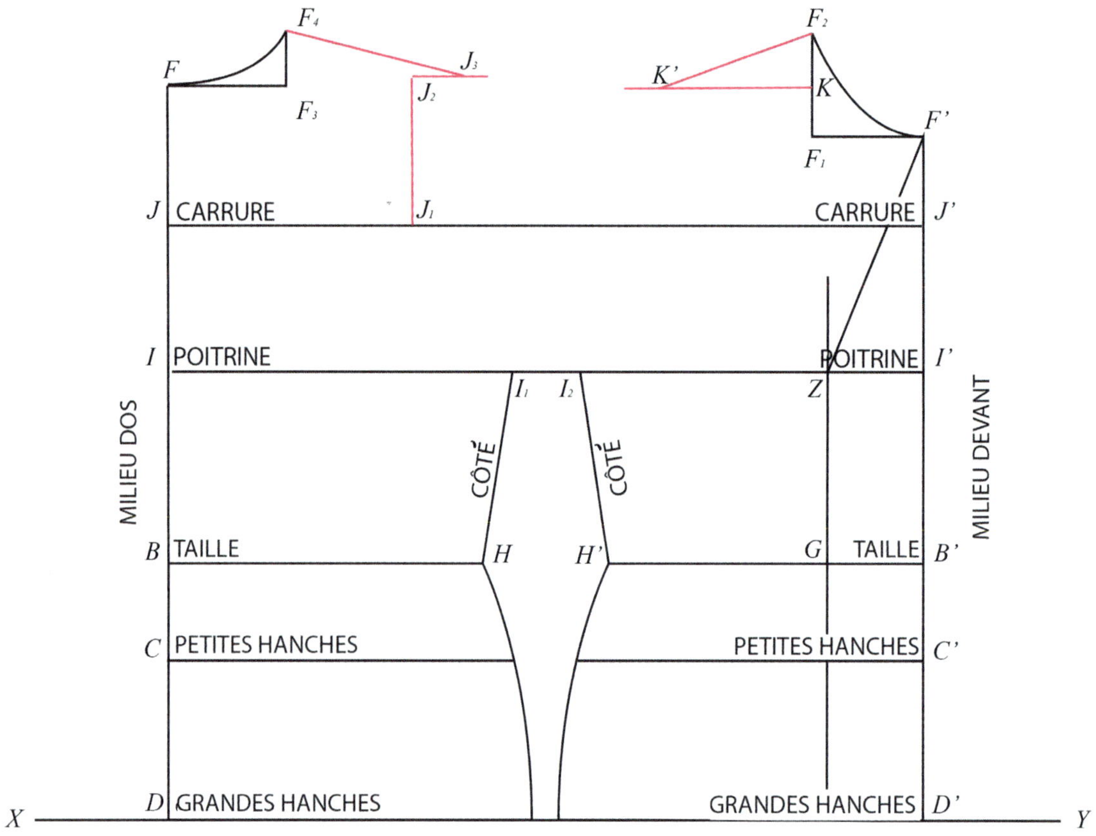

DOS

4. Demandez de l'aide à quelqu'un pour mesurer votre *carrure dos*. Sur la ligne JJ', placez J_1 tel que **JJ_1 = ½ de votre *carrure dos***.
À partir de J_1, tracez vers le haut une parallèle au *milieu dos*. Placez sur cette parallèle J_2 tel que **$J_1J_2 = FF_3 + 3$ cm**.
Tracez à partir de J_2 une ligne perpendiculaire à J_1J_2 de quelques centimètres vers la droite.
À partir de F_4, reportez sur la précédente perpendiculaire votre *longueur d'épaule* rallongée d'1 cm. L'intersection devient J_3 (c'est-à-dire **F_4J_3 = *longueur d'épaule + valeur de pince d'omoplate*** – c'est-à-dire **1 cm**).

DEVANT

5. Placez K au milieu du segment F_1F_2. Tracez une ligne perpendiculaire à F_1F_2 et passant par K, longue de 20 cm environ.
Mesurez à l'aide du mètre à ruban votre *longueur d'épaule*. Sachez qu'elle varie entre 11 cm et 14 cm. À partir de F_2, reportez sur la précédente perpendiculaire votre longueur d'épaule. L'intersection devient K' (c'est-à-dire **F_2K' = *longueur d'épaule***).

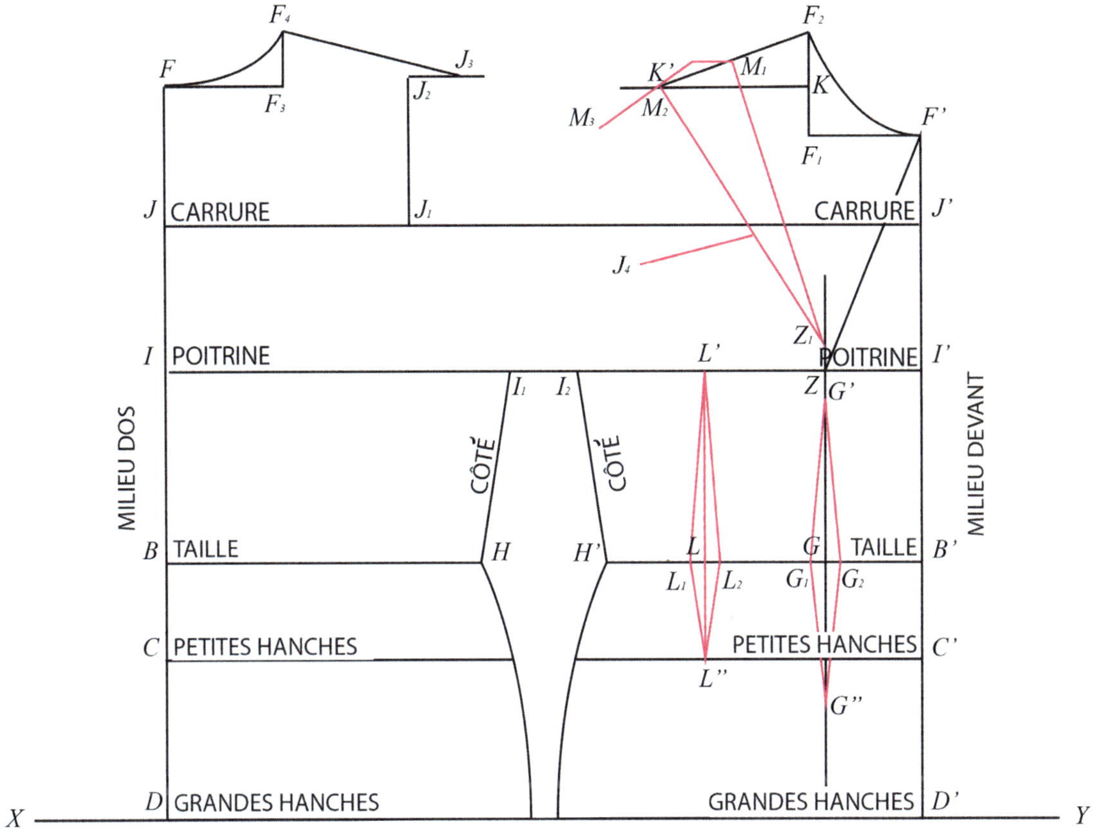

DEVANT

6. Sur la ligne GZ, placez Z_1 2 cm au-dessus de Z, et G' 2 cm en dessous de Z. Placez également sur cette droite sous G, G" avec **GG" = 16 cm**.

Reportez de part et d'autre de G sur la ligne H'B' les points G_1 et G_2 tels que **G_1G_2 = la valeur de *pince*** (*cf.* « Les pinces », p.43), avec G au centre de G_1G_2. Rejoignez G_1 à G' et G_2 à G'. Puis G_1 à G" et G_2 à G".

Placez L au milieu de H'G_1. Tracez une ligne parallèle au *milieu devant*, passant par L et s'arrêtant à la *ligne de poitrine* (l'intersection est L') et à la *ligne de petites hanches* (l'intersection est L"). Reportez de part et d'autre de L sur la ligne H'B' les points L_1 et L_2 tels que **L_1L_2 = la valeur de *pince*** (*cf.* « Les pinces », p.43), avec L au centre de L_1L_2. Rejoignez L_1 à L' et L_2 à L'. Puis L_1 à L" et L_2 à L".

Placez sur la pente d'*épaule devant* F_2K' le point M_1 au centre de F_2K' soit **F_2M_1 = ½ *longueur d'épaule***. Placez toujours sur la pente d'épaule en direction de K' le point M_2 tel que **M_1M_2 = 1/12 du *tour de poitrine***.

Reliez M_1 à Z_1 puis M_2 à Z_1.

À l'aide de ruban adhésif, fermez la *pince* en rabattant M_1Z_1 sur M_2Z_1. Prolongez F_2M_1 vers M_3 tel que **F_2M_1 = M_1M_3** (c'est-à-dire *pince fermée*, **F_2M_3 = *longueur d'épaule***). *Pince* toujours fermée, passez la roulette sur F_2M_1. *Pince* toujours fermée, en partant de J', prolongez la *ligne de carrure* tel que **J'J_4 = ½ *carrure devant***. Ouvrez la *pince* et tracez la ligne marquée par la roulette. C'est la *pince de poitrine*.

DOS

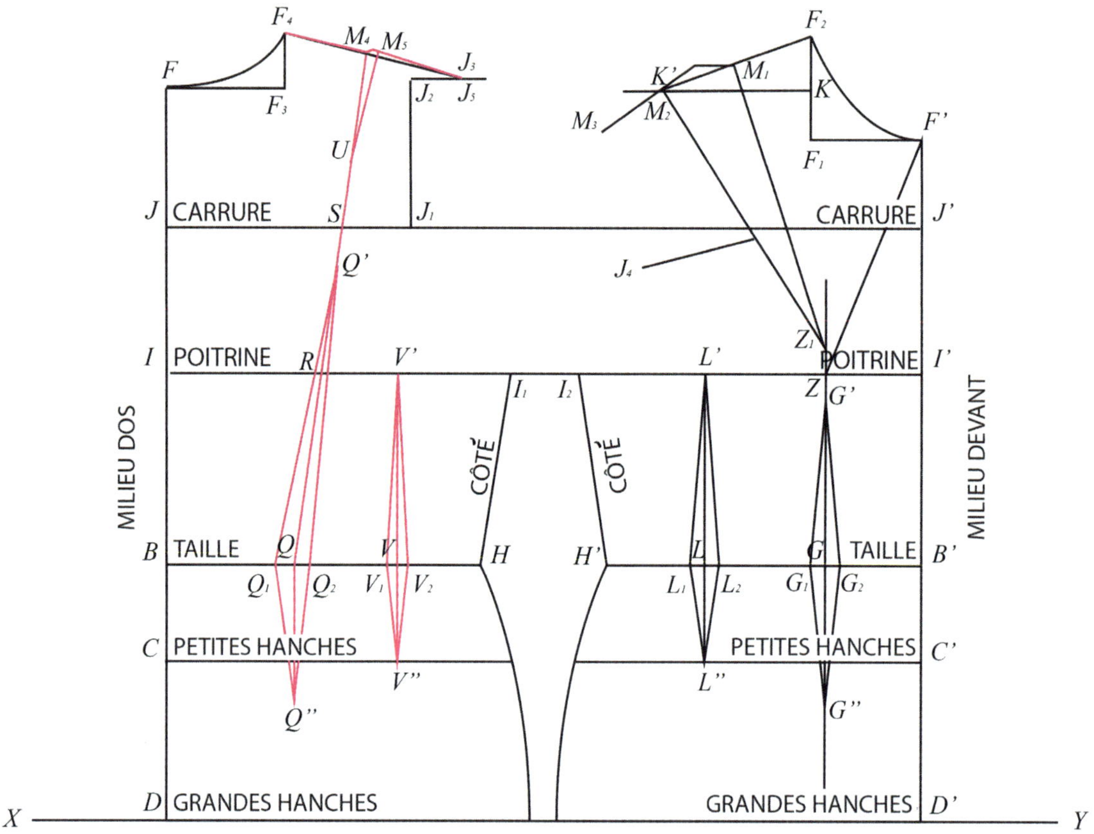

7. Reprenez votre mesure de *pince* calculée page 43. Multipliez cette valeur par 2 (exemple, avec *pince* = 2 cm vous obtenez 4 cm).

Calculez le ¼ et les ¾ de la valeur de *pince* multipliée par 2 (dans l'exemple précédent, le ¼ vous amène à 1 cm et les ¾ à 3 cm). Reportez ces résultats nommés respectivement « ¼ » et « ¾ » dans un coin de feuille.

Sur BH, placez Q à 10 cm de B. Tracez vers le bas une ligne parallèle au *milieu dos* partant de Q et mesurant 13 cm. Nommez le point Q".

Reportez de part et d'autre de Q sur la ligne BH, les points Q_1 et Q_2 tels que **Q_1Q_2 = la valeur « ¾ »**.

Placez sur la pente d'*épaule dos* F_4J_3 le point M_4 tel que **F_4M_4 = ½ *longueur d'épaule***. Placez entre M_4 et J_3 le point M_5 tel que **M_4M_5 = 1 cm**.

À l'aide de ruban adhésif, fermez la *pince* en rabattant M_4 sur M_5. Prolongez F_4M_4 vers J_5 tel que **F_4M_4 = M_4J_5** (c'est-à-dire *pince collée*, **F_4J_5 = *longueur d'épaule***). *Pince* toujours fermée, passez la roulette sur F_4M_4. Ouvrez la *pince* et tracez la ligne marquée par la roulette.

Reliez M_4 à Q. Placez R à l'intersection entre cette droite et la *ligne de poitrine* II', et S à l'intersection avec la *ligne de carrure* JJ'. Placez U sur M_4Q tel que **M_4U = 7 cm**. Rejoignez U à M_5 pour finir le tracé de la *pince d'omoplate*.

Placez Q' sur SR, tel que **SQ' = ¼ SR**.

Joignez Q' à Q_1 et Q' à Q_2, puis Q" à Q_1 à Q" à Q_2.

Placez V au milieu de Q_2H. Tracez à partir de V une ligne parallèle au *milieu dos* s'arrêtant à la *ligne de poitrine* (l'intersection est V') et à la *ligne de petites hanches* (l'intersection est V"). Reportez de part et d'autre de V sur la ligne BH les points V_1 et V_2 tels que **V_1V_2 = la valeur « ¼ »**. Reliez V' à V_1 et V' à V_2, puis V" à V_1 et V" à V_2.

TRAÇAGE DE L'EMMANCHURE

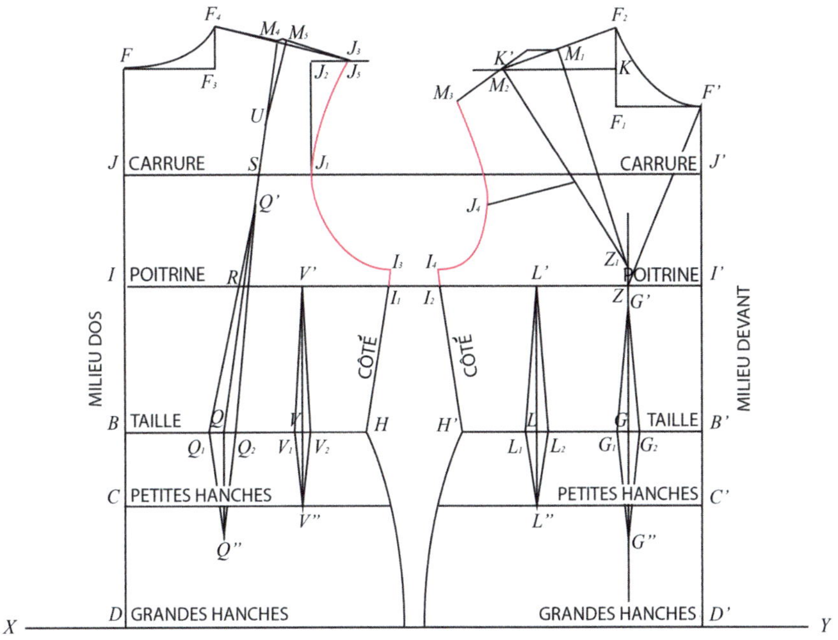

DOS

8. Prolongez vers le haut HI_1 de 1 cm et placez I_3. Avec le perroquet, tracez l'*emmanchure dos* $I_3J_1J_5$ en commençant en I_3 avec un angle droit et une platitude de 1 cm.

DEVANT

9. Prolongez vers le haut $H'I_2$ de 1 cm et placez I_4. Avec le perroquet, tracez l'*emmanchure devant* $I_4J_2M_3$ en partant en I_4 avec un angle droit et une platitude de 2 cm.

VÉRIFICATIONS

Vérifiez que :

a) **$BQ_1 + Q_2V_1 + V_2H + H'L_1 + L_2G_1 + G_2B'$ = votre *½ tour de taille* + 1 cm ;**

b) **$F_4M_4 + M_5J_3 = F_2M_1 + M_2M_3$ = votre *longueur d'épaule.***

Une fois les vérifications effectuées, relevez les contours extérieurs de la base, ainsi que les *lignes d'aplomb* (JJ_1 ; J_4J' ; II' ; BB' ; CC') et les *pinces* (M_4UM_5 ; $M_1Z_1M_2$; $Q'Q_1Q''Q_2Q'$; $V'V_1V''V_2V'$; $L'L_1L''L_2L'$; $G'G_1G''G_2G'$) sur vos plaques de rhodoïd à l'aide de votre feutre indélébile. Percez les angles de chaque *pince* à l'aide du poinçon.

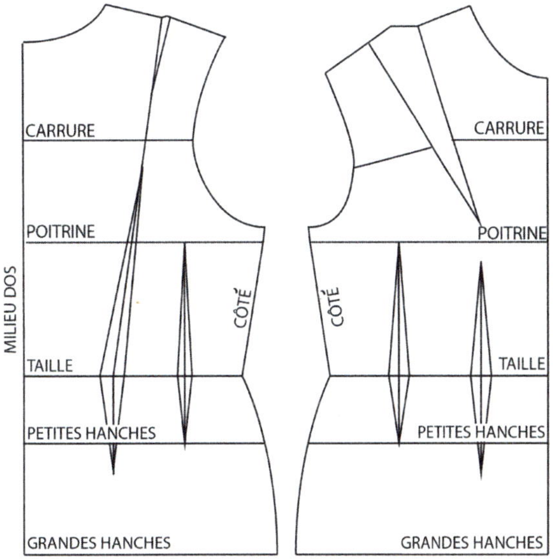

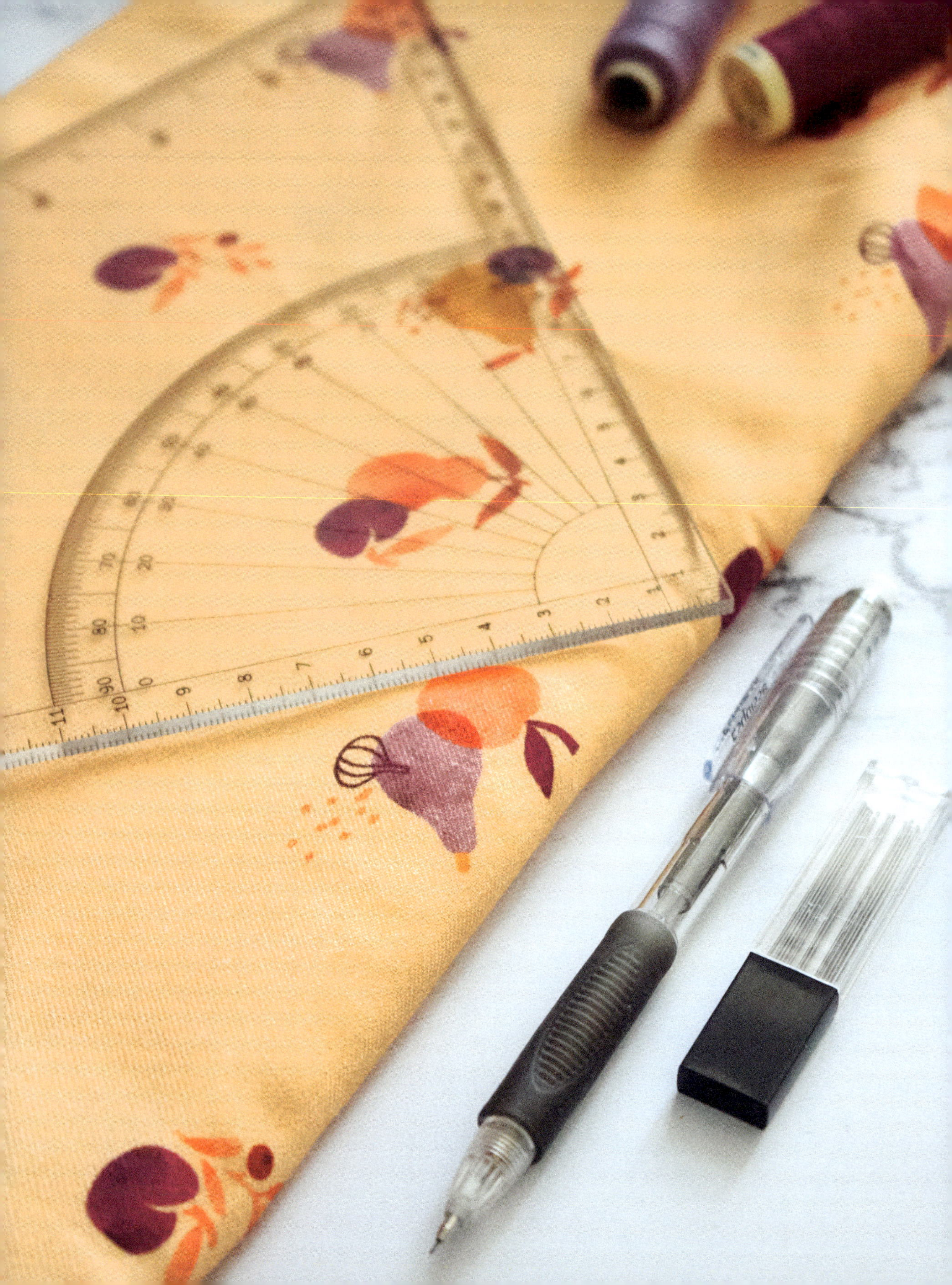

Chapitre 3
Les jupes

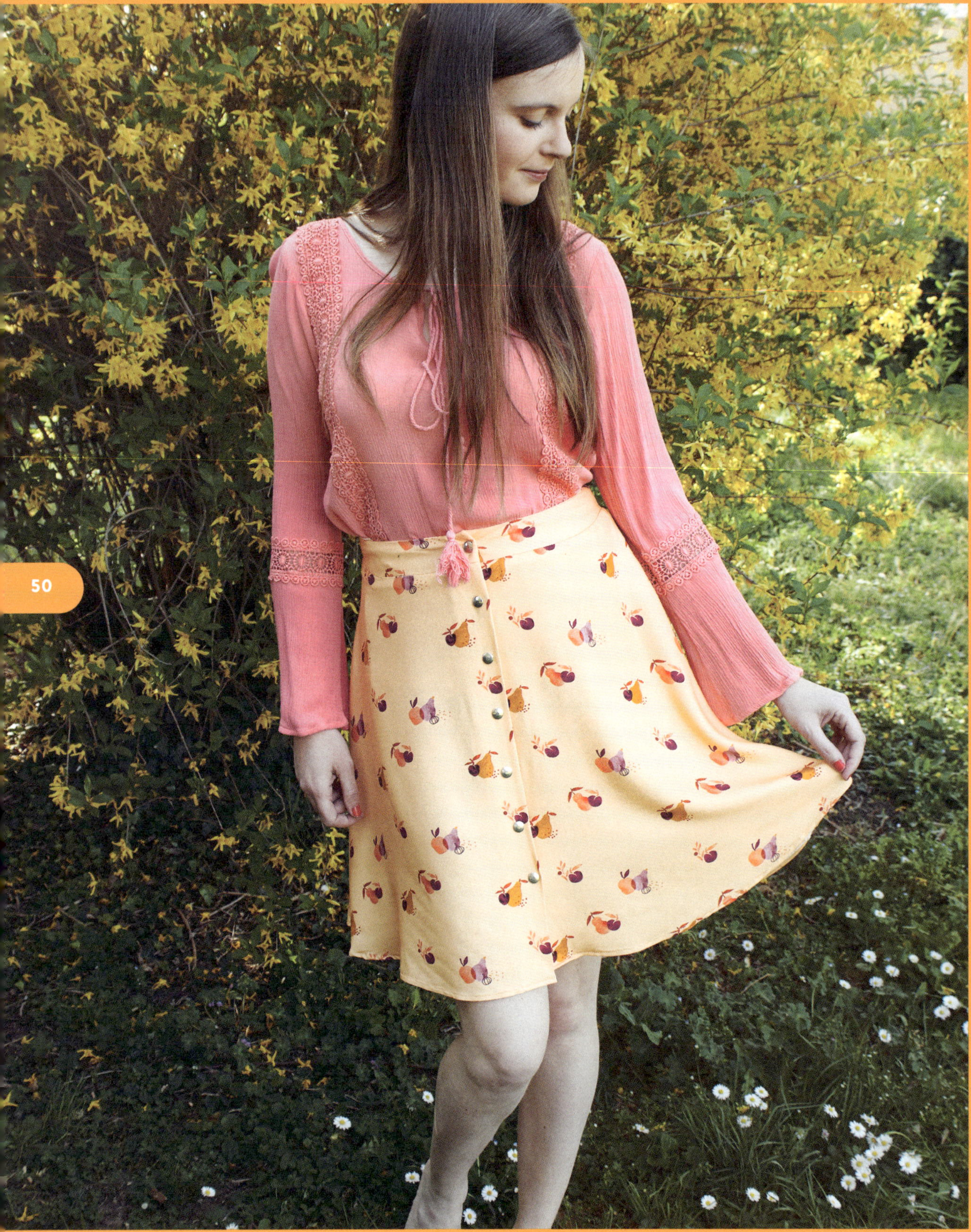

La jupe à godets

Pour cette première jupe, vous allez apprendre à tracer une jupe ample avec un volume provenant du bas : la jupe à godets. La jupe présentée ici a été cousue dans une viscose et se ferme grâce à 7 pressions.
Néanmoins, vous pouvez également la réaliser en crêpe polyester, en jean très fin ou dans du lin, et remplacer les boutons-pressions métallisés par des boutons à coudre.

NIVEAUX DE DIFFICULTÉ

Patronage	☺☺
Couture	☺

Légende : ☺ facile, ☺☺ très facile

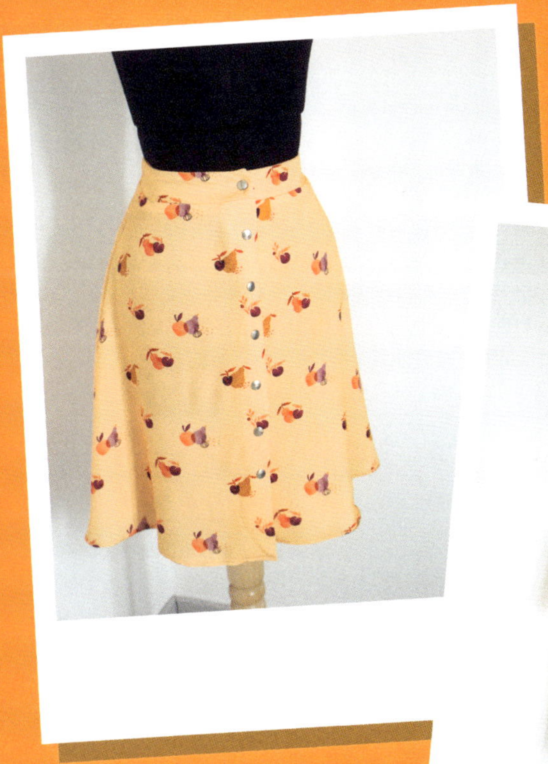

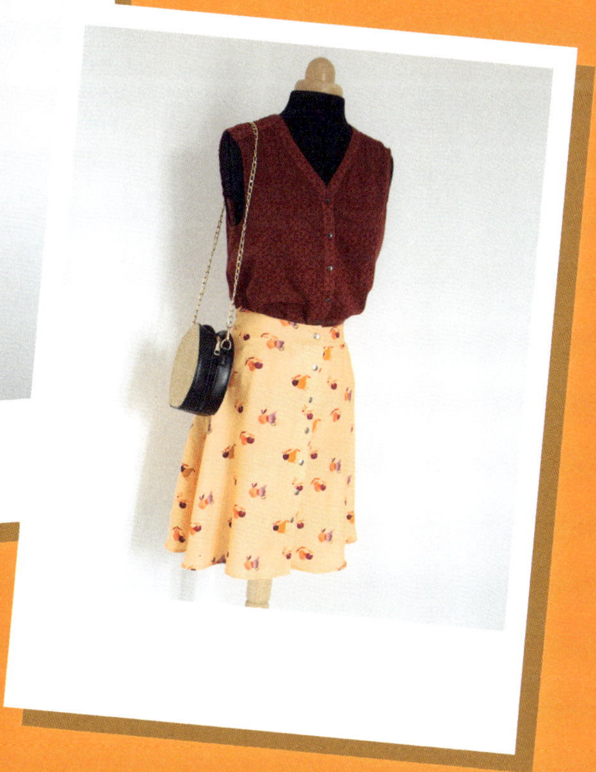

LA CONSTRUCTION ET LA TRANSFORMATION

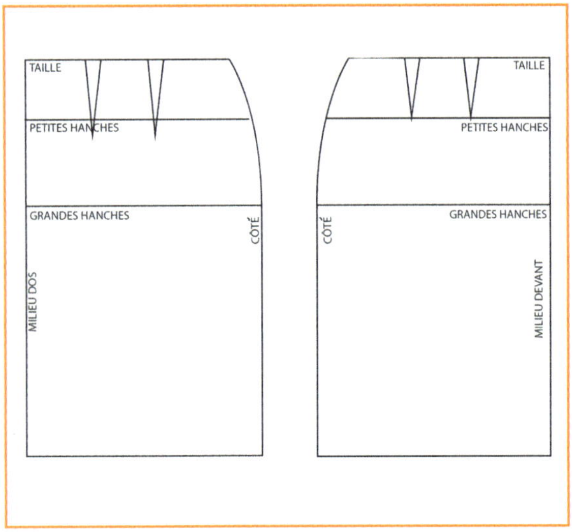

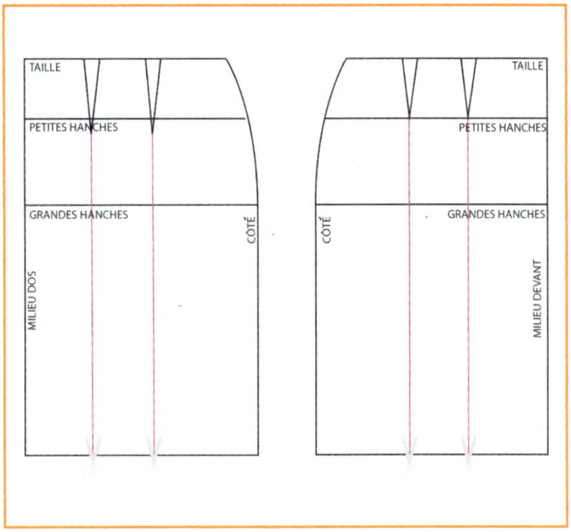

1. Prenez le rouleau de papier kraft et posez dessus les deux bases de jupe. Laissez une marge de 20 cm en dessous, 5 cm au-dessus et 5 cm sur les côtés. Relevez avec un feutre noir les contours des bases de la *jupe devant* et de la *jupe dos*, les *lignes de taille*, *petites hanches* et *grandes hanches*, ainsi que les pointeaux des *pinces*.

2. Pour la *jupe devant*, tracez deux lignes parallèles au *milieu devant*, partant du bas de chaque *pince* et allant jusqu'à l'ourlet de la jupe.

Pour la *jupe dos*, tracez deux lignes parallèles au *milieu dos*, partant du bas de chaque *pince* et allant jusqu'à l'ourlet de la jupe.

À l'aide de vos ciseaux à papier, coupez sur la *jupe devant* et sur la *jupe dos* les quatre lignes parallèles précédemment tracées, depuis l'ourlet de la jupe jusqu'à la pointe de chaque *pince*.

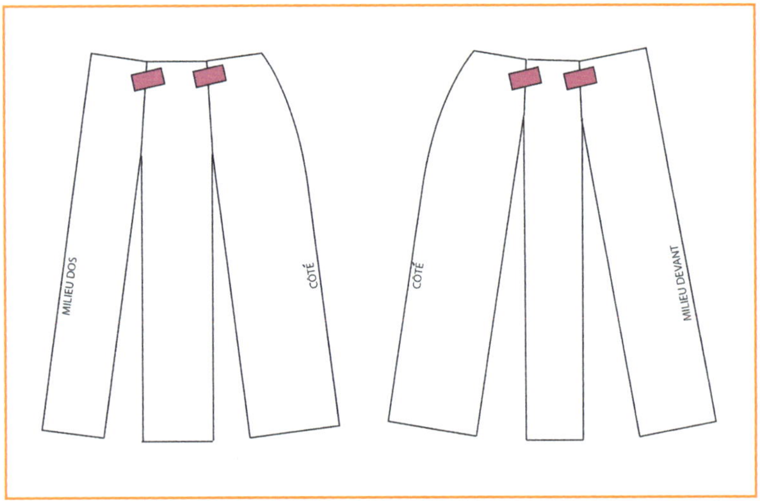

3. Repliez le côté gauche de chaque *pince* sur son côté droit et fixez-les avec du ruban adhésif. Cette opération va ouvrir naturellement le bas de la jupe et créer les godets.

INFO

▶ **Vous créez ainsi l'ampleur du bas de la jupe tout en conservant la bonne mesure du *tour de taille*.**

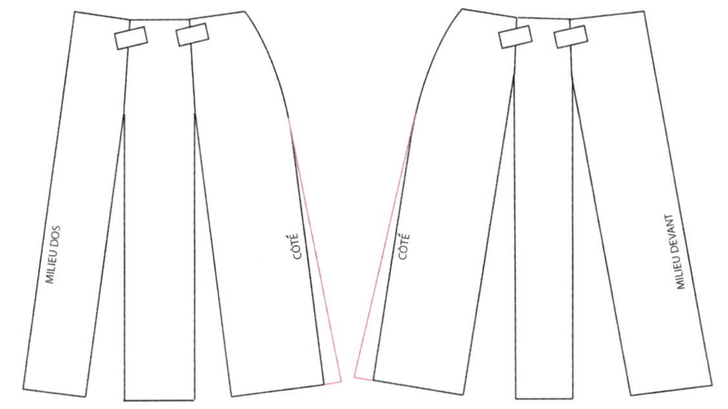

4. Évasez les côtés de la jupe (*devant et dos*) en prolongeant la ligne d'ourlet de 3 cm. Raccordez ces prolongations à la *ligne de grandes hanches*.

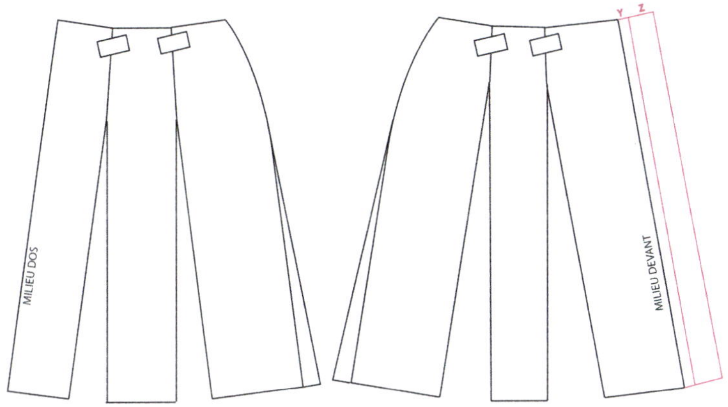

5. La *croisure* se trace en deux étapes. Elle est parallèle au *milieu devant* et en proportion avec la taille de la pression choisie. La *croisure* se détermine de la manière suivante :

a) calculez « **Y = X (le rayon du bouton) + 0,5 cm** » et tracez une première ligne parallèle au *milieu devant* à distance de Y cm ;

b) calculez « **Z = Y + 3 cm** » et tracez une seconde ligne parallèle à la précédente (Y) à distance de Z cm.

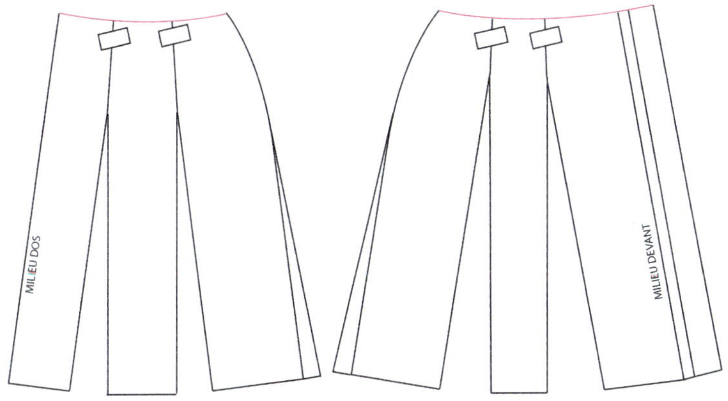

6. À l'aide du perroquet, retracez la *ligne de taille devant* en épousant harmonieusement les trois segments de *taille*. Prolongez la *ligne de taille devant* jusqu'à la *ligne de croisure* (Z) précédemment tracée. Faites de même pour la *jupe dos*, du *côté dos* vers le *milieu dos*.

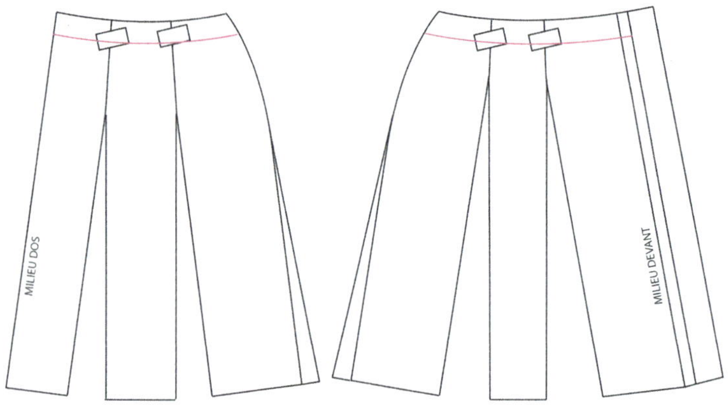

7. Tracez une parallèle à ces courbes de *taille* à 3 cm à l'intérieur de la base. Pour la *jupe devant*, arrêtez la courbe à la ligne Y. Cela constituera les *ceintures* de la jupe.

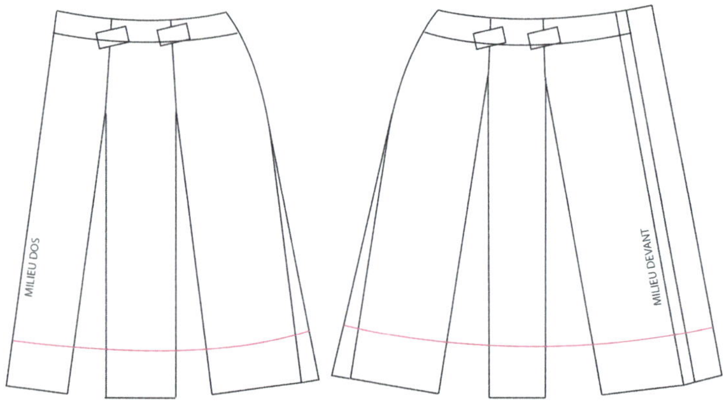

8. Choisissez la longueur que vous désirez donner à votre jupe et reportez cette mesure sur tout l'arrondi du bas de la jupe.

INFO À PROPOS DE LA LONGUEUR

▶ **Pour une stature d'1,65 m, une jupe arrivant :**

- **au-dessus du genou mesurera à partir de la taille entre 40 et 45 cm ;**
- **au genou mesurera à partir de la taille entre 50 et 60 cm ;**
- **au mollet mesurera à partir de la taille entre 70 et 75 cm ;**
- **à la cheville mesurera environ 85 cm.**

LE PATRON

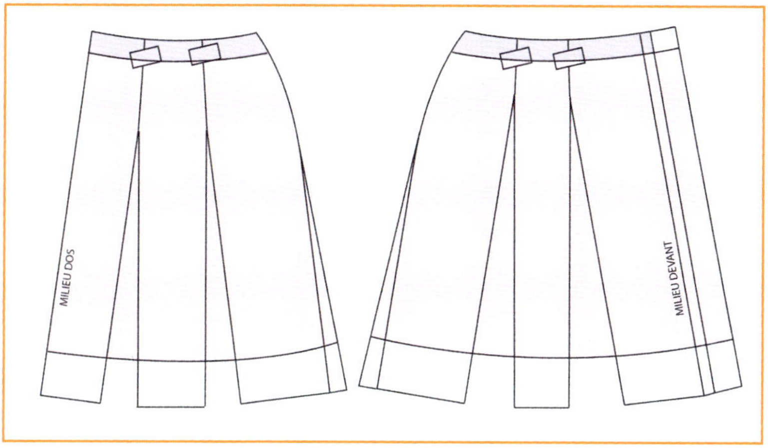

9. Déroulez à présent le papier kraft blanc par-dessus votre construction. À l'aide d'un feutre noir, relevez (en les espaçant suffisamment) les quatre pièces qui constituent la jupe : la *ceinture dos*, la *jupe dos*, la *ceinture devant* et la *jupe devant*. Relevez en traits pleins les contours extérieurs, et en pointillé les lignes de *milieu devant* et *milieu dos*.

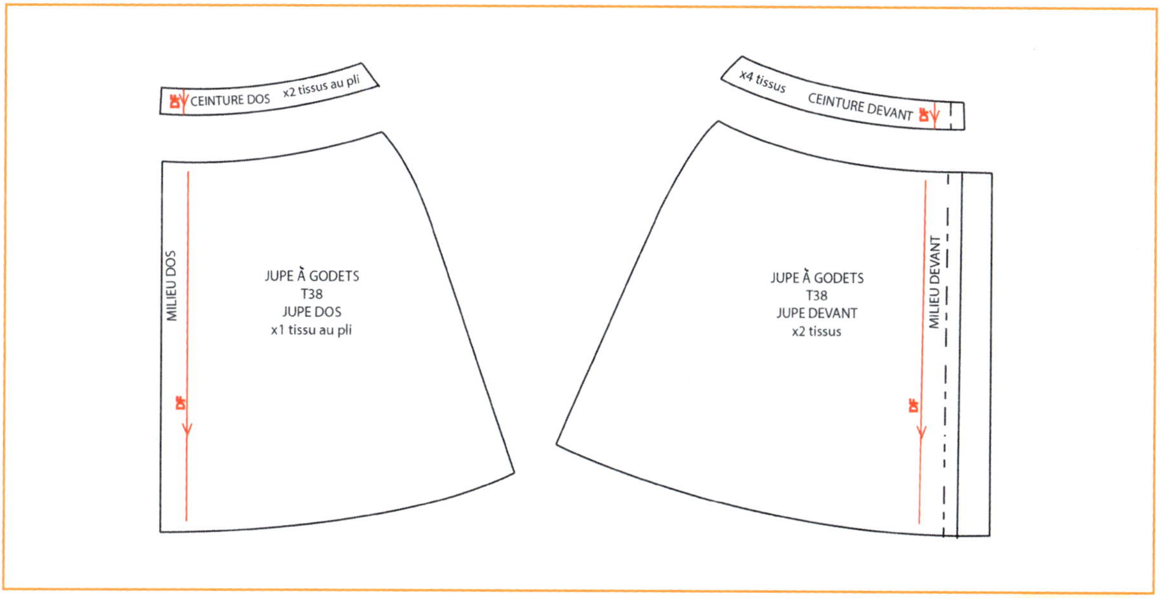

10. Tracez en rouge le droit-fil sur chaque pièce. Votre droit-fil doit toujours être parallèle au *milieu devant* ou au *milieu dos*. Tracez-le suffisamment long pour vous aider lors du placement de vos pièces sur le tissu. Légendez les pièces de manière détaillée : type de modèle, taille, nom de la pièce, nombre de fois à couper.

Une petite aide pour ce modèle si vous n'êtes pas encore familiarisé avec le nombre de pièces à couper :

- la jupe dos : × 1 tissu au pli ;
- la ceinture dos : × 2 tissus au pli ;
- la jupe devant : × 2 tissus ;
- la ceinture devant : × 4 tissus.

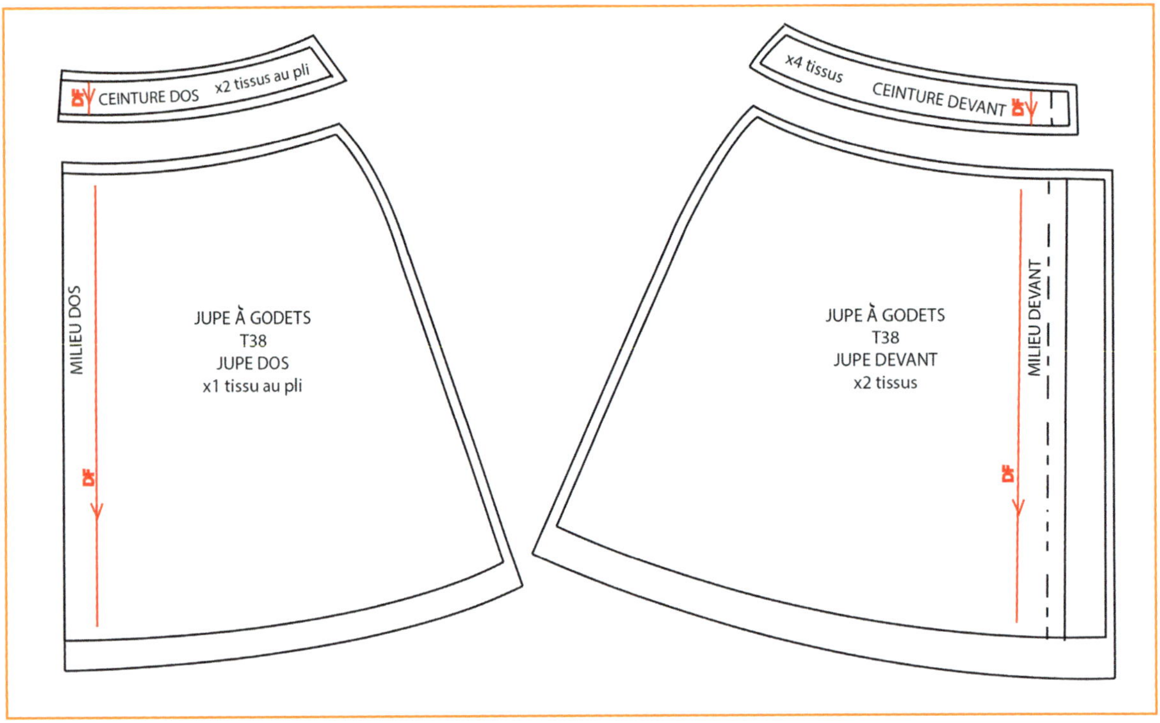

11. Ajoutez les valeurs de couture grâce à l'équerre graduée. Elles sont de 1 cm tout autour des pièces, sauf en bas où l'ourlet doit être de 3 cm. Ne mettez pas de valeur de couture au niveau du *milieu dos* de la *jupe dos* et de la *ceinture dos* car ces pièces seront à couper au pli.

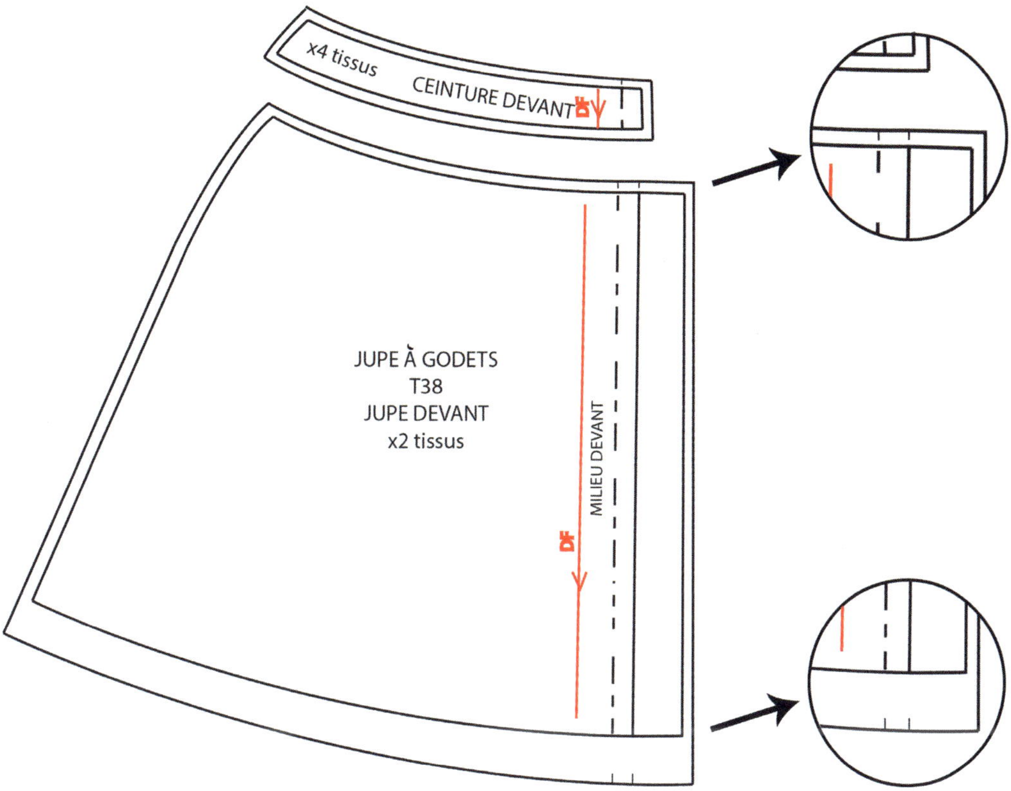

12. Ajoutez les crans perpendiculaires aux valeurs de couture au niveau du *milieu devant* et de la première *ligne de croisure* (Y). Ils vous seront utiles pour la pliure et pour l'emplacement des boutons.

Votre patron est prêt à être coupé. Vous pouvez ajouter une poche plaquée sur la jupe si vous le désirez (*cf.* page 183, chapitre 6, « Les poches »). Choisissez un joli tissu, repliez-le lisière contre lisière et placez les pièces sur le tissu au pli ou à double en fonction de la légende et en veillant à ce que le droit-fil soit toujours parallèle à la lisière. Maintenant, vous êtes prêt à passer au montage !

LA GAMME DE MONTAGE

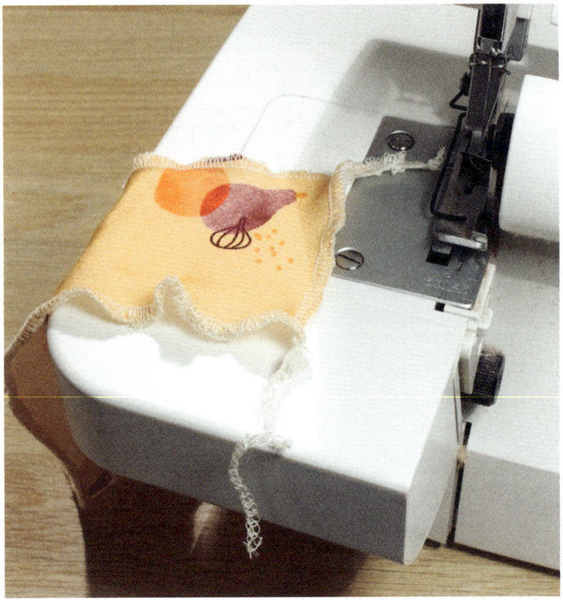

1. Surjetez l'ensemble des pièces.

OPTIONNEL : thermocollez les *ceintures* si nécessaire.

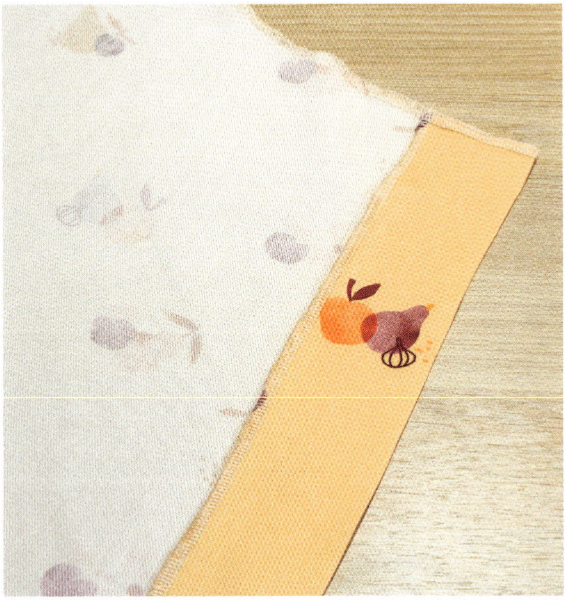

2. Repliez la *patte de boutonnage* sur la ligne Y, à l'intérieur de la jupe. Repassez pour marquer le pli.

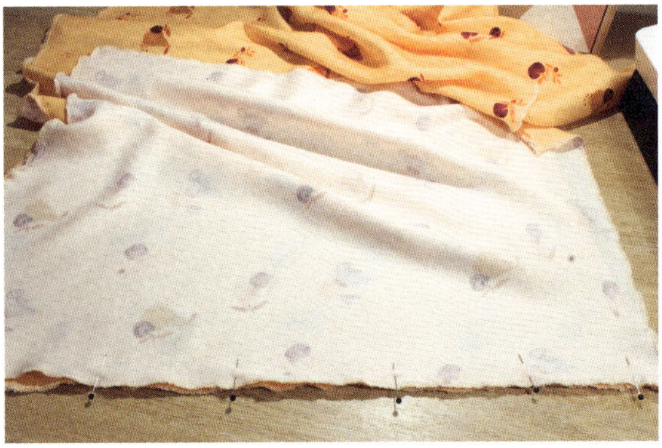

3. Assemblez endroit contre endroit les deux morceaux de la *jupe devant* à la *jupe dos* au niveau des côtés.

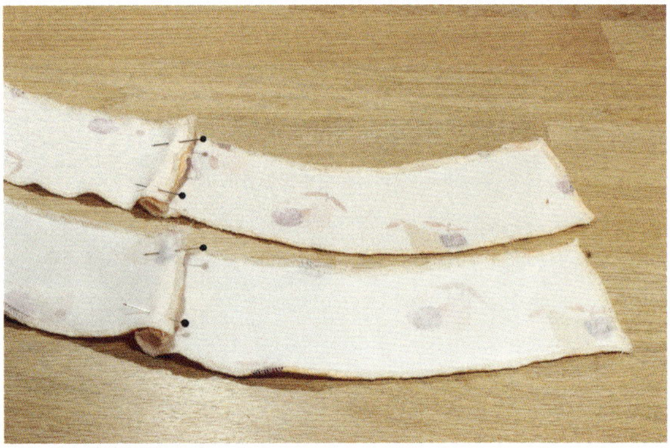

4. Assemblez les *ceintures devant* avec les *ceintures dos*.

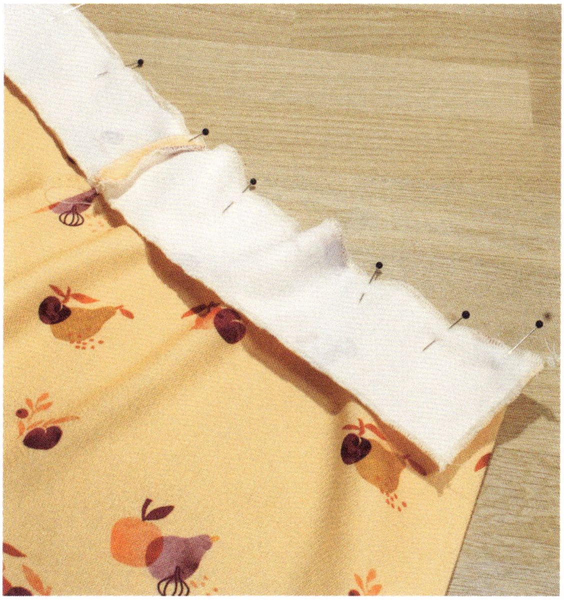

5. Assemblez la *ceinture extérieure* avec la jupe, endroit contre endroit, en veillant à faire dépasser la valeur de couture de la *ceinture* sur l'avant.

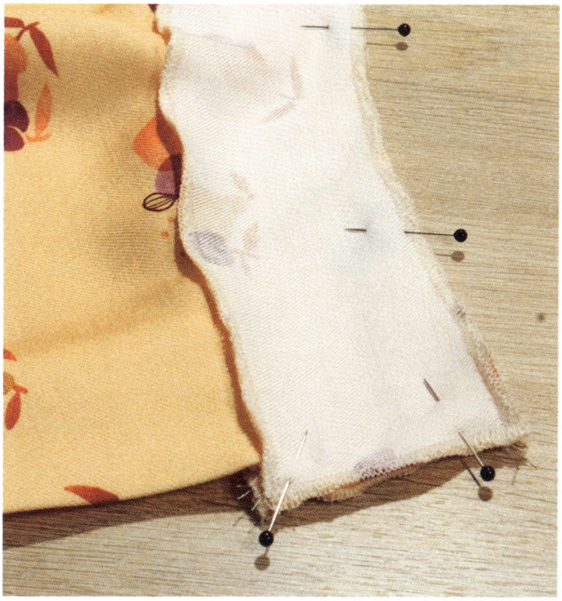

6. Assemblez la *ceinture intérieure* à la *ceinture extérieure*, endroit contre endroit, en veillant à faire correspondre les coutures côtés. Dégarnissez les angles et retournez la *ceinture* sur l'endroit. Repassez.

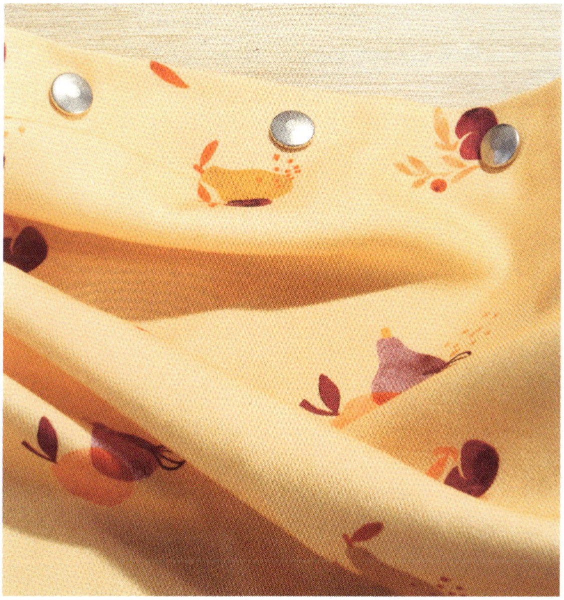

7. Positionnez les pressions sur le *milieu devant* et à intervalles réguliers. Plus les pressions seront grosses, plus elles seront espacées.

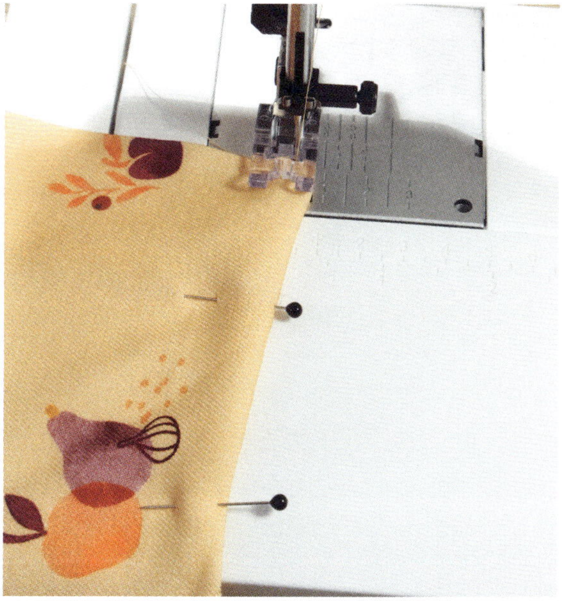

8. Repliez l'ourlet de 3 cm, marquez-le au fer, puis piquez-le à la machine.
Bravo, votre jupe à godets est terminée !

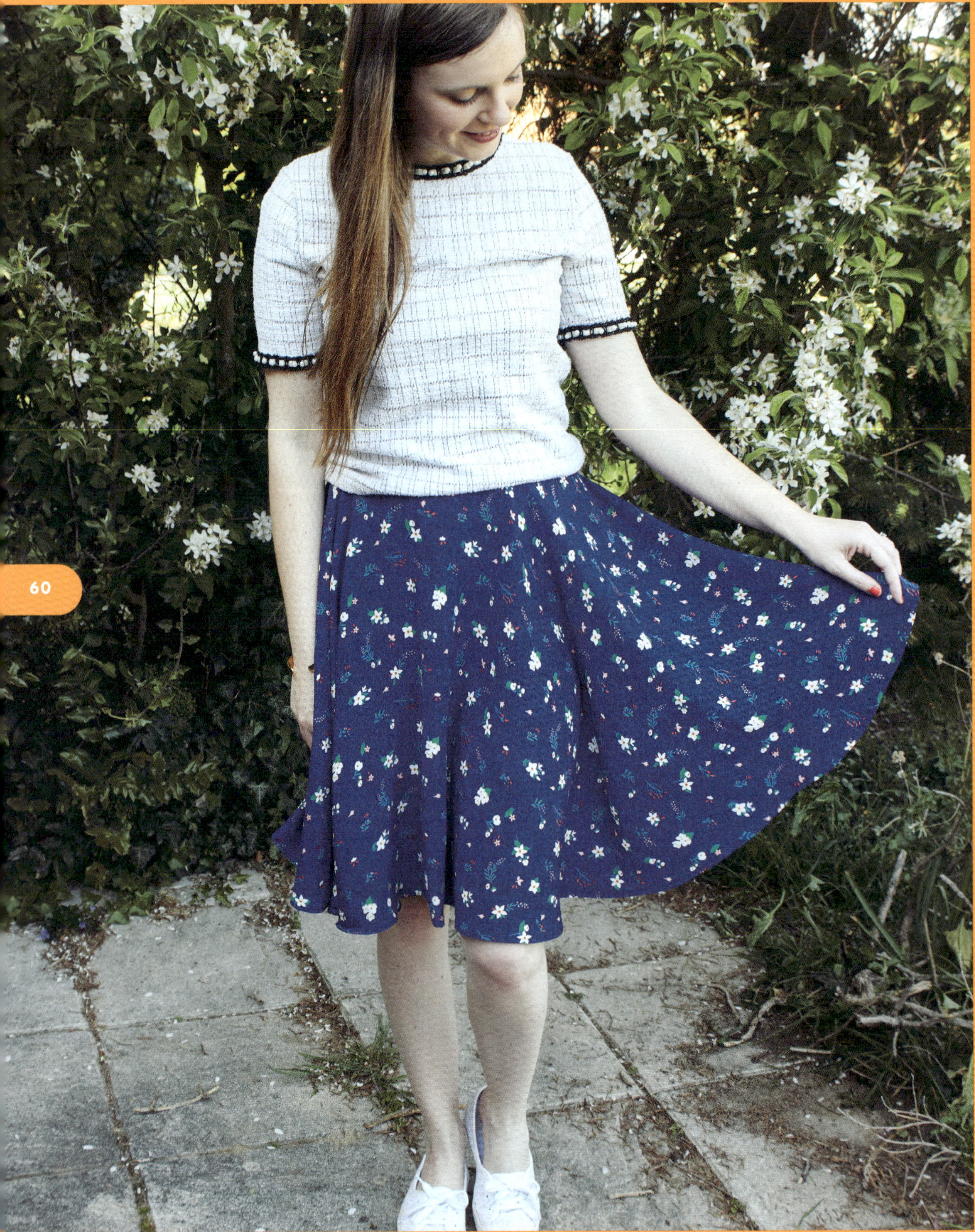

La jupe ample

Pour cette deuxième réalisation, vous allez apprendre à tracer une jupe ample qui tourne. Pour cette jupe, privilégiez un tissu fluide comme de la viscose, du lyocell ou du crêpe polyester. Ici, la jupe est illustrée dans une viscose.

NIVEAUX DE DIFFICULTÉ

Patronage	☺☺
Couture	☺

Légende : ☺ facile, ☺☺ très facile

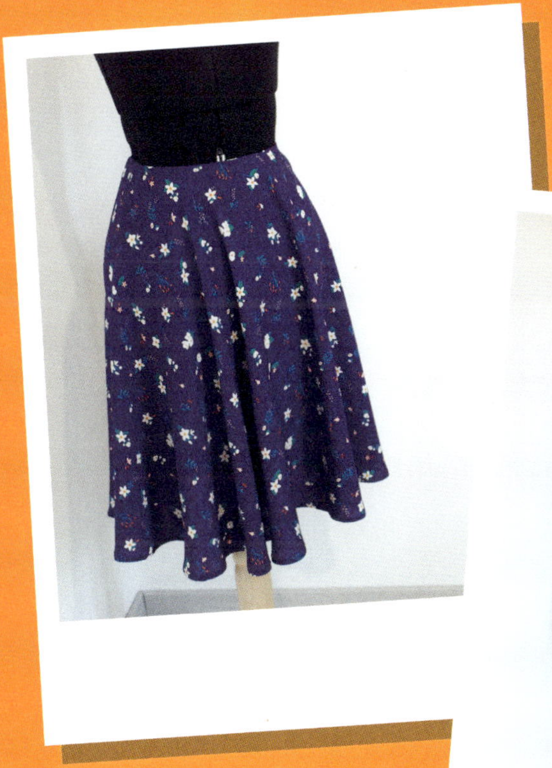

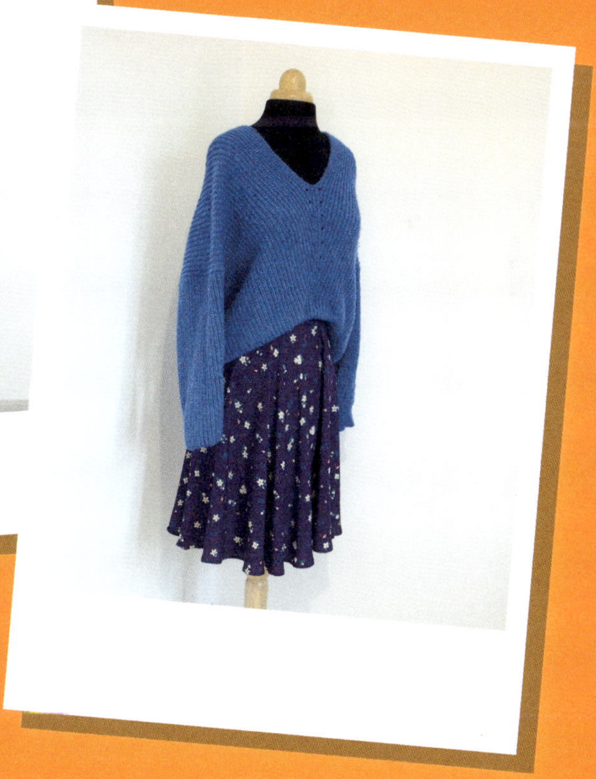

LA CONSTRUCTION ET LA TRANSFORMATION

Vous n'avez pas besoin de votre support de base pour créer cette jupe, mais simplement d'une calculette pour vous aider dans la construction du patron.

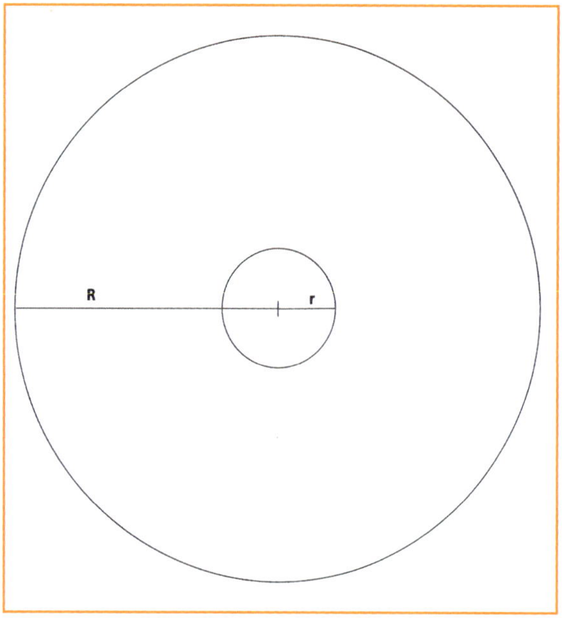

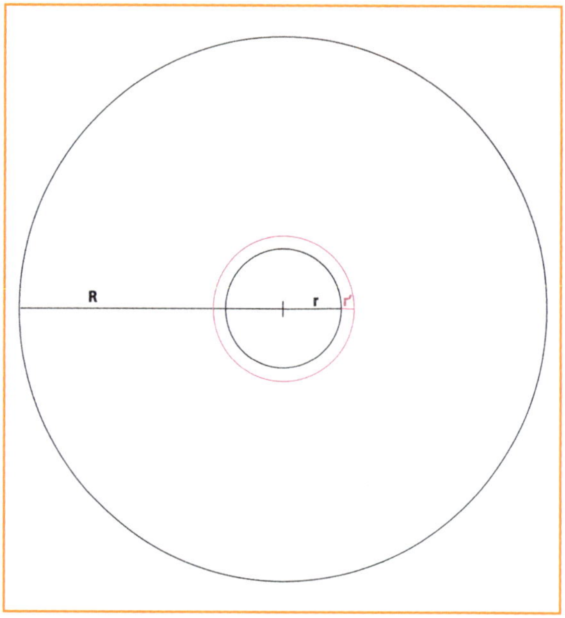

1. Calculez le rayon de votre *tour de taille* en ajoutant 2 cm à ce dernier pour inclure les valeurs de couture du zip invisible à cette construction de jupe particulière.
Pour rappel, voici le calcul à effectuer :
Le rayon r = (*tour de taille* + 2 cm) ÷ (2 × 3,14)
Exemple : si vous mesurez 78 cm de tour de taille,
r = 80 ÷ (2 × 3,14) = 12,74 cm
Tracez, à l'aide d'un crayon relié à un fil en guise de compas, un cercle du rayon calculé.
Tracez un second cercle de rayon **R = 70 cm**. C'est la longueur de la jupe. La jupe est donc délimitée par les cercles r et R.

2. Tracez ensuite un cercle intermédiaire ayant un rayon **r' = r + 3 cm**. L'*enforme* est délimitée par les cercles r et r'.

3. Tracez en rouge le diamètre du grand cercle (une ligne allant d'un bout à l'autre du grand cercle en passant par son milieu), il représente le *milieu devant* et *dos*, et donc le droit-fil.

LE PATRON

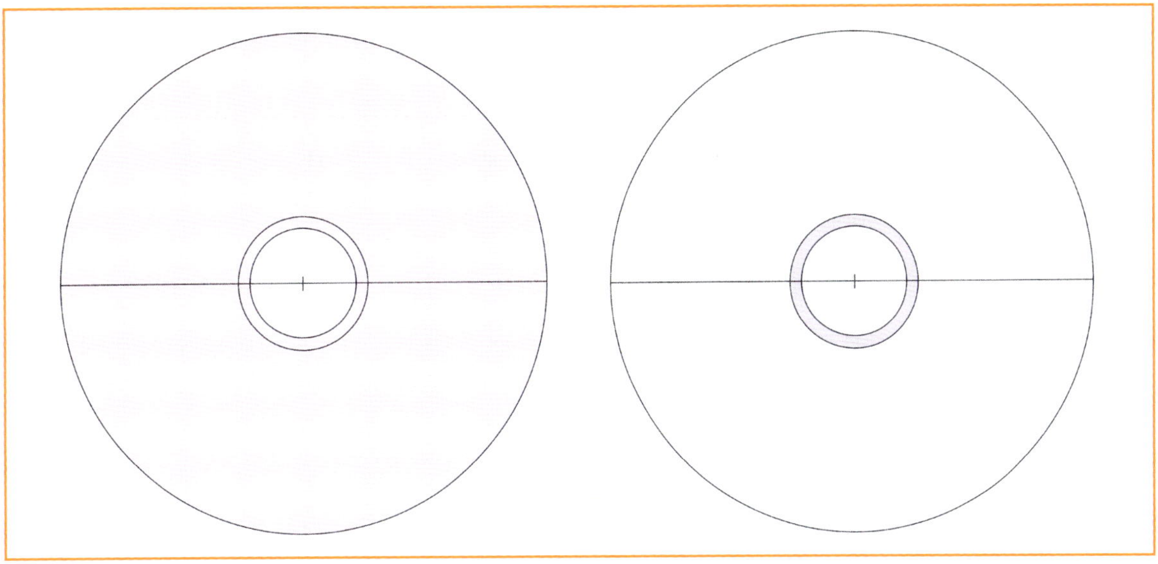

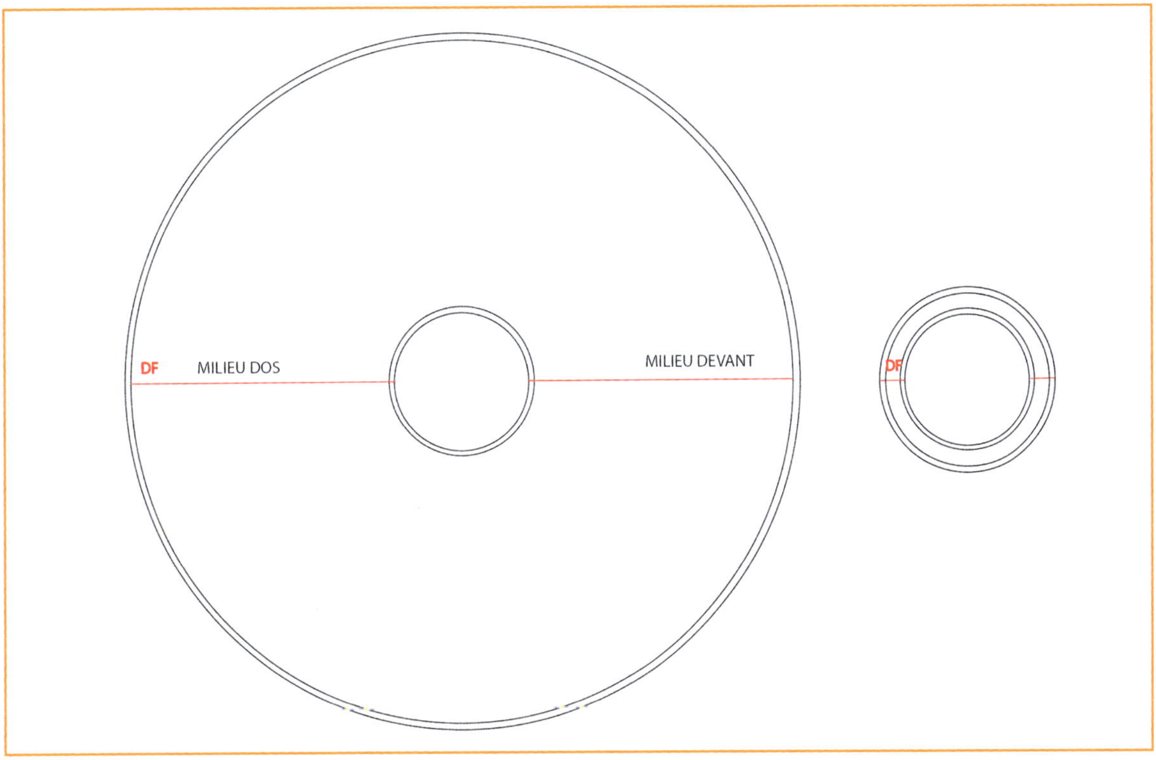

4. Relevez la jupe et l'*enforme* en pensant à bien relever le droit-fil en rouge. Ajoutez une valeur de couture de 1 cm partout, même à l'ourlet de la jupe. En effet, si vous ajoutez 3 cm comme ce qui est fait d'habitude, cela va créer un nouveau cercle de périmètre bien trop important pour permettre un ourlet net.

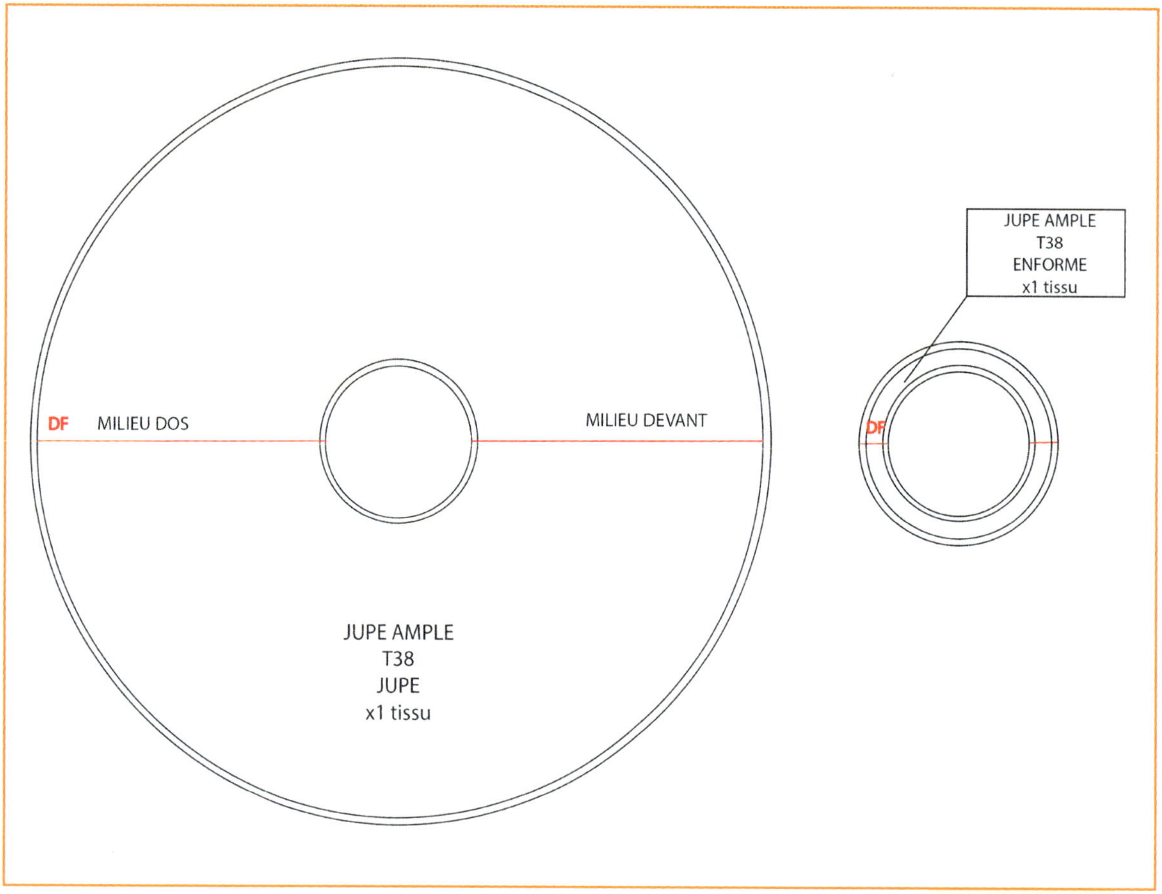

5. Légendez les pièces de manière détaillée : type de modèle, taille, nom de la pièce, nombre de fois à couper.

Une petite aide pour ce modèle si vous n'êtes pas encore familiarisé avec le nombre de pièces à couper :

- la jupe : × 1 tissu ;
- l'enforme intérieure : × 1 tissu.

Enfin, retracez en noir la moitié du droit-fil, en partant de l'ourlet du grand cercle jusqu'au petit cercle pour la jupe et faites de même pour l'*enforme,* du cercle intermédiaire jusqu'au petit cercle. Ces lignes seront à fendre sur le tissu pour monter le zip invisible.
Maintenant, vous êtes prêt à passer au montage !

LA GAMME DE MONTAGE

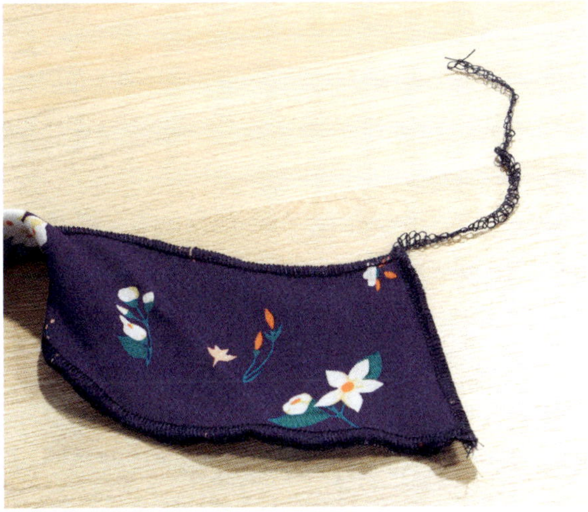

1. Fendez la ligne de zip. Surjetez l'ensemble des pièces.

OPTIONNEL : thermocollez les *ceintures* si nécessaire.

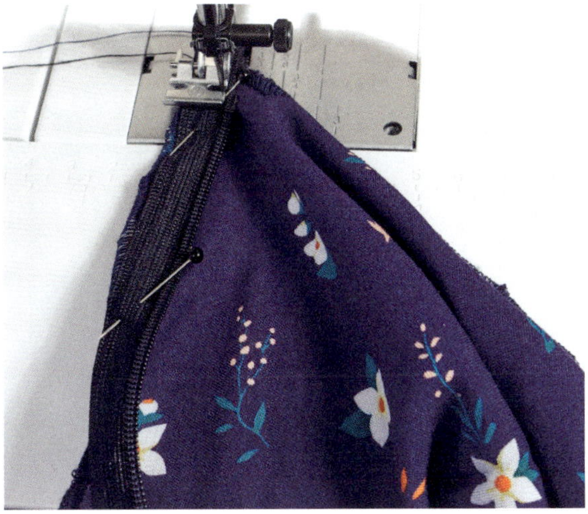

2. Montez le zip invisible sur la jupe.

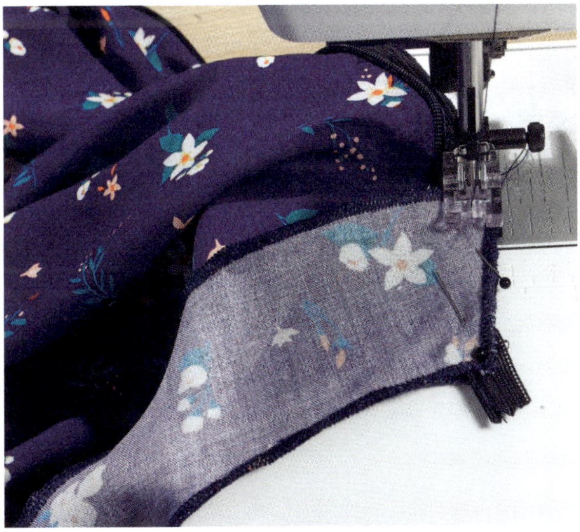

3. Assemblez endroit contre endroit l'*enforme intérieure* à la jupe. Retournez l'*enforme* à l'intérieur de la jupe et repassez.

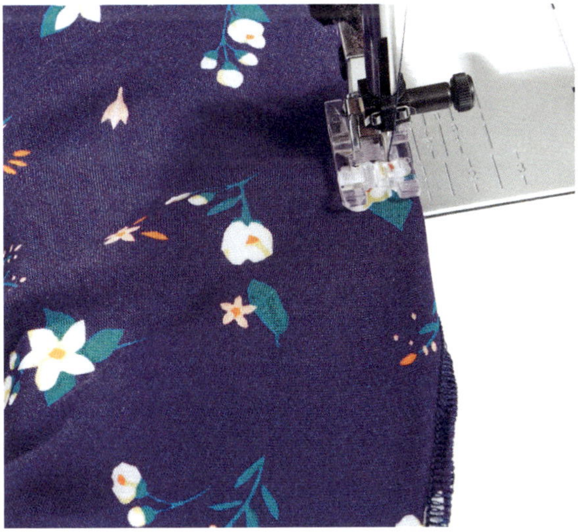

4. Repliez l'ourlet de 1 cm, marquez-le au fer et surpiquez-le.

Bravo, votre jupe ample qui tourne est terminée !

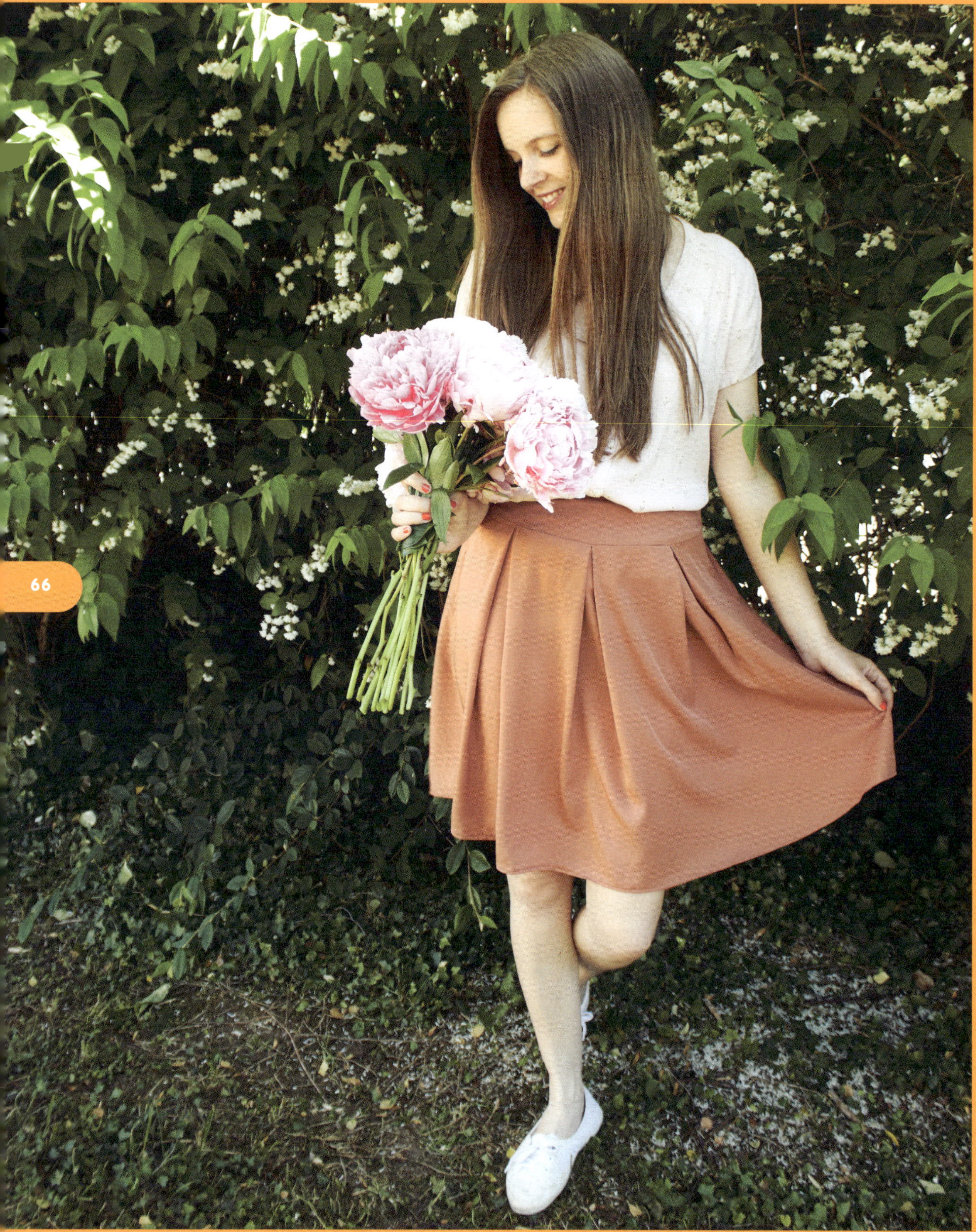

La jupe à plis creux

Pour cette troisième réalisation, vous allez apprendre à tracer une jupe à plis creux. Il est recommandé d'utiliser un tissu un peu lourd et structuré comme un jacquard, un jean, un velours, pour que les plis creux donnent un joli volume à votre jupe. Si vous désirez un rendu plus plat, utilisez du lyocell ou de la popeline. Ici, la jupe est cousue dans du lyocell.

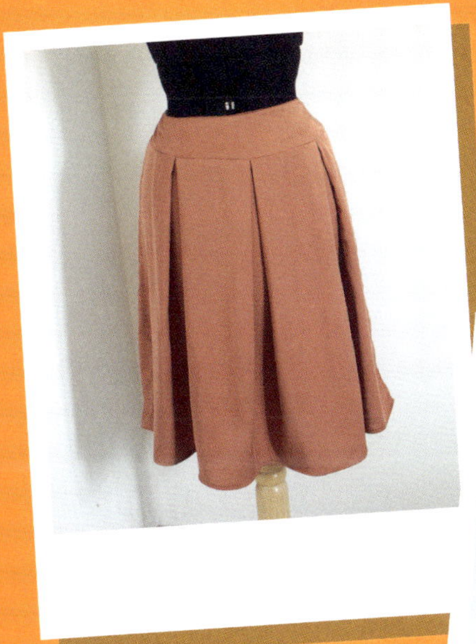

NIVEAUX DE DIFFICULTÉ

Patronage	☺☺
Couture	☺

Légende : ☺ facile, ☺☺ très facile

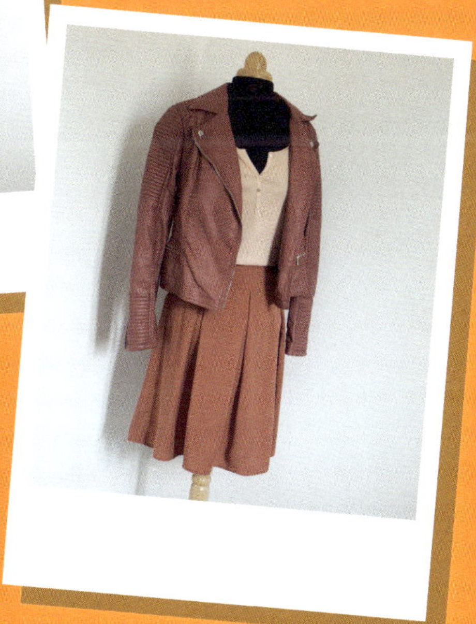

INFO

Un pli creux est composé de deux plis opposés, comme s'il s'agissait d'une symétrie.

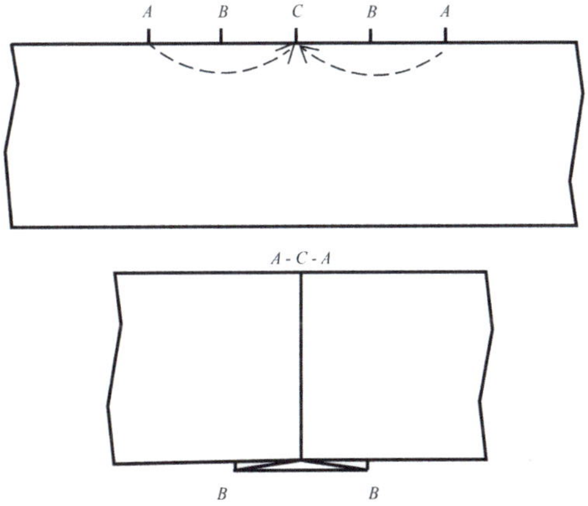

LA CONSTRUCTION ET LA TRANSFORMATION

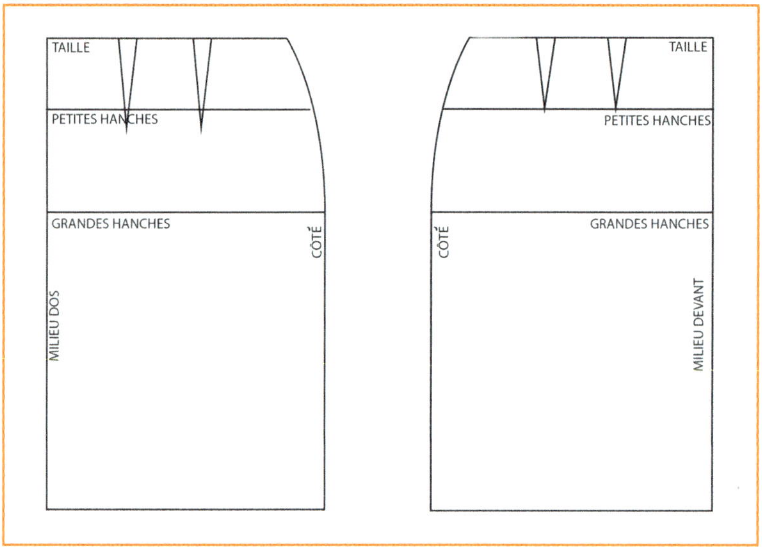

1. Prenez le rouleau de papier kraft et posez dessus les deux bases de jupe. Laissez une marge de 5 cm en dessous, 5 cm au-dessus et 5 cm entre les *jupes devant* et *dos*. Relevez avec un feutre noir les contours des bases de la *jupe devant* et de la *jupe dos*, les *lignes de taille*, *petites hanches* et *grandes hanches*, ainsi que les pointeaux des *pinces*.

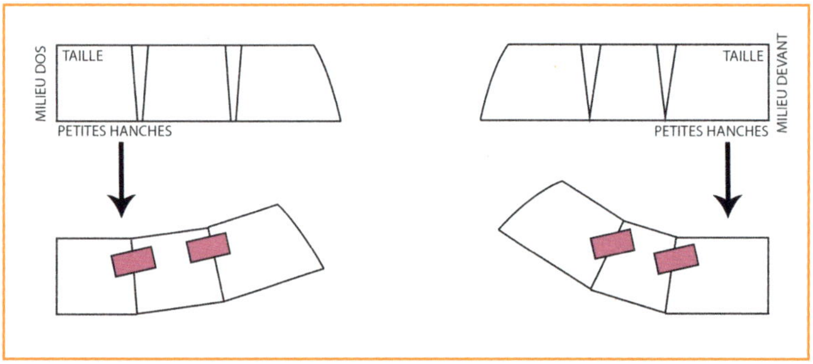

2. Découpez les *jupes devant* et *dos* sur la *ligne de petites hanches*. Fermez les *pinces* devant et dos à l'aide de ruban adhésif.

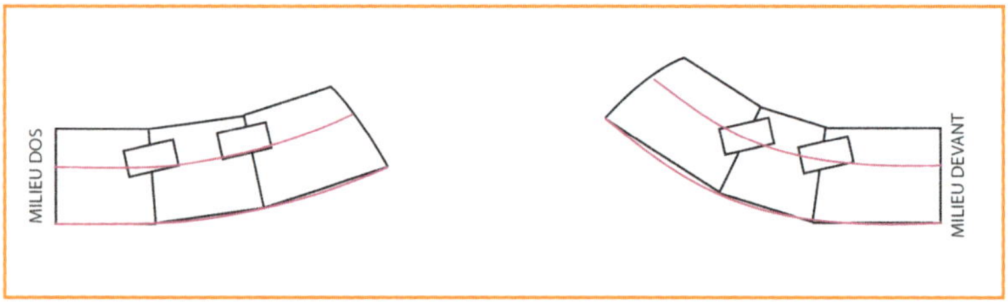

3. À l'aide du perroquet, retracez la courbe des *petites hanches* de manière harmonieuse et continue. Faites de même avec la *ligne de taille* que vous abaissez de 4 cm.

INFO

▶ **Le fait d'abaisser la *ligne de taille* de 4 cm permet d'avoir une jupe plutôt taille basse.**

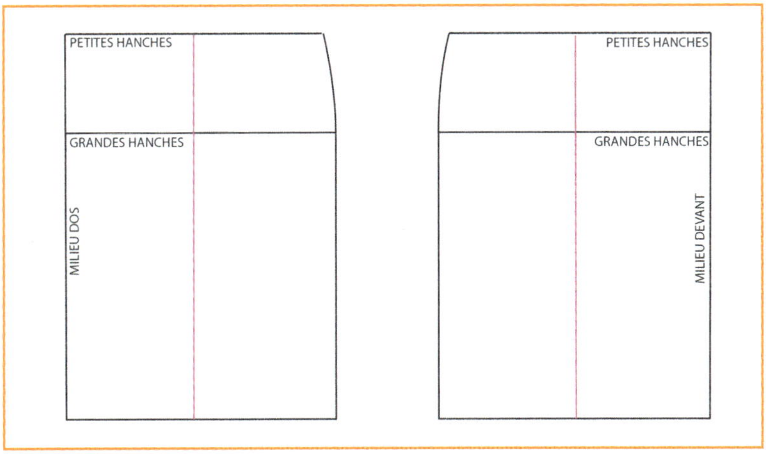

4. Mesurez sur l'empiècement la nouvelle courbe des *petites hanches*. Reportez cette mesure sur la *ligne de petites hanches* de la partie principale de la jupe (les deux mesures sont sensiblement les mêmes, mais elles peuvent varier de quelques millimètres).
Tracez une droite parallèle au *milieu devant* et se positionnant au milieu du segment des *petites hanches* de la partie principale. Faites de même sur la partie principale de la *jupe dos*, en traçant une ligne parallèle au *milieu dos*.

INFO

▶ **La jupe, illustrée ici, a trois plis creux sur le devant et trois plis creux au dos. Néanmoins, vous pouvez varier si vous le souhaitez.**

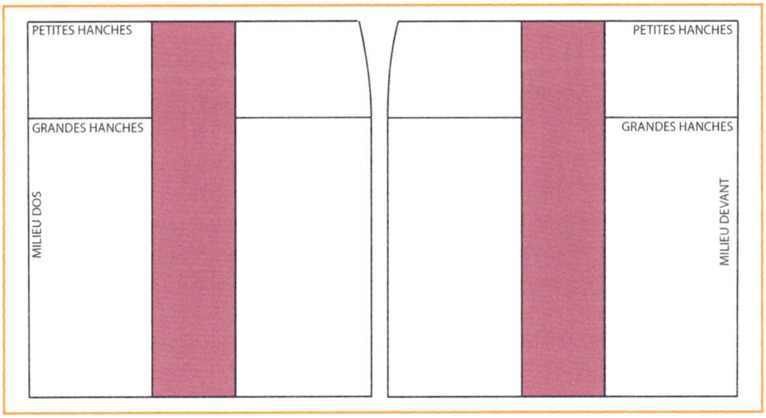

5. Fendez entièrement les deux dernières lignes tracées. Collez les morceaux sur une nouvelle feuille de kraft en les espaçant de 16 cm. Cette valeur de 16 cm constitue le pli creux.

INFO

▶ **Plus la valeur sera grande, plus les plis seront profonds.**

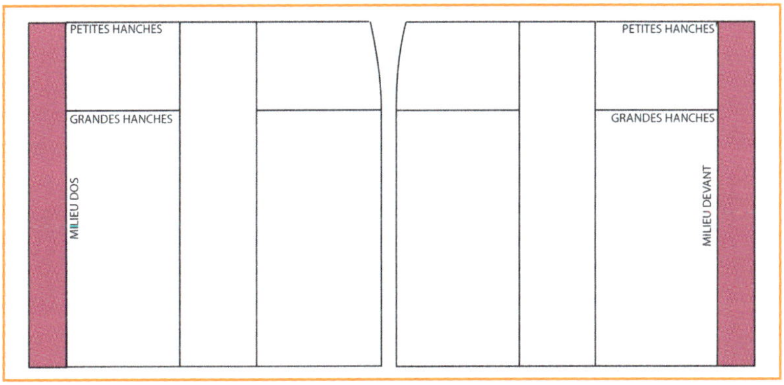

6. Tracez au niveau du *milieu devant* et du *milieu dos* une ligne parallèle à ces derniers, à 8 cm (à l'extérieur des rectangles). Il s'agit des demi-plis creux, car comme vous le savez, vous travaillez sur des demi-jupes.

LE PATRON

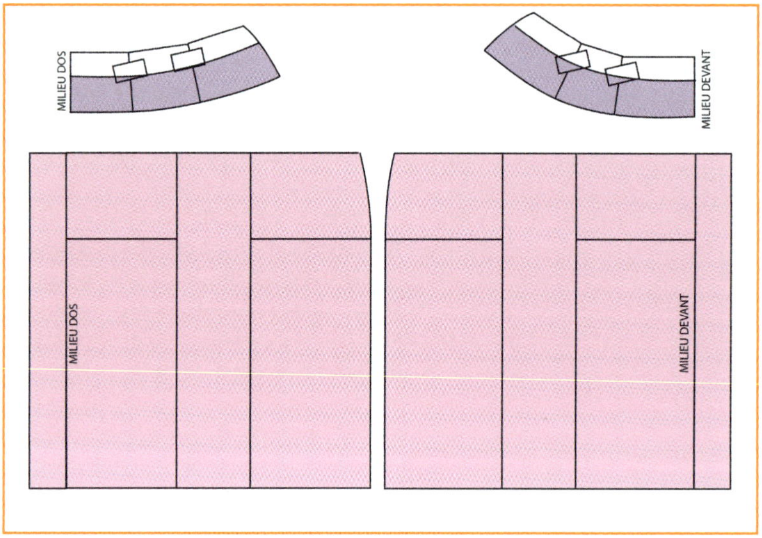

7. Déroulez à présent le papier kraft blanc par-dessus votre construction. À l'aide d'un feutre noir, relevez (en les espaçant suffisamment) les quatre pièces qui constituent la jupe : les *grandes pièces devant* et *dos*, et les *empiècements devant* et *dos*. Relevez en traits pleins les contours extérieurs, les lignes des plis, et en pointillé les lignes de *milieu devant* et *milieu dos*.

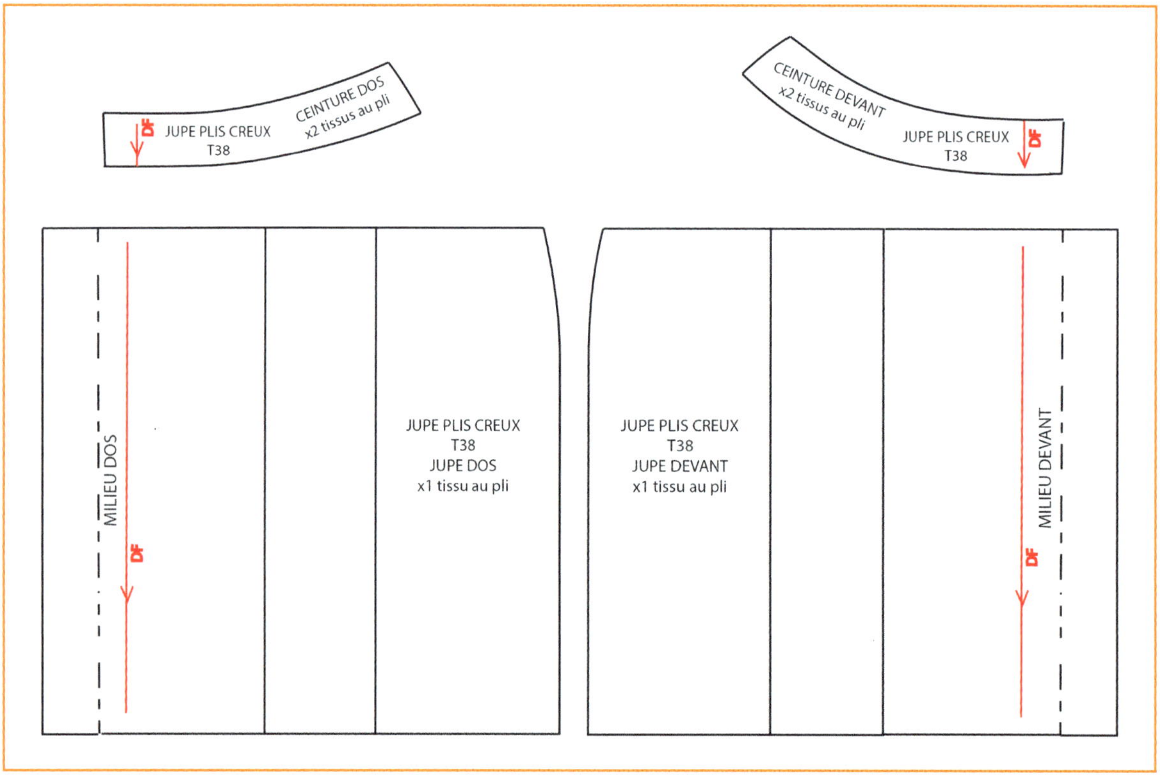

8. Tracez en rouge le droit-fil sur chaque pièce. Le droit-fil doit toujours être parallèle au *milieu devant* ou au *milieu dos*. Tracez-le suffisamment long pour vous aider lors du placement de vos pièces sur le tissu. Légendez les pièces de manière détaillée : type de modèle, taille, nom de la pièce, nombre de fois à couper.

Une petite aide pour ce modèle si vous n'êtes pas encore familiarisé avec le nombre de pièces à couper :

- la jupe dos : × 1 tissu au pli ;
- la jupe devant : × 1 tissu au pli ;
- l'empiècement devant : × 2 tissus au pli ;
- l'empiècement dos : × 2 tissus au pli.

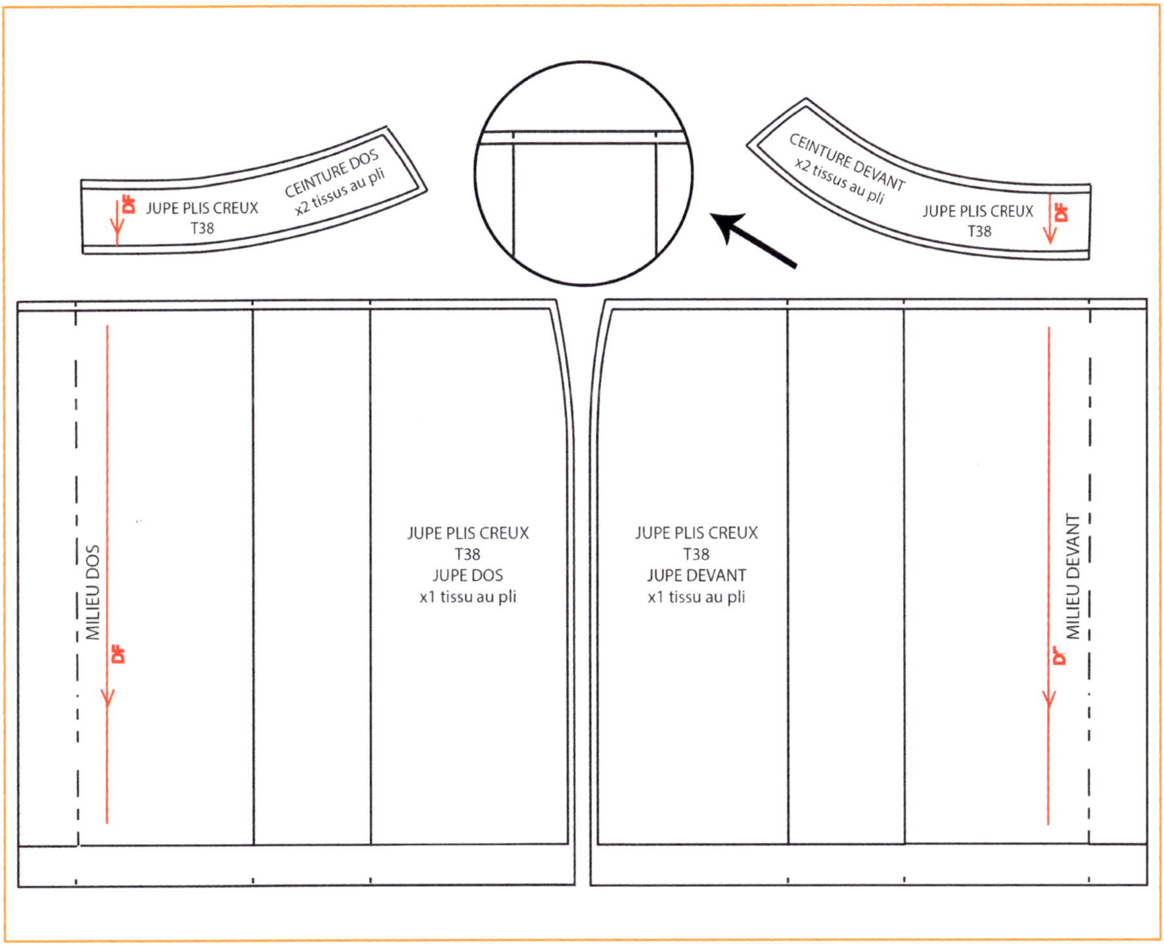

9. Ajoutez les valeurs de couture grâce à l'équerre graduée. Elles sont de 1 cm tout autour des pièces, sauf en bas de la jupe où l'ourlet doit être de 3 cm. Ne mettez pas de valeur de couture au niveau des milieux car ces pièces sont à couper au pli. Ajoutez des crans perpendiculaires aux valeurs de couture au niveau de chaque pli et des milieux. Cela vous permettra de réaliser les plis très facilement sans devoir remesurer à chaque fois.
Votre patron est prêt à être coupé. Choisissez un joli tissu, placez les pièces au pli, en veillant à ce que le droit-fil soit toujours parallèle à la lisière. Maintenant, vous êtes prêt à passer au montage !

LA GAMME DE MONTAGE

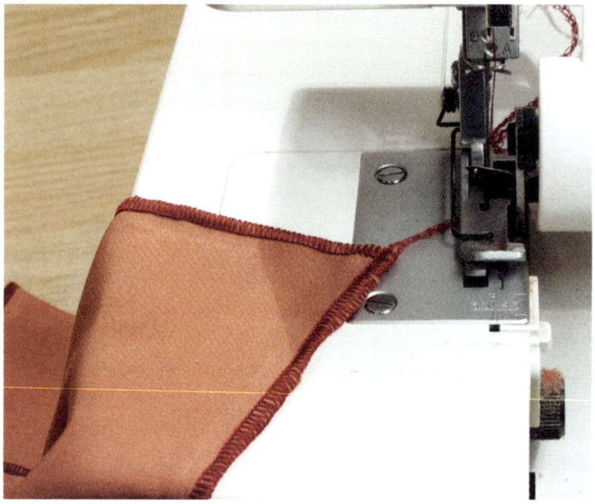

1. Surjetez l'ensemble des pièces.

OPTIONNEL : thermocollez les *ceintures* si nécessaire.

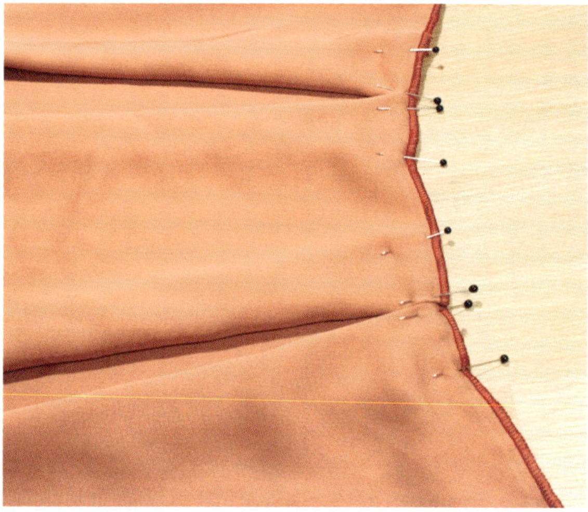

2. Formez les plis en repliant les deux crans de chaque pli en leur milieu. Fixez-les avec des épingles.

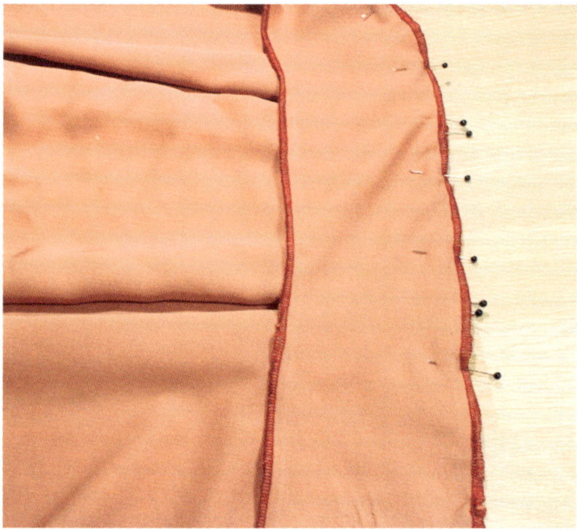

3. Assemblez endroit contre endroit la *jupe devant* avec la *ceinture devant*, ainsi que la *jupe dos* avec la *ceinture dos*, en faisant correspondre le pli central avec le milieu des *ceintures* respectives. Repassez coutures couchées vers le haut.

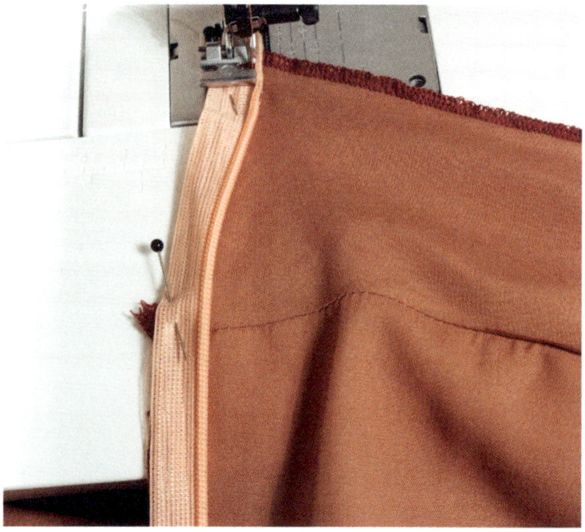

4. Montez le zip invisible au *côté gauche*.

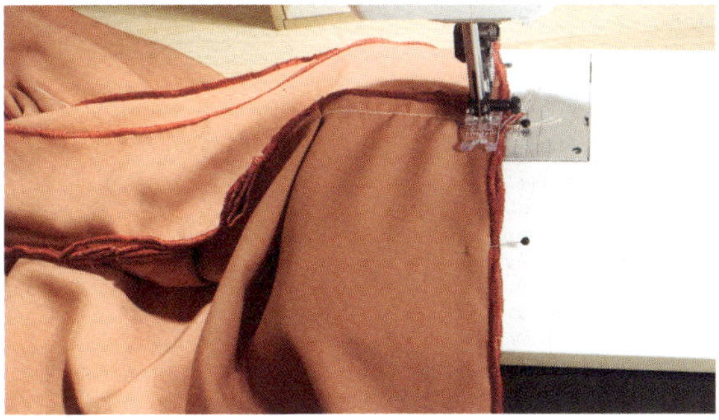

5. Assemblez endroit contre endroit le *côté droit* de la jupe. Repassez coutures ouvertes.

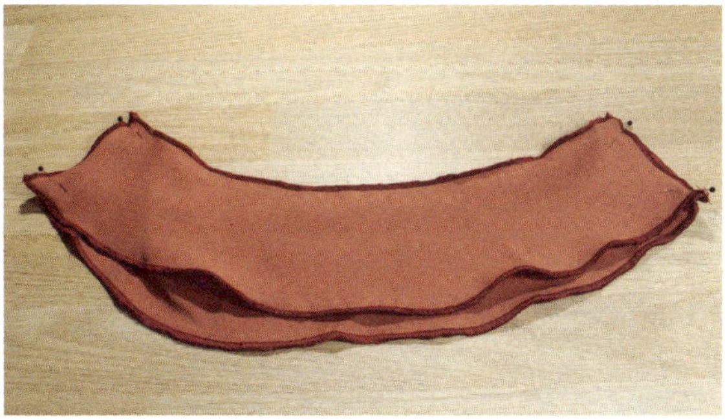

6 Assemblez endroit contre endroit la *ceinture dos* avec la *ceinture devant* restante du côté droit uniquement. Repassez coutures ouvertes.

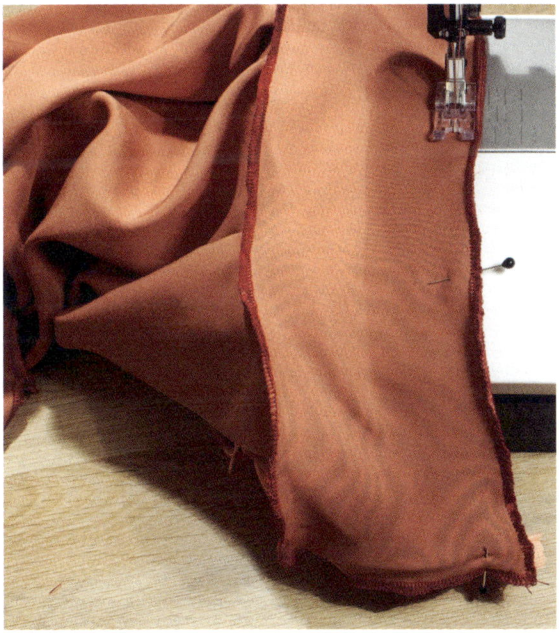

7. Assemblez endroit contre endroit la *ceinture extérieure* avec la *ceinture intérieure* tout le long. Dégarnissez les angles et retournez la *ceinture* sur l'endroit.

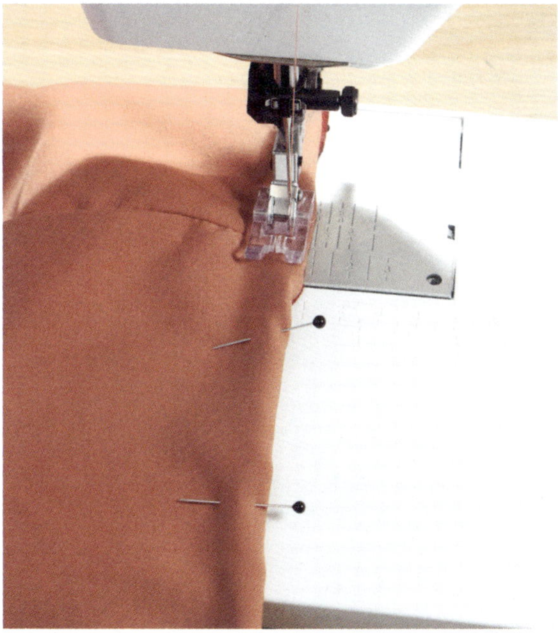

8 Repliez l'ourlet de 3 cm, marquez-le au fer et surpiquez-le.
Bravo, votre jupe à plis creux est terminée !

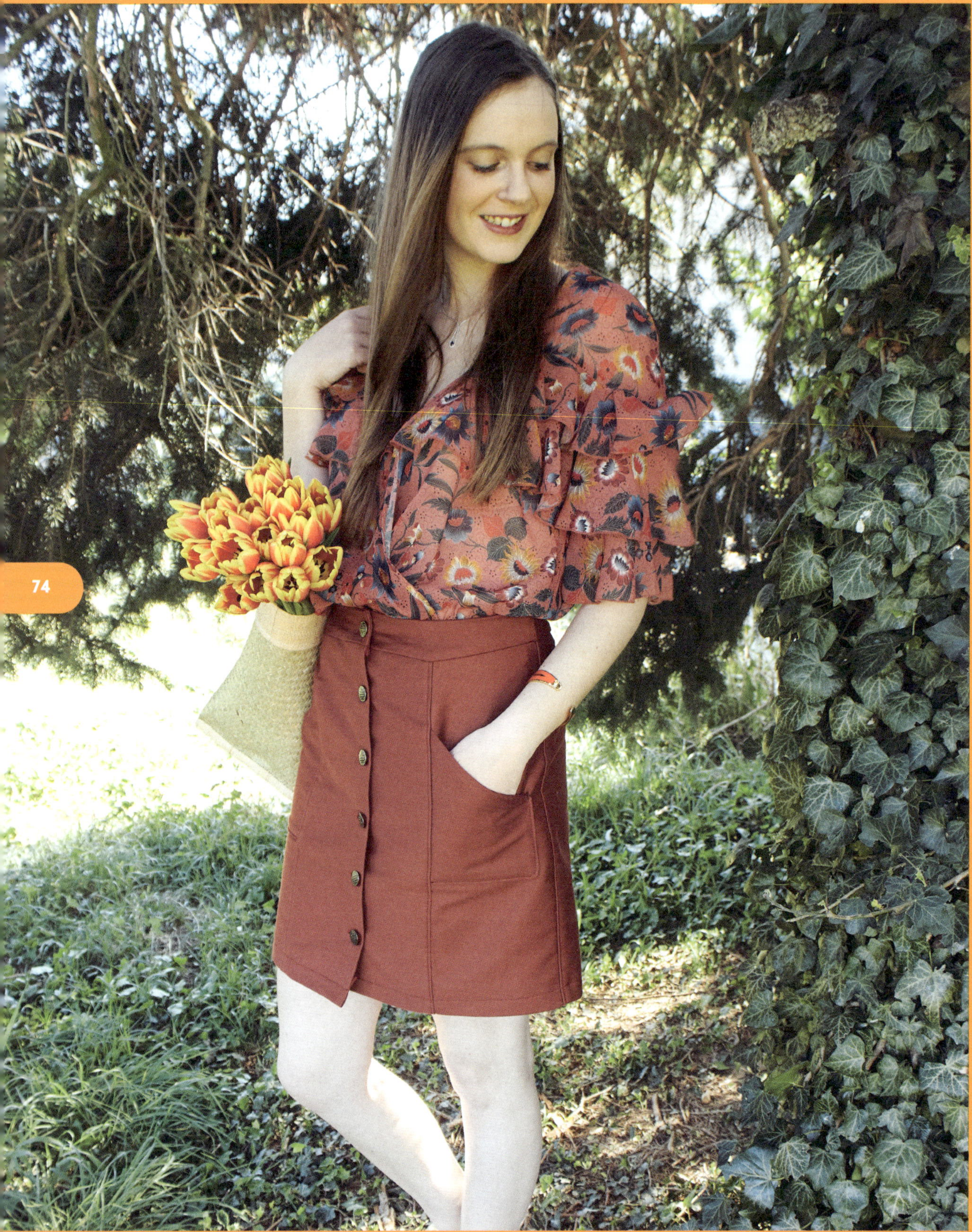

La jupe à découpes

Pour cette quatrième réalisation, vous allez apprendre à transformer la jupe de base en jupe structurée à découpes. L'exemple le plus courant est la jupe en jean, mais vous pouvez tout à fait réaliser la jupe dans un jacquard, une suédine ou toute autre matière avec un certain maintien. Les tissus fluides sont à proscrire.

Niveaux de difficulté

Patronage	☺☺
Couture	☺

Légende : ☺ facile, ☺☺ très facile

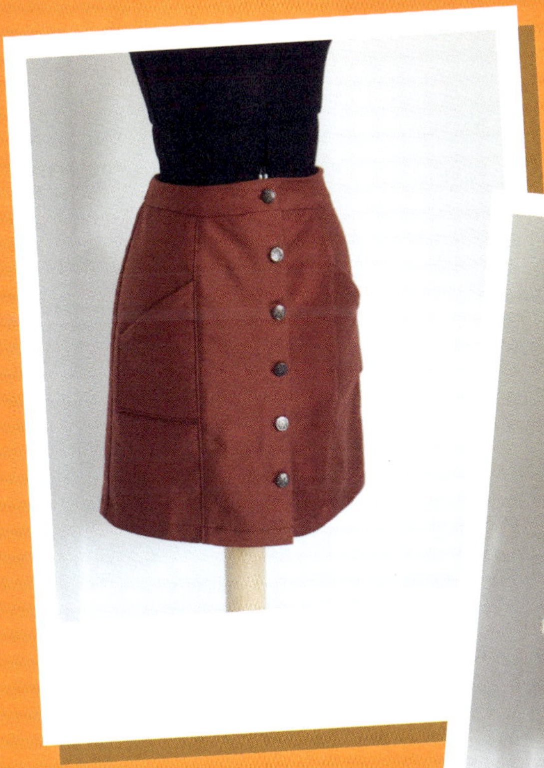

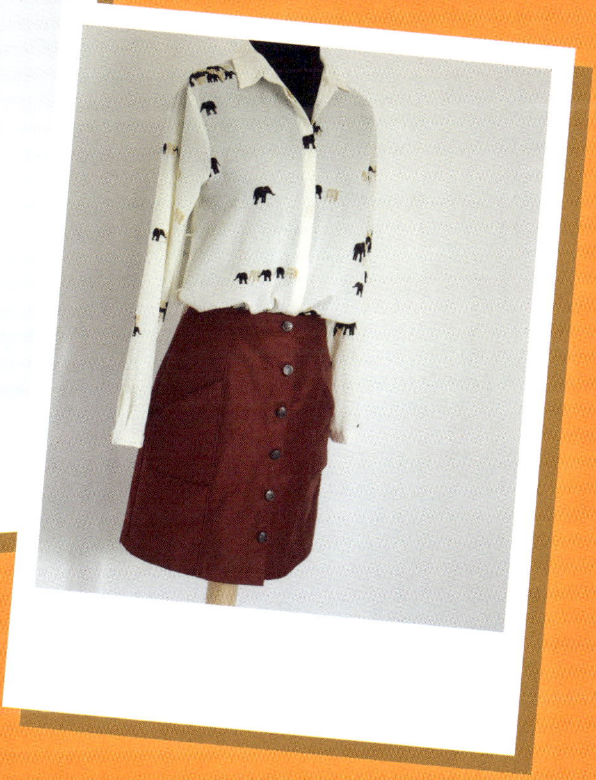

LA CONSTRUCTION ET LA TRANSFORMATION

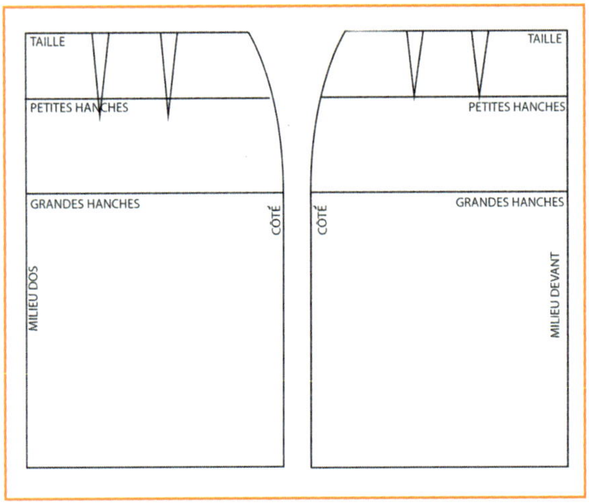

1. Prenez le rouleau de papier kraft et posez dessus les deux bases de jupe. Laissez une marge de 5 cm en dessous, 5 cm au-dessus et 5 cm entre les *jupes devant* et *dos*. Relevez avec un feutre noir les contours des bases de la *jupe devant* et de la *jupe dos*, les *lignes de taille*, *petites hanches* et *grandes hanches*, ainsi que les pointeaux des *pinces*.

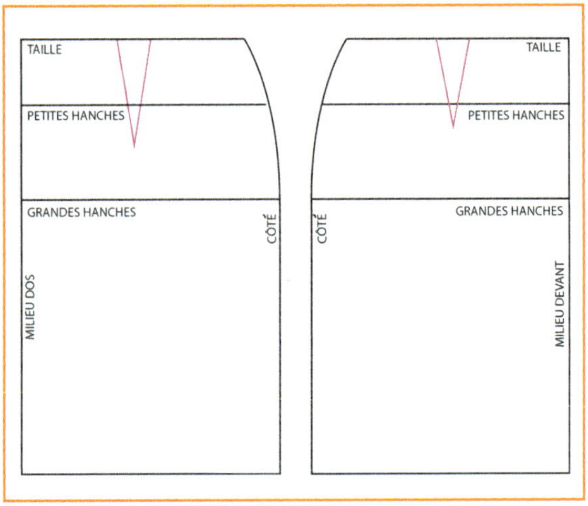

2. Additionnez le volume de *pinces devant*, puis répartissez ce volume en une seule nouvelle *pince*, que vous retracerez au milieu de la *ligne de taille*. Allongez cette nouvelle *pince* de 2,5 cm vers le bas pour harmoniser l'ensemble. Faites de même avec le *dos*.

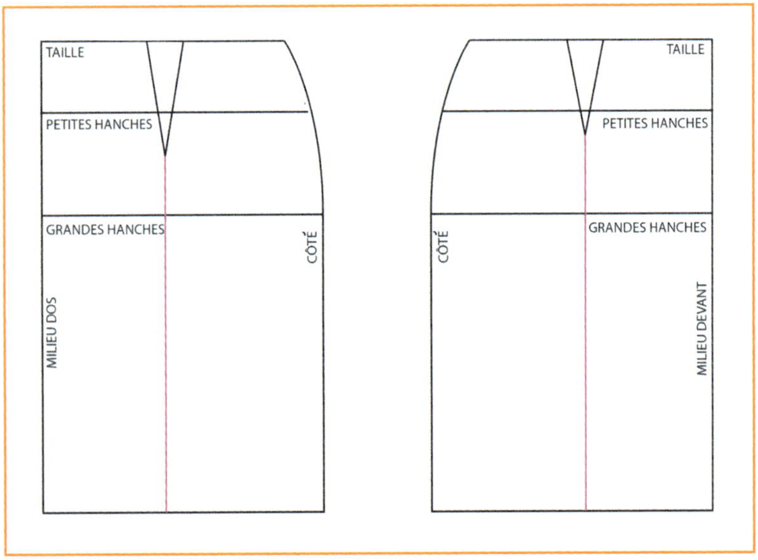

3. En partant de la pointe des nouvelles *pinces*, tracez une ligne parallèle au *milieu devant*, et une parallèle au *milieu dos*.

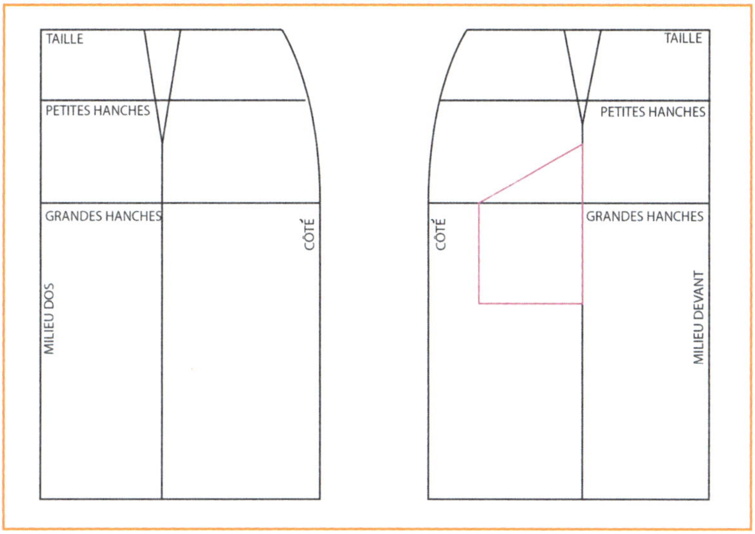

4. Dessinez sur la jupe la forme de la poche que vous aimeriez avoir (vous trouverez dans le chapitre 6 différentes poches plaquées pour vous inspirer). Ici est illustrée la poche plaquée biseautée sur l'avant, mais vous pouvez tout à fait mettre des poches plaquées sur les fesses, comme un jean traditionnel. Toutefois, la poche reste une option.

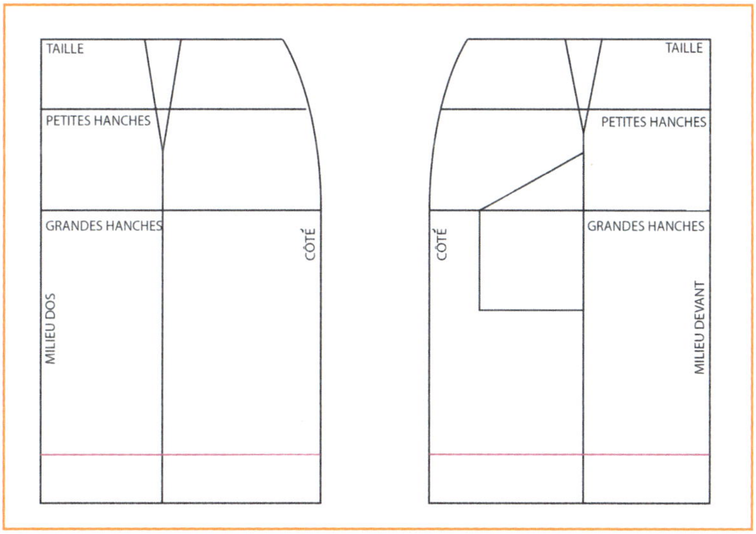

5. Déterminez la longueur de votre jupe.

INFO À PROPOS DE LA LONGUEUR

▶ Pour une stature d'1,65 m, une jupe arrivant :

- au-dessus du genou mesurera à partir de la taille entre 40 et 45 cm ;
- au genou mesurera à partir de la taille entre 50 et 60 cm ;
- au mollet mesurera à partir de la taille entre 70 et 75 cm ;
- à la cheville mesurera environ 85 cm.

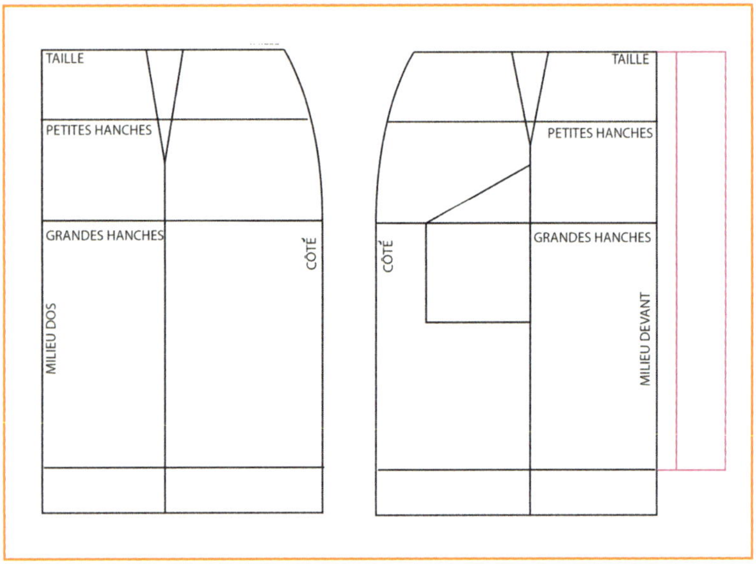

6. La *croisure* se trace en deux étapes. Elle est parallèle au *milieu devant* et en proportion avec la taille de la pression choisie. La *croisure* se détermine de la manière suivante :

a) calculez « **Y = X (le rayon du bouton) + 0,5 cm** » et tracez une première ligne parallèle au *milieu devant* à distance de Y cm ;

b) calculez « **Z = Y + 3 cm** » et tracez une seconde ligne parallèle à la précédente (Y) à distance de Z cm.

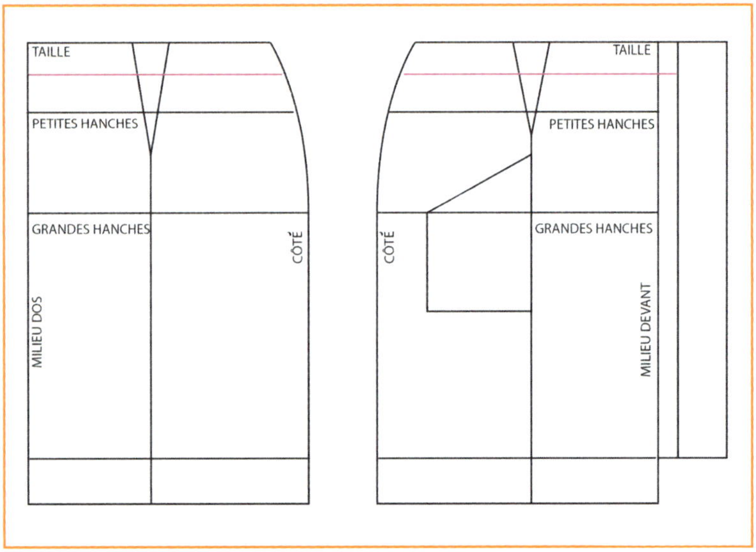

7. Tracez la *ceinture* 4 cm sous la *ligne de taille* sur le devant et le dos. Pour le devant, veillez à vous arrêter au niveau de la ligne qui se trouve à 3 cm à la droite du *milieu devant*.

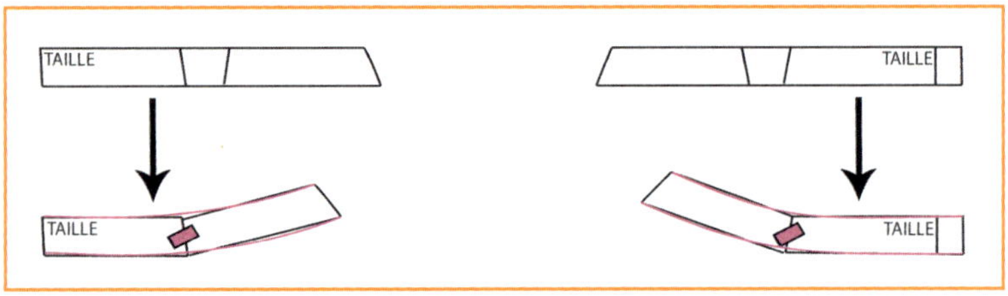

8. Reportez sur un autre morceau de kraft la *ceinture* de 4 cm se situant entre la *taille* et la ligne précédemment tracée. Fermez la *pince* à l'aide de ruban adhésif et retracez harmonieusement la *ligne de taille* et la ligne parallèle à 4 cm.

LE PATRON

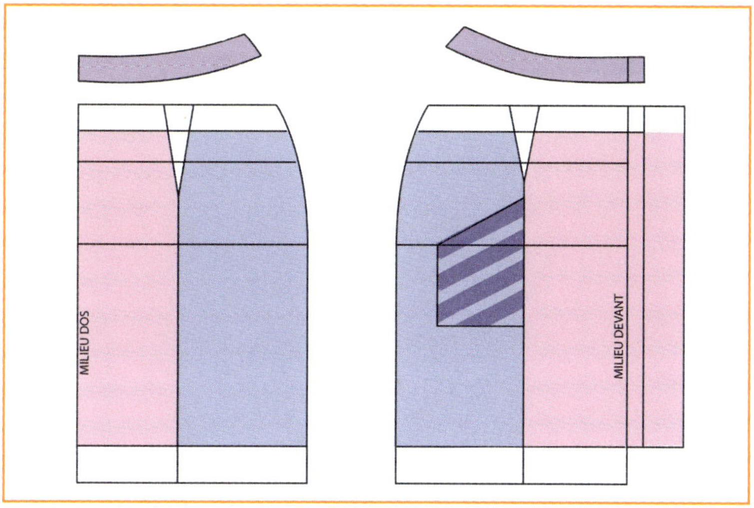

9. Déroulez à présent le papier kraft blanc par-dessus votre construction. À l'aide d'un feutre noir, relevez (en les espaçant suffisamment) les sept pièces qui constituent la jupe : le *devant* et le *côté devant*, la *poche*, le *dos* et *côté dos*, et enfin la *ceinture devant* et la *ceinture dos*. Relevez en traits pleins les contours extérieurs, et en pointillé les lignes de *milieu devant* et *milieu dos*.

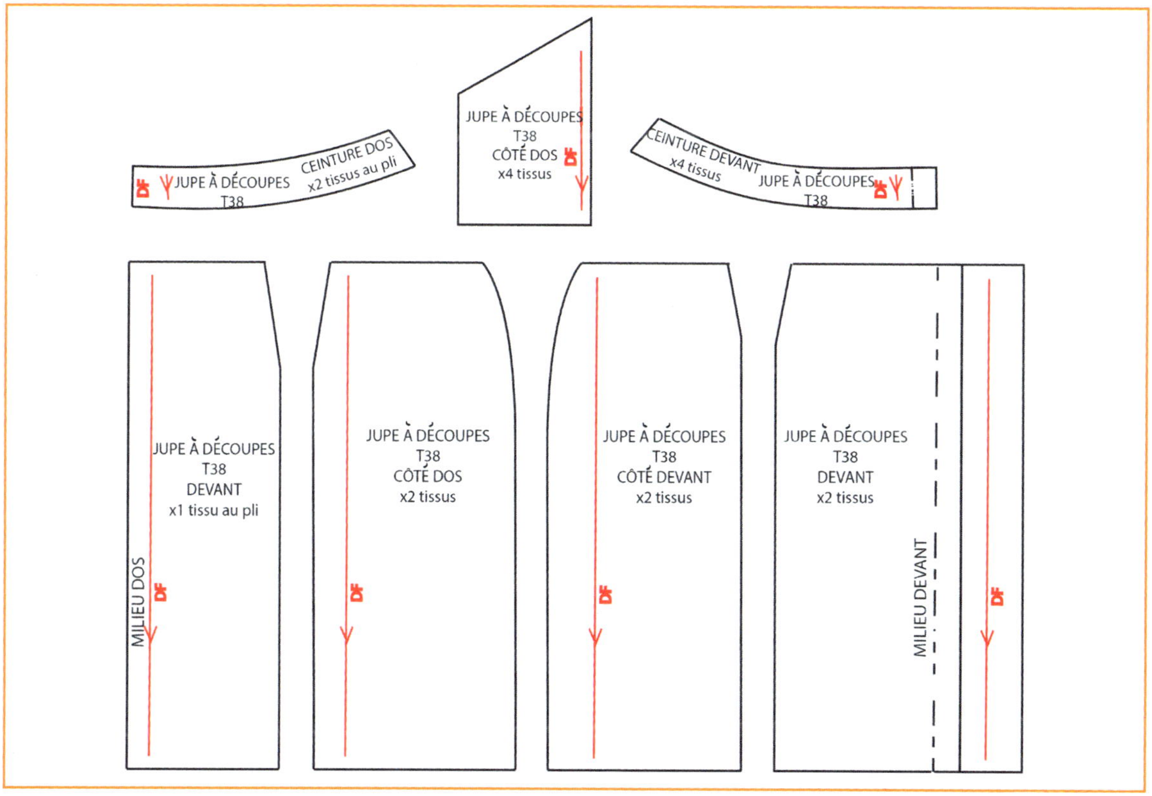

10. Tracez en rouge le droit-fil sur chaque pièce. Le droit-fil doit toujours être parallèle au *milieu devant* ou au *milieu dos*. Tracez-le suffisamment long pour vous aider lors du placement de vos pièces sur le tissu. Légendez les pièces de manière détaillée : type de modèle, taille, nom de la pièce, nombre de fois à couper.

Une petite aide pour ce modèle si vous n'êtes pas encore familiarisé avec le nombre de pièces à couper :

- le devant : × 2 tissus ;
- le côté devant : × 2 tissus ;
- la poche : × 4 tissus ;
- le dos : × 1 tissu au pli ;
- le côté dos : × 2 tissus ;
- la ceinture devant : × 4 tissus ;
- la ceinture dos : × 2 tissus au pli.

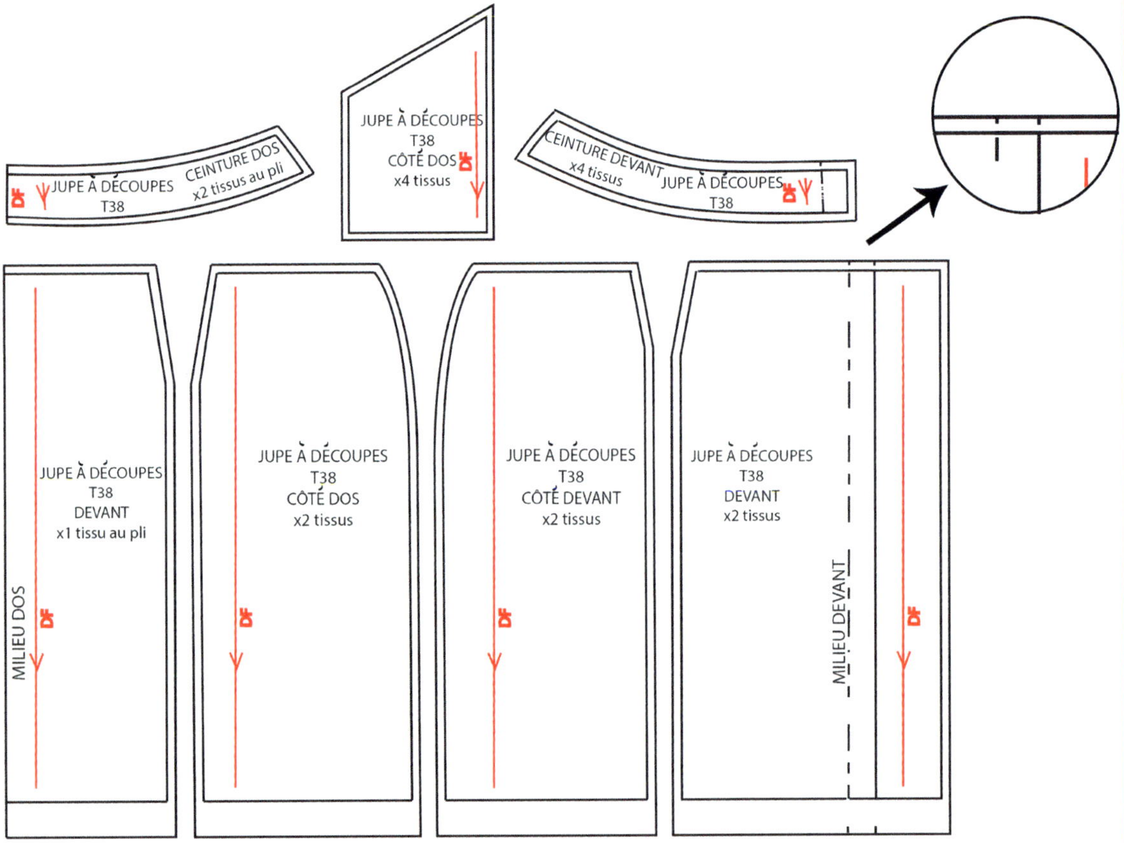

11. Ajoutez les valeurs de couture grâce à l'équerre graduée. Elles sont de 1 cm tout autour des pièces, sauf en bas de la jupe où l'ourlet doit être de 3 cm. Ne mettez pas de valeur de couture au niveau du *milieu dos* car les pièces sont à couper au pli. Ajoutez des crans perpendiculaires aux valeurs de couture au niveau du *milieu devant* et un cran au niveau de la *ligne de pliure* (la ligne à 3 cm du *milieu devant*).
Le patron est prêt à être coupé. Choisissez un joli tissu, placez les pièces au pli ou à double en fonction des légendes et veillez à ce que le droit-fil soit toujours parallèle à la lisière. Maintenant, vous êtes prêt à passer au montage !

PAS À PAS

LA GAMME DE MONTAGE

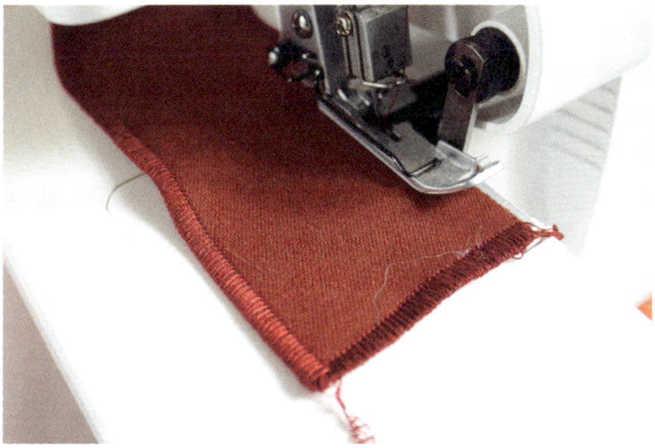

1. Surjetez l'ensemble des pièces.

OPTIONNEL : thermocollez les *ceintures* si nécessaire.

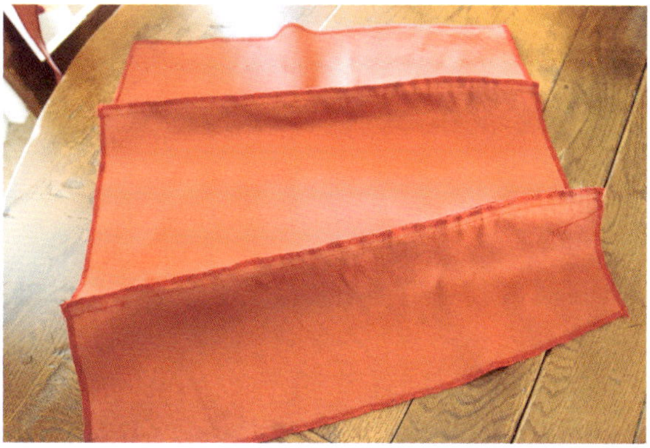

2. Assemblez endroit contre endroit le *dos* et les *côtés dos*. Repassez coutures ouvertes.

INFO

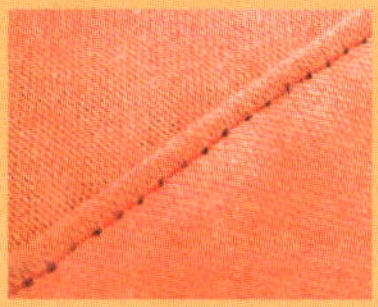

▶ **Vous pouvez surpiquer avec une nervure toutes les coutures pour donner un esprit casual à la jupe.**

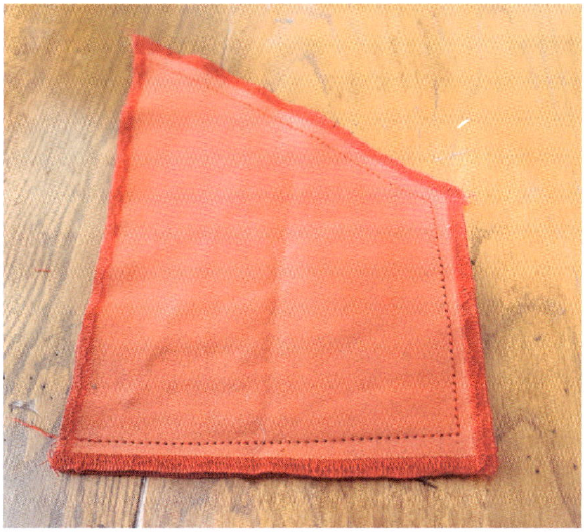

3. Assemblez deux morceaux de poche endroit contre endroit en laissant un côté non cousu, permettant de retourner la poche sur l'endroit. Retournez la *poche* et repassez-la bien à plat.

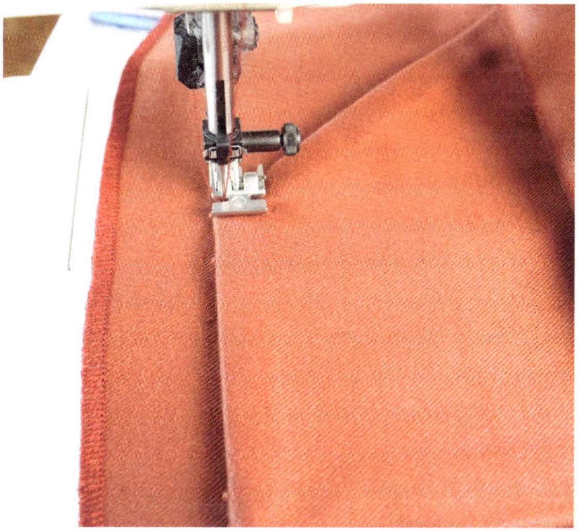

4. Surpiquez avec une nervure la *poche* sur le *côté devant*.

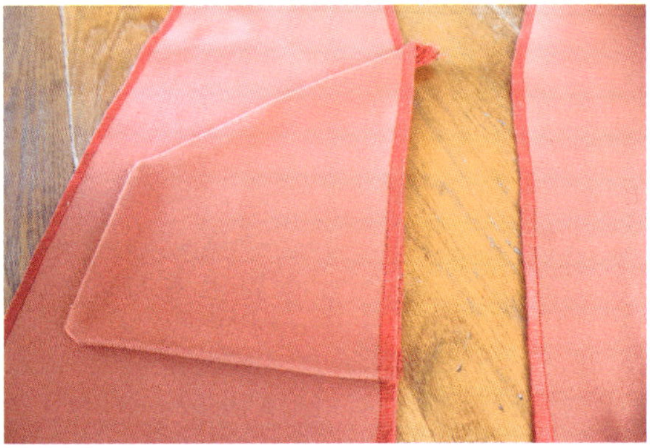

5. Assemblez endroit contre endroit le *devant* et le *côté devant* en prenant en sandwich la *poche* au niveau du côté non cousu. Repassez coutures ouvertes.

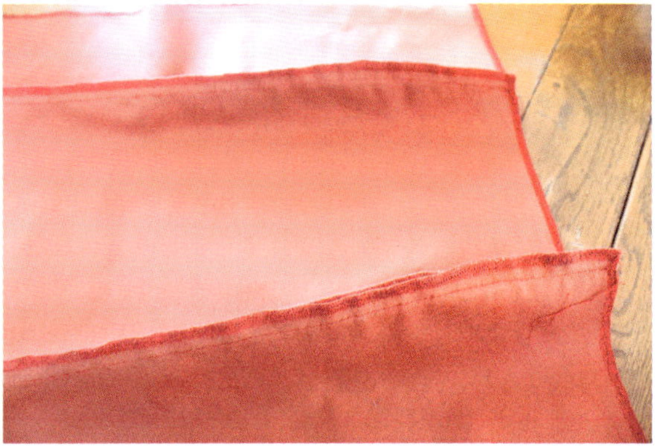

6. Assemblez endroit contre endroit au niveau des côtés la *jupe dos* avec les deux panneaux de la *jupe devant*. Repassez coutures ouvertes.

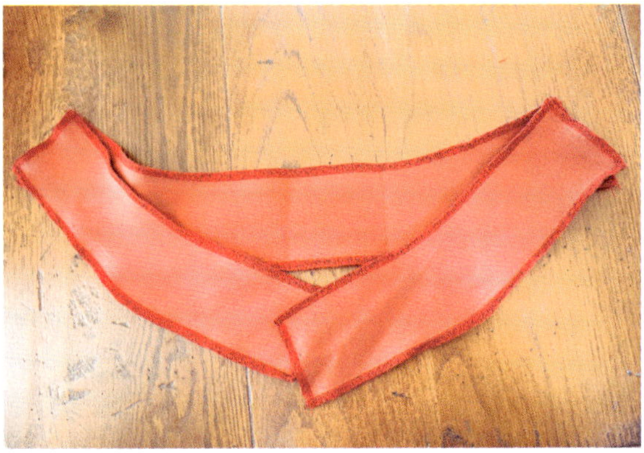

7. Assemblez endroit contre endroit les *ceintures dos* avec les *ceintures devant*. Repassez coutures ouvertes.

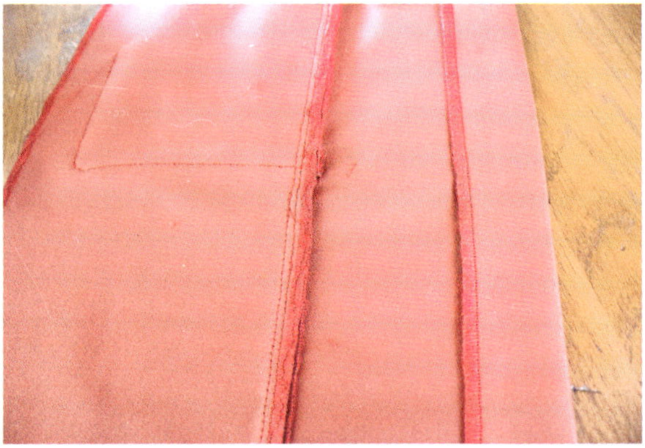

8. Repliez la *patte de boutonnage* au niveau du cran et marquez la pliure au fer.

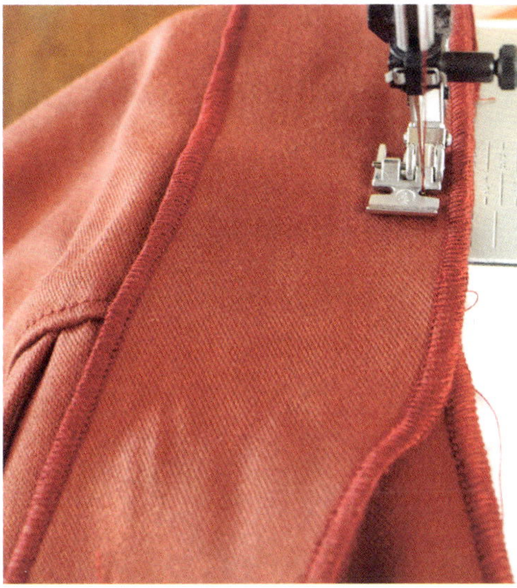

9. Assemblez endroit contre endroit une des *ceintures* avec la *jupe*, en laissant dépasser la *ceinture* de 1 cm à chaque extrémité. Repassez coutures couchées vers le haut.

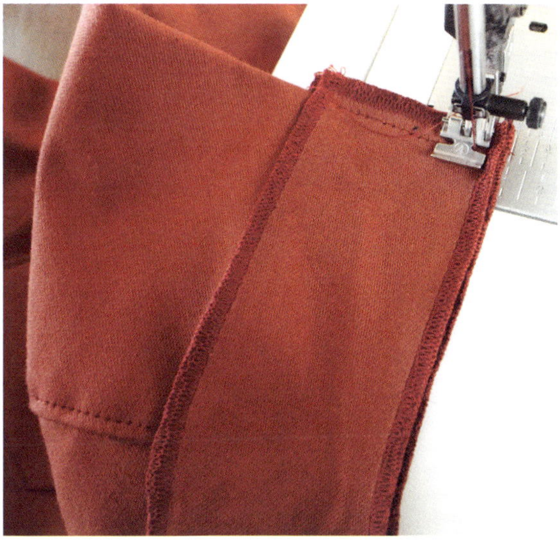

10. Assemblez endroit contre endroit la *ceinture extérieure* avec la *ceinture intérieure* tout le long. Dégarnissez les angles et retournez la *ceinture* sur l'endroit.

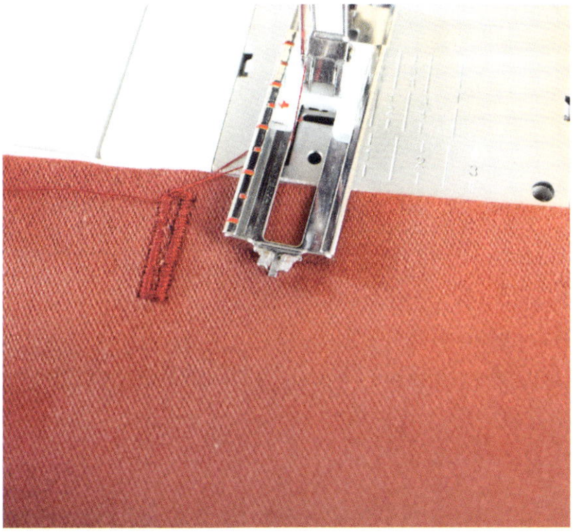

11. Réalisez les boutonnières et posez les boutons-pressions sur la ligne du *milieu devant*.

INFO

▶ **Pour rappel, la face visible des pressions est posée sur le côté droit.**

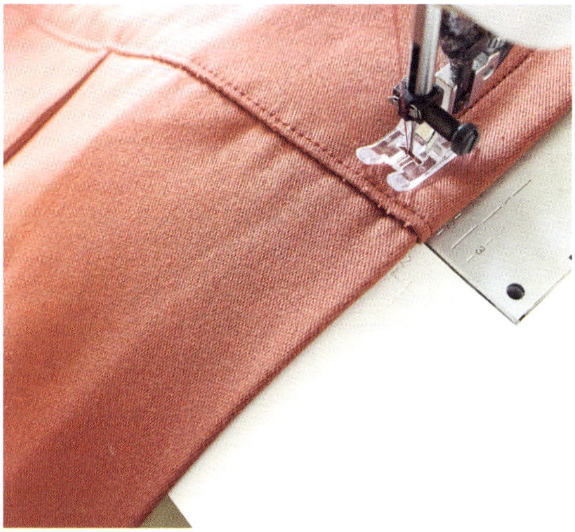

12. Repliez l'ourlet de 3 cm, marquez-le au fer et surpiquez-le.
Bravo, votre jupe à découpes est terminée !

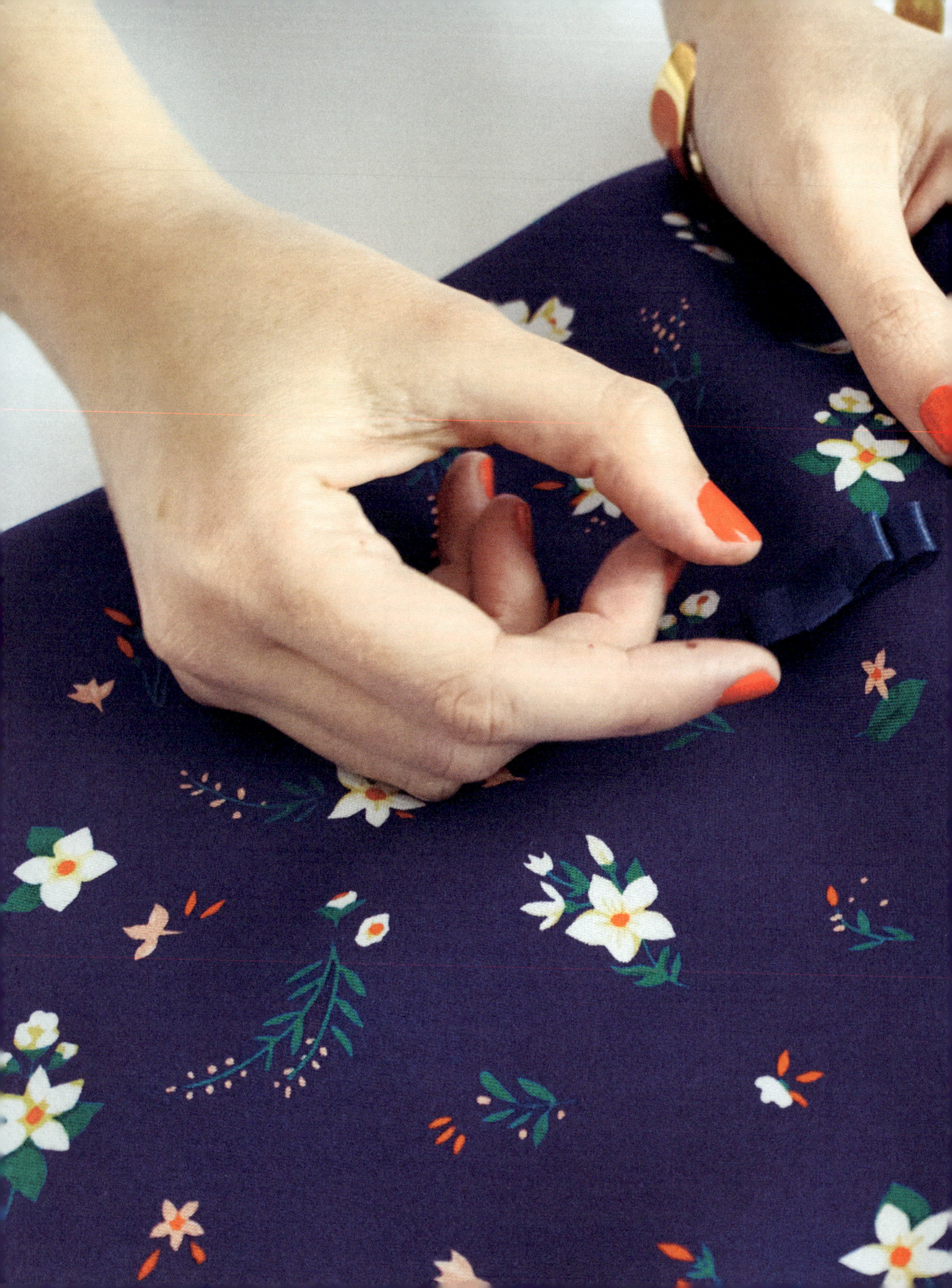

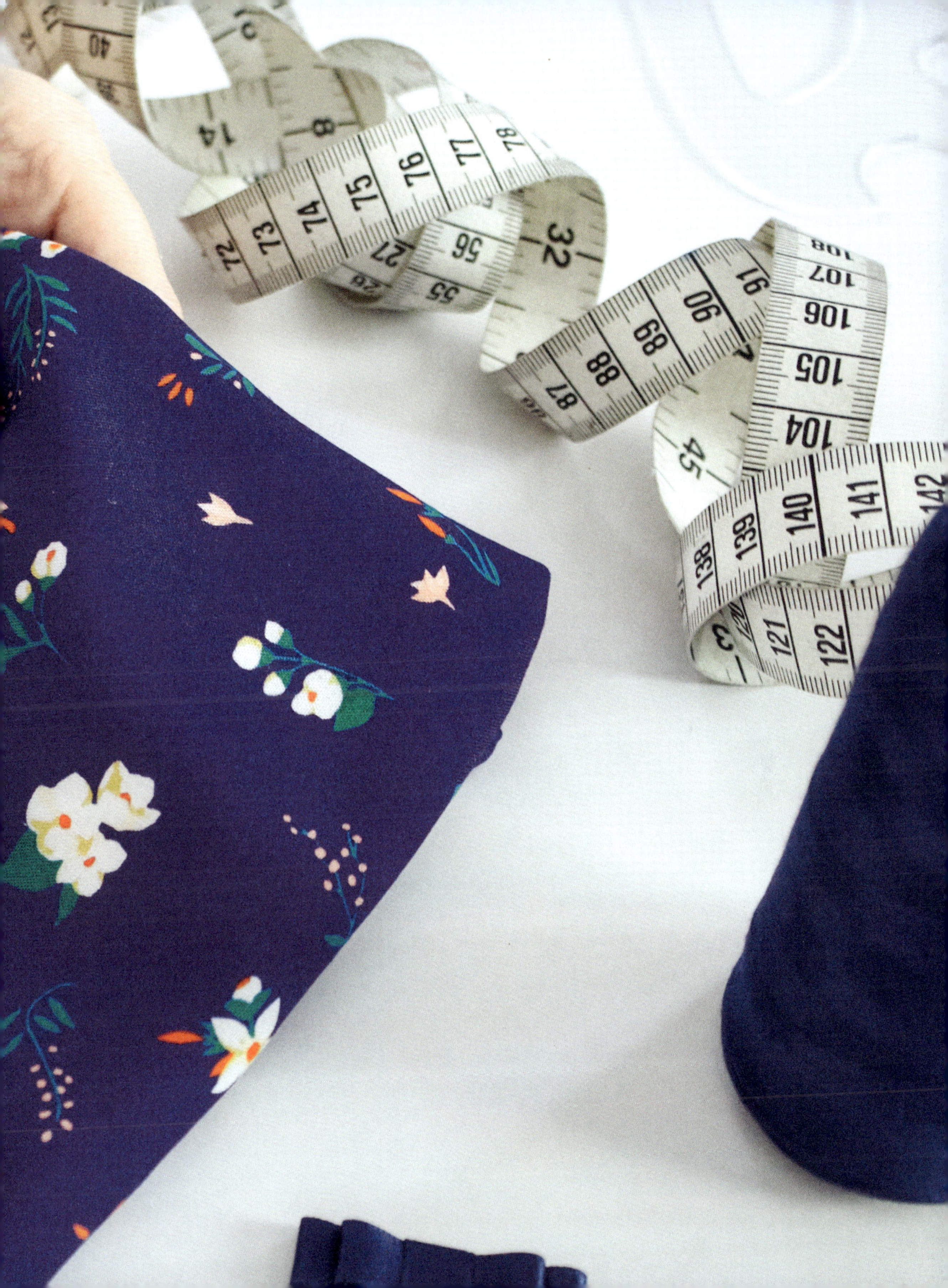

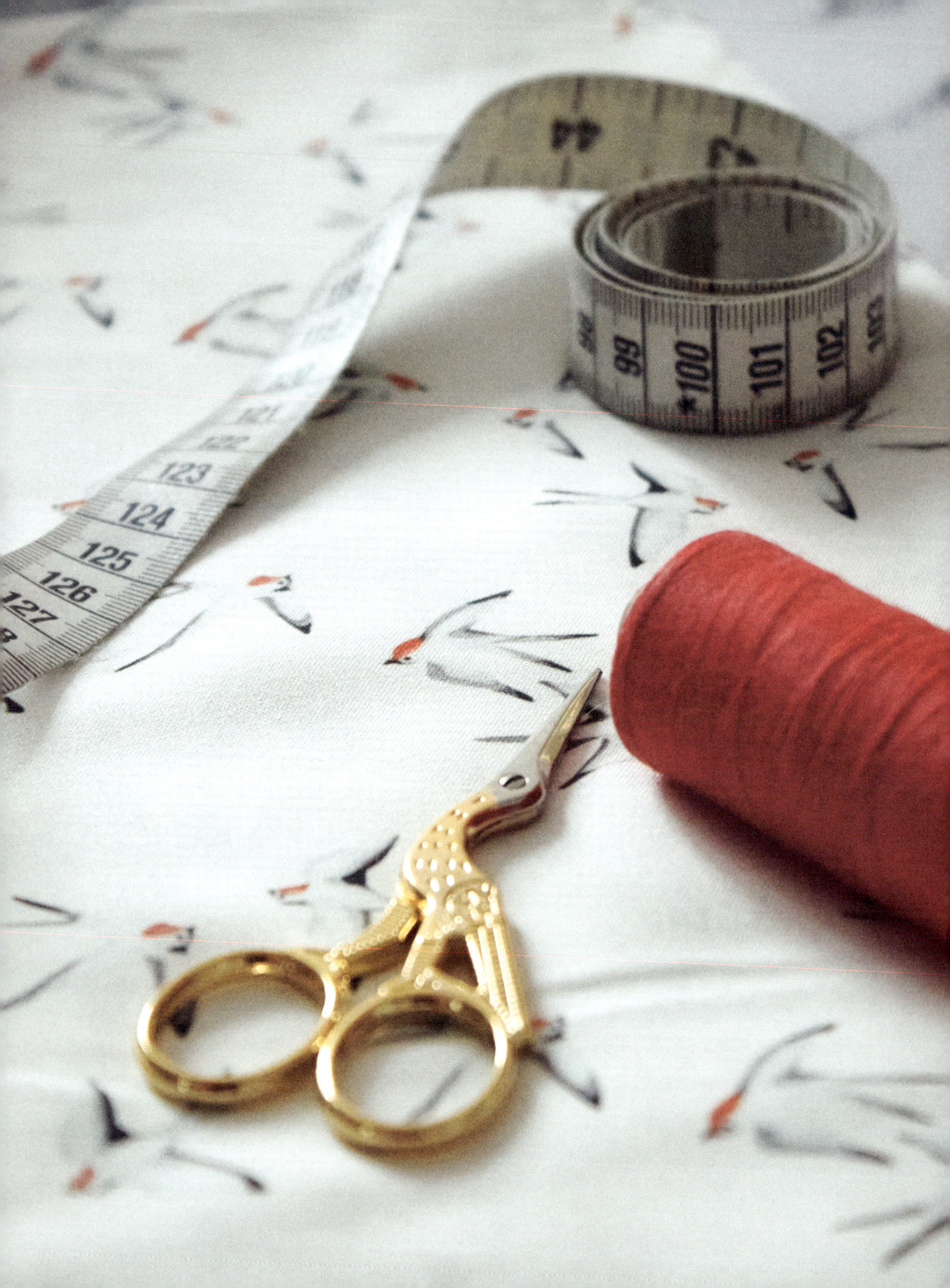

Chapitre 4
Les tops et chemisiers

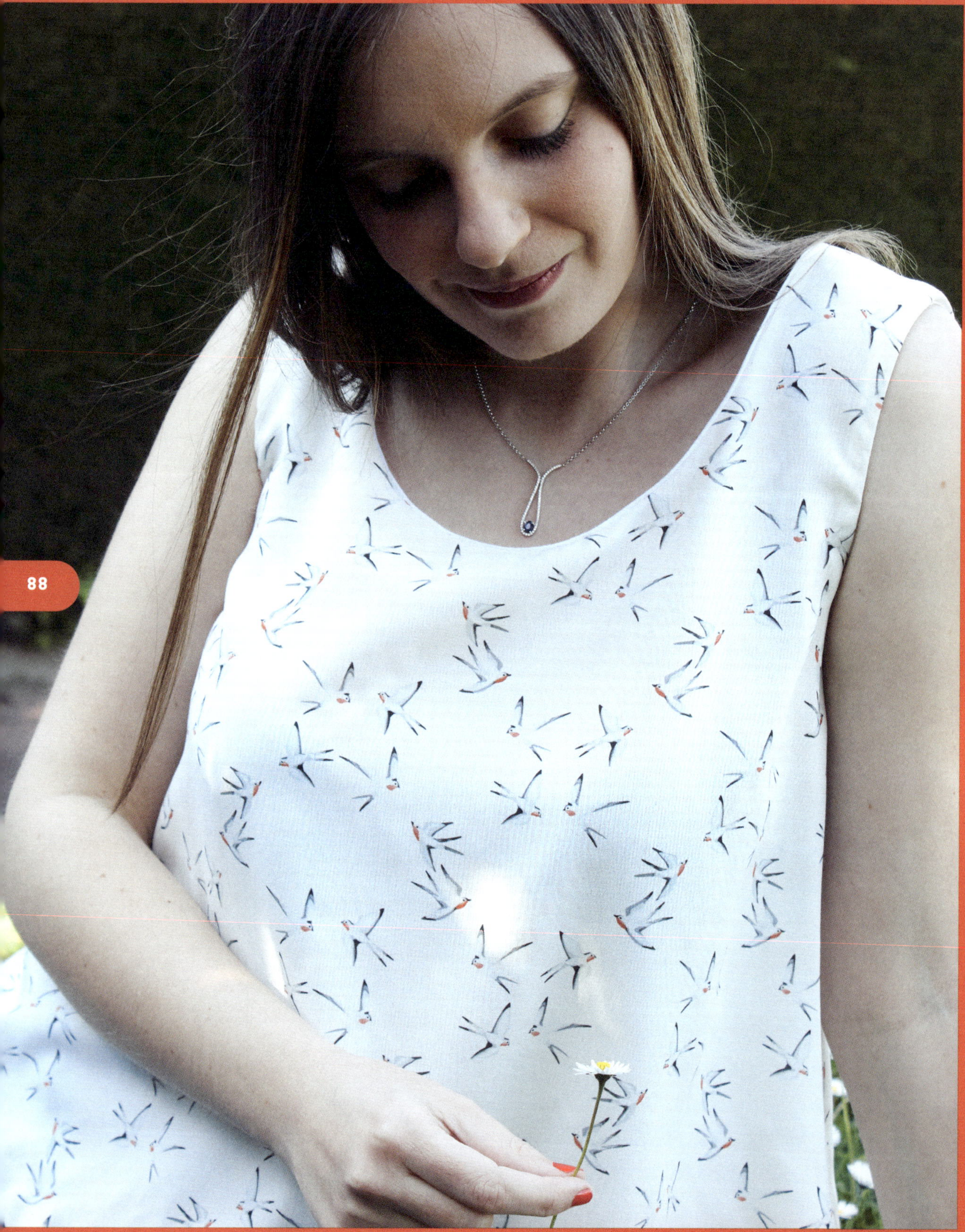

Le débardeur à encolure ronde

Pour ce premier modèle, vous allez apprendre à tracer un débardeur fluide, idéal pour les chaleurs estivales. Toutes les matières fluides conviennent pour ce top, néanmoins il est recommandé d'opter pour une matière naturelle respirante pour mieux vivre les températures caniculaires : popeline de coton, lin, viscose... Ici, le top est cousu dans une viscose.

NIVEAUX DE DIFFICULTÉ

Patronage	☺☺
Couture	☺☺

Légende : ☺ facile, ☺☺ très facile

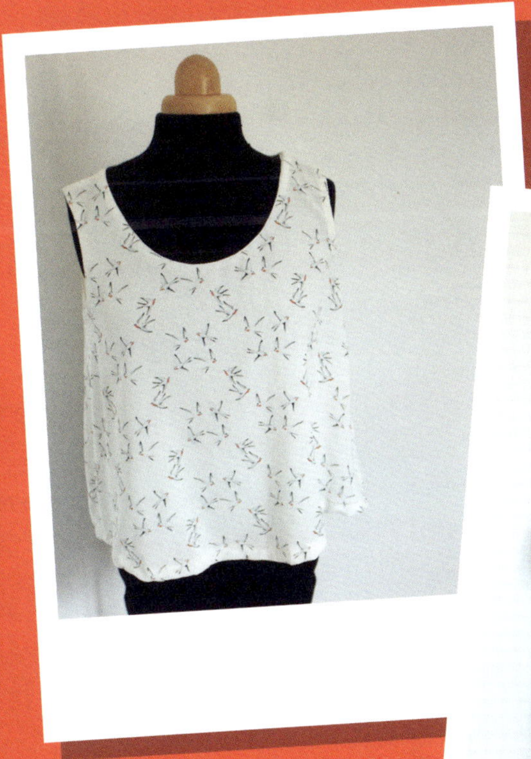

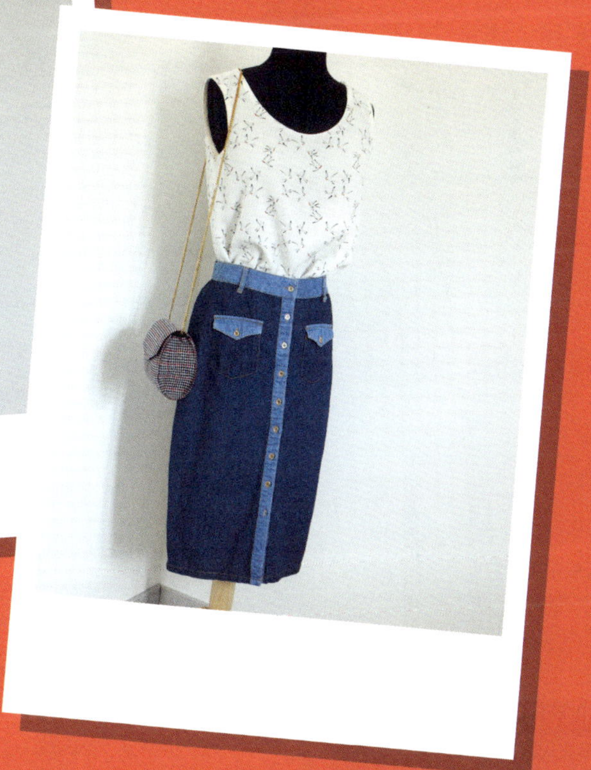

LA CONSTRUCTION ET LA TRANSFORMATION

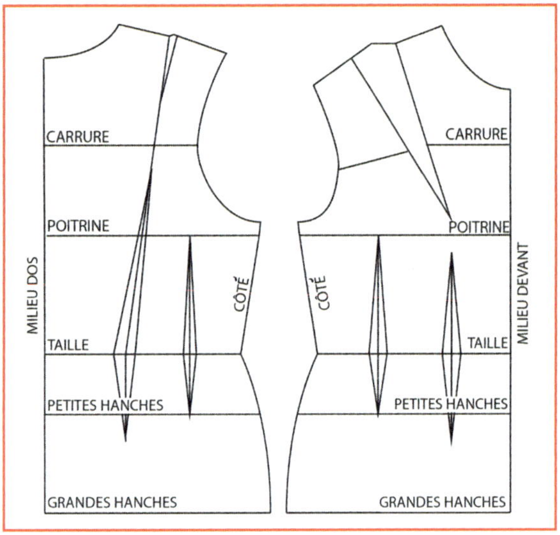

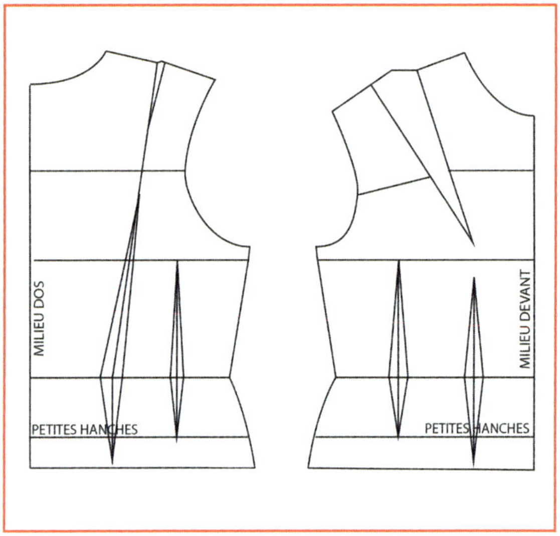

1. Prenez le rouleau de papier kraft et posez dessus les deux bases de corsage. Laissez une marge de 5 cm en dessous, 5 cm au-dessus et 5 cm sur les côtés. Relevez avec un feutre noir les contours des bases du *corsage devant* et du *corsage dos*, les *lignes de taille*, *petites hanches*, *grandes hanches*, *carrure* et *poitrine*, ainsi que les pointeaux des *pinces*.

2. Raccourcissez le top pour être 7 cm sous les *petites hanches*.

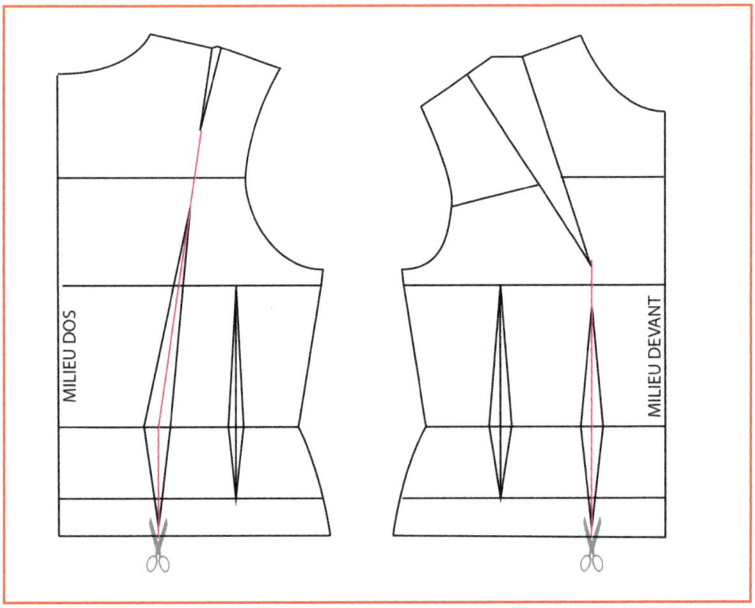

3. Depuis le bas du top, fendez en son milieu la *pince* la plus proche du *milieu devant* jusqu'à la pointe de la *pince d'épaule*. Faites de même avec la *pince* dos la plus proche du *milieu dos*.

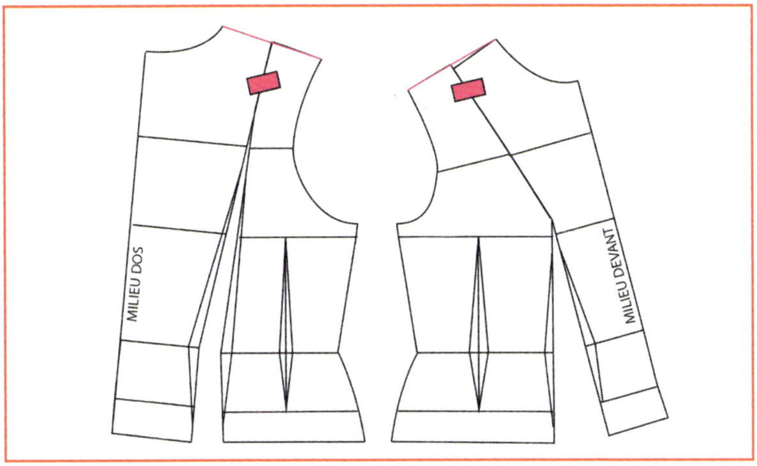

4. À l'aide de ruban adhésif, fermez les *pinces épaules* devant et dos et retracez les épaules en ligne droite.

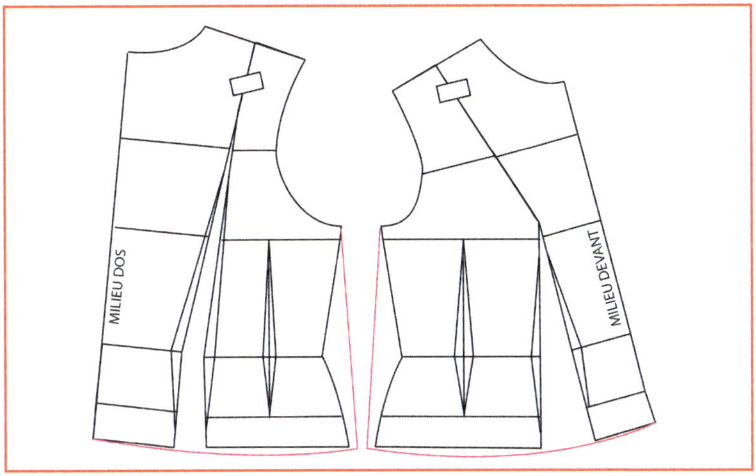

5. À l'aide du perroquet, retracez harmonieusement la *ligne de petites hanches*. Retracez également le *côté* en ligne droite, en partant de l'emmanchure jusqu'aux *petites hanches*, elles-mêmes élargies de 1,5 cm.

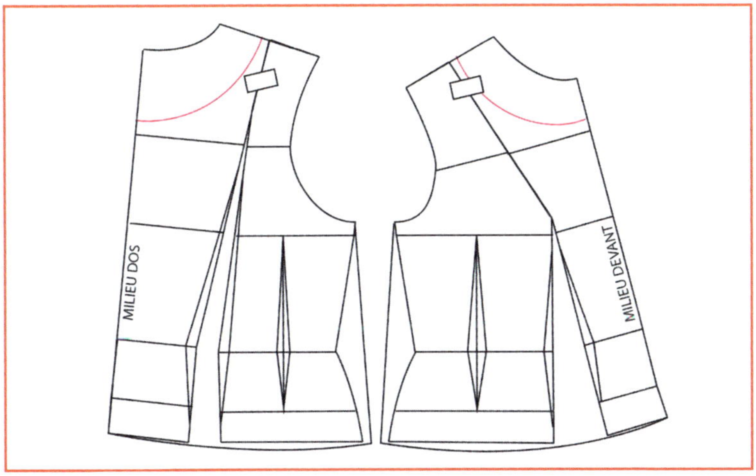

6. Creusez et élargissez l'*encolure devant* en fonction de la profondeur de décolleté voulu. Veillez à toujours respecter une platitude de 1,5 cm depuis le *milieu devant*. Faites de même avec l'*encolure dos*. Veillez à ce que ***l'épaule dos = l'épaule devant***.

LE PATRON

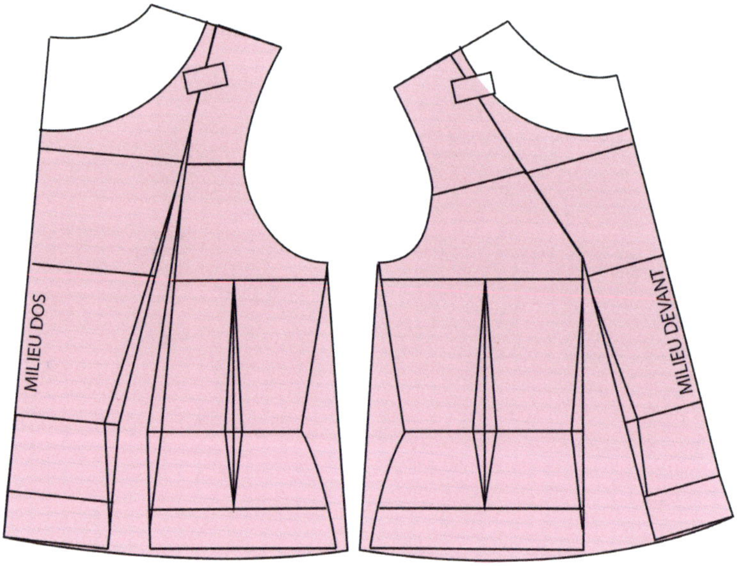

7. Déroulez à présent le papier kraft blanc par-dessus la construction. À l'aide d'un feutre noir, relevez (en les espaçant suffisamment) les deux pièces qui constituent le top : le *devant* et le *dos*. Relevez en traits pleins les contours extérieurs. Ne relevez aucune *pince*.

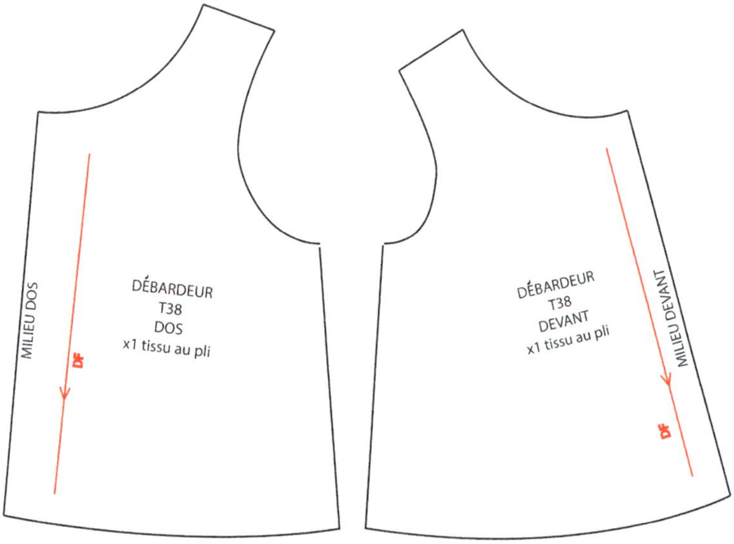

8. Tracez en rouge le droit-fil sur chaque pièce. Il doit toujours être parallèle au *milieu devant* ou au *milieu dos*. Tracez-le suffisamment long pour vous aider lors du placement des pièces sur le tissu. Légendez les pièces de manière détaillée : type de modèle, taille, nom de la pièce, nombre de fois à couper.

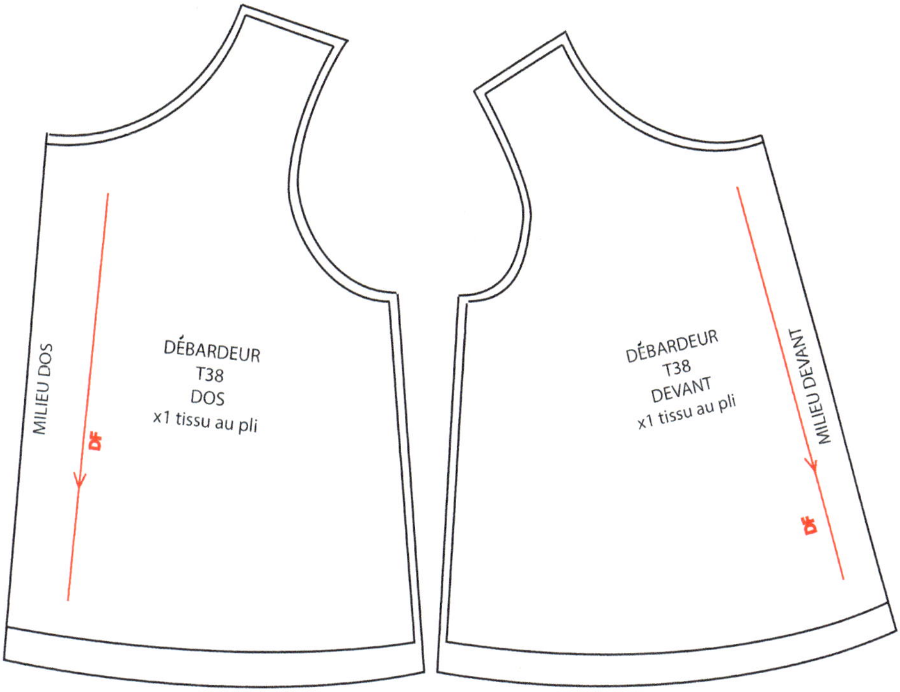

9. Ajoutez les valeurs de couture grâce à l'équerre graduée. Elles sont de 1 cm tout autour des pièces, sauf en bas du top où l'ourlet doit être de 3 cm. Ne mettez pas de valeur de couture au niveau des milieux car les pièces sont à couper au pli.
Votre patron est prêt à être coupé. Choisissez un joli tissu, placez les pièces au pli et veillez à ce que le droit-fil soit toujours parallèle à la lisière. Maintenant, vous êtes prêt à passer au montage !

Petite aide si vous n'êtes pas encore familiarisé avec le nombre de pièces à couper, pour ce modèle :

- le devant : × 1 tissu au pli ;
- le dos : × 1 tissu au pli.

LA GAMME DE MONTAGE

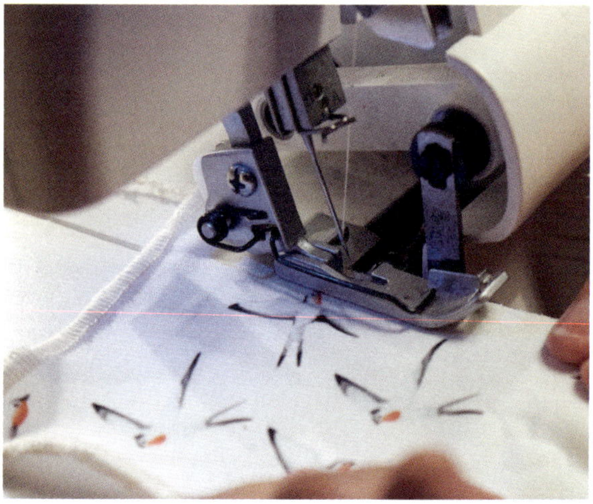

1. Surjetez l'ensemble des pièces.

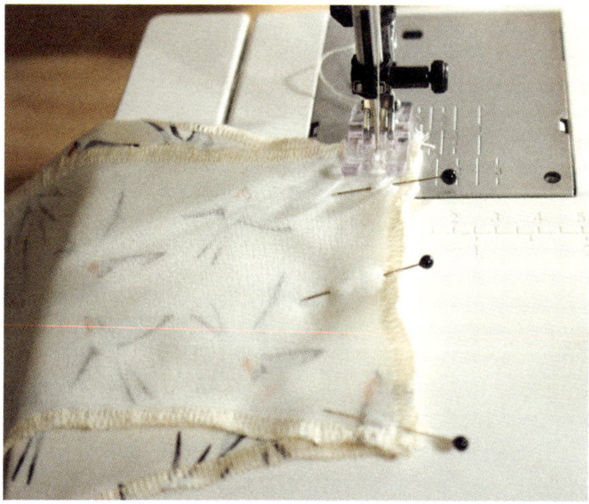

2. Au niveau de l'épaule droite uniquement, assemblez endroit contre endroit le *devant* et le *dos*. Repassez coutures ouvertes.

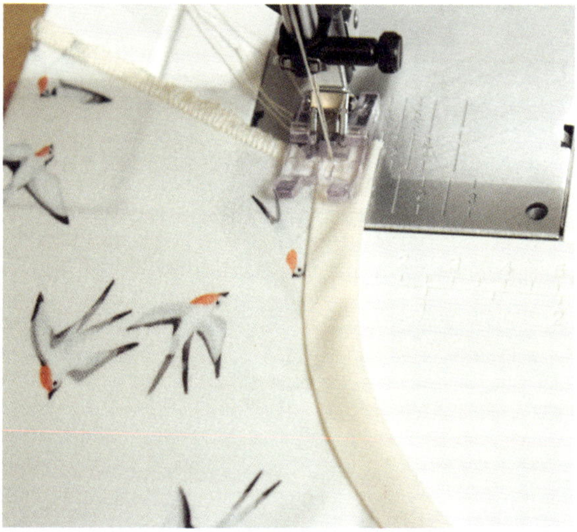

3. Posez le biais au niveau de l'encolure de manière visible ou invisible (rabattu vers l'intérieur).

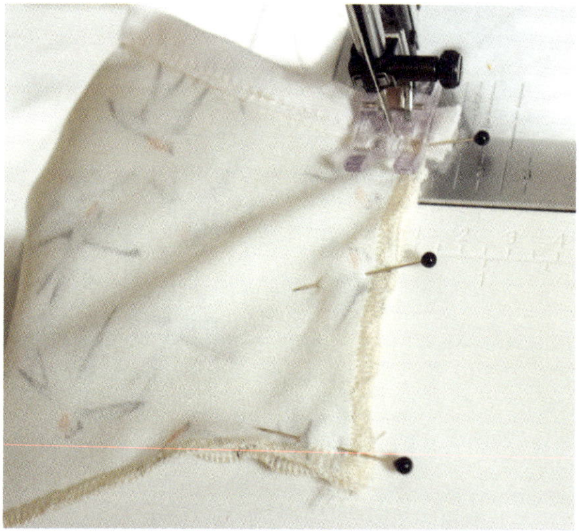

4. Au niveau de l'épaule gauche, assemblez endroit contre endroit le *devant* et le *dos*. Repassez coutures ouvertes.

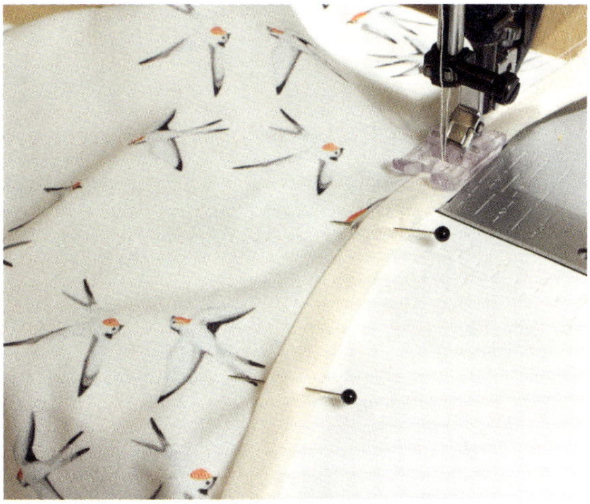

5. Posez le biais au niveau des emmanchures de manière visible ou invisible (rabattu vers l'intérieur).

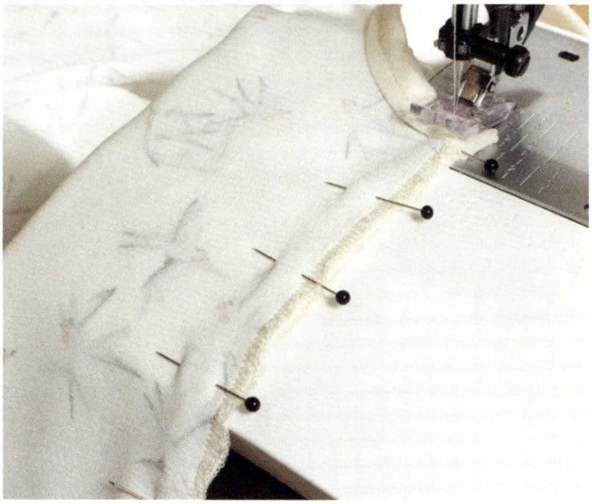

6. Assemblez endroit contre endroit le *devant* et le *dos* au niveau des côtés. Repassez coutures ouvertes.

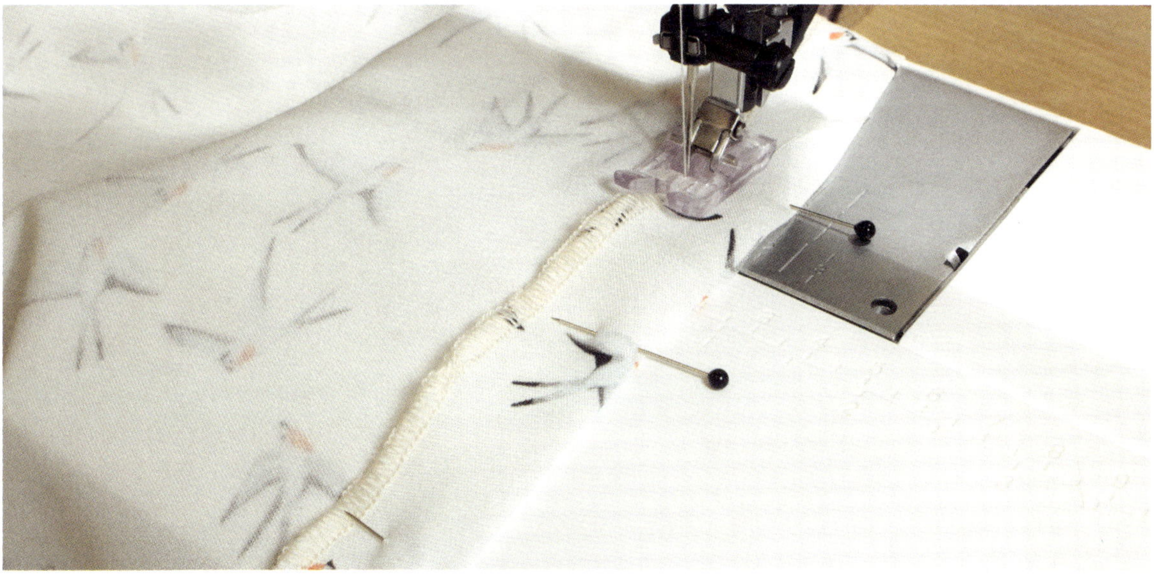

7. Marquez l'ourlet de 3 cm au fer et surpiquez-le. Bravo, votre débardeur à encolure ronde est terminé !

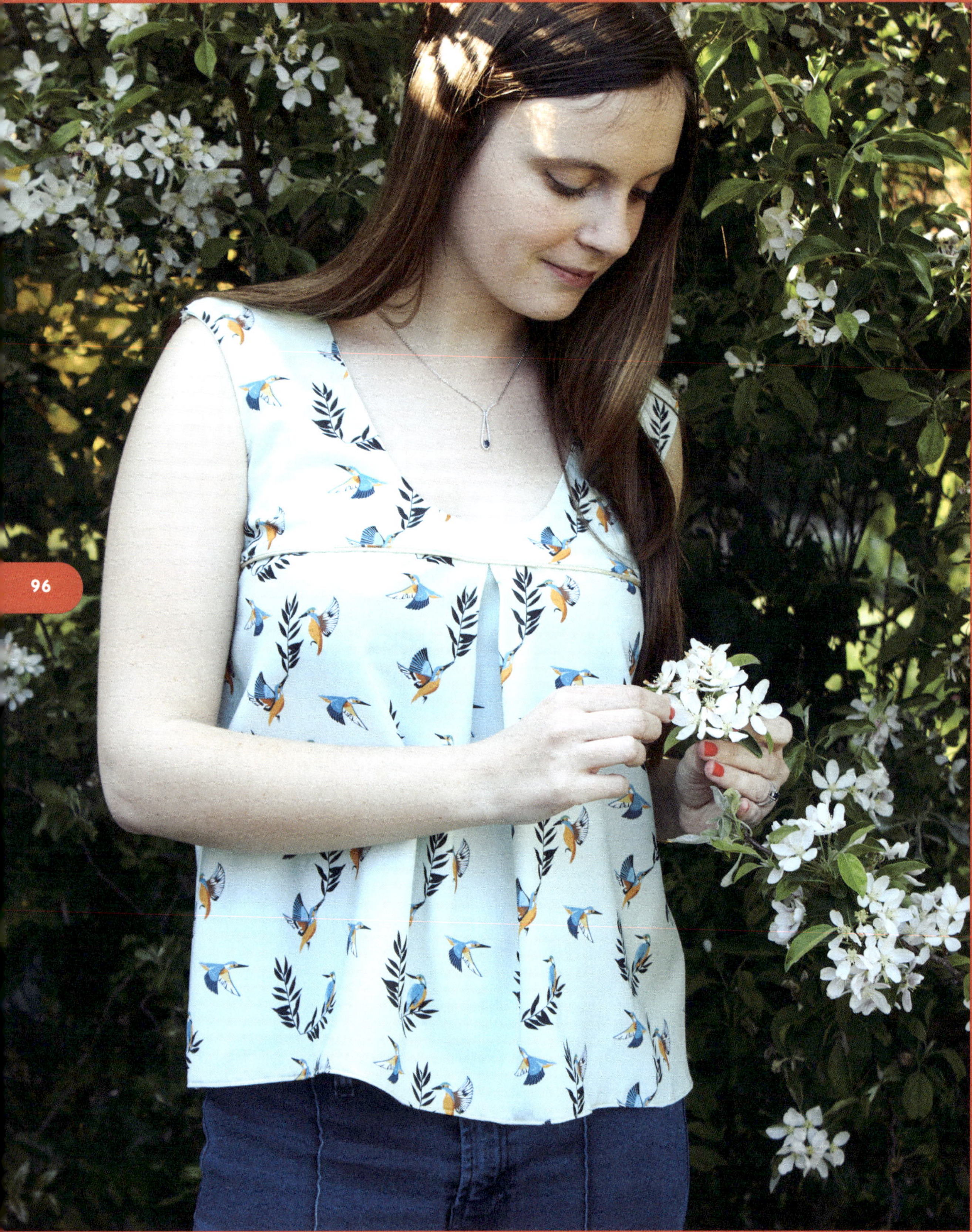

Le top à pli creux et empiècements

Pour cette deuxième réalisation, vous pouvez utiliser n'importe quelle matière fluide : lin, viscose, lyocell, crêpe polyester. Ici, le top est cousu dans une viscose. Il est agrémenté d'un petit passepoil.

NIVEAUX DE DIFFICULTÉ

Patronage	☺☺
Couture	☺☺

Légende : ☺ facile, ☺☺ très facile

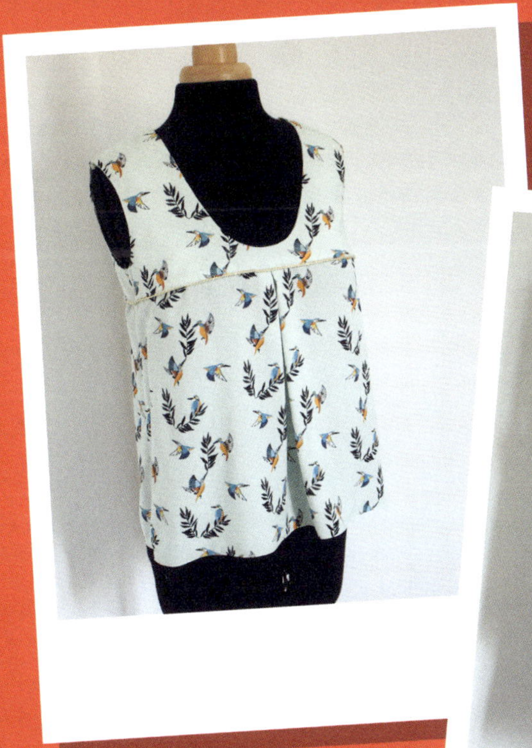

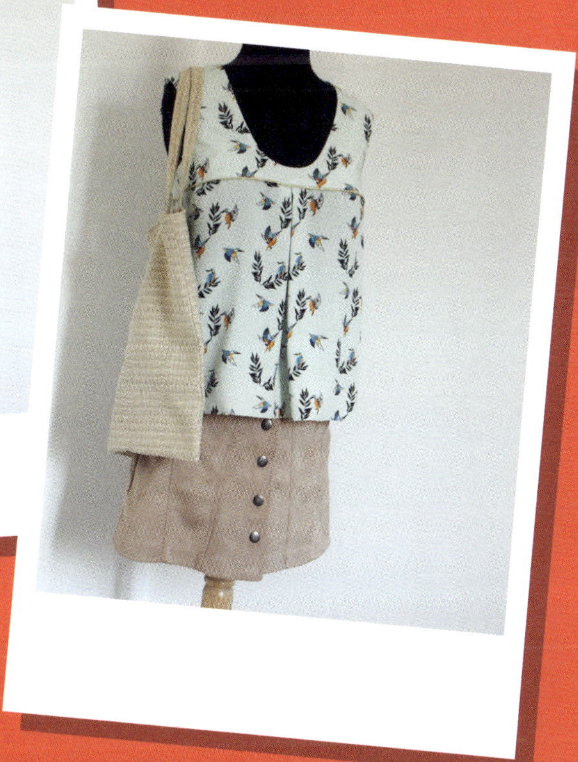

LA CONSTRUCTION ET LA TRANSFORMATION

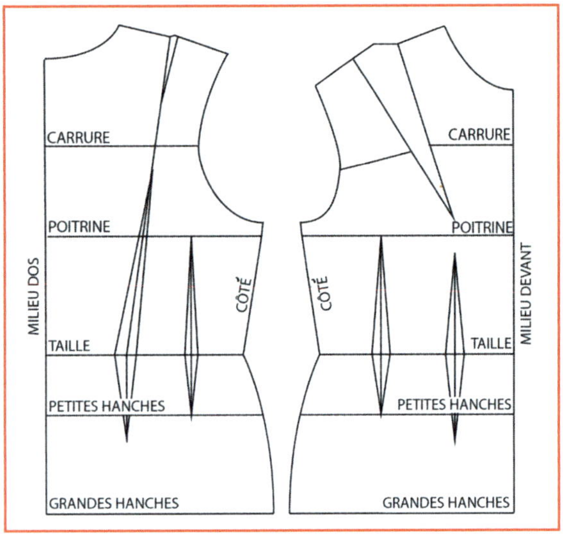

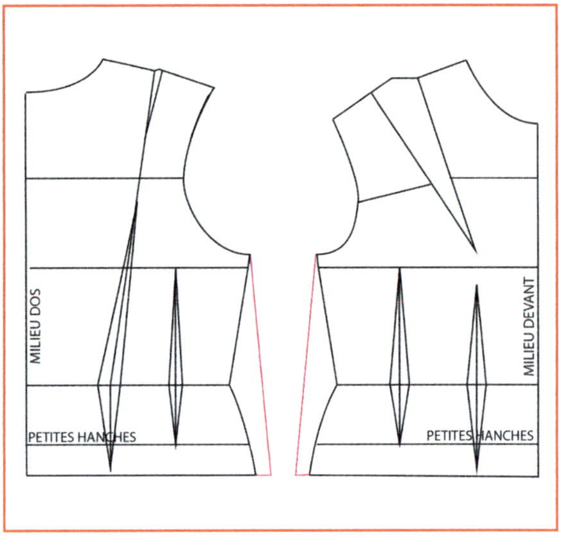

1. Prenez le rouleau de papier kraft et posez dessus les deux bases de corsage. Laissez une marge de 5 cm en dessous, 5 cm au-dessus et 10 cm sur les côtés. Relevez avec un feutre noir les contours des bases du *corsage devant* et du *corsage dos*, les *lignes de taille*, *petites hanches*, *grandes hanches*, *carrure* et *poitrine*, ainsi que les pointeaux des *pinces*.

2. Raccourcissez le top pour être 7 cm sous les *petites hanches*. Élargissez le top de 3 cm au niveau de cette ligne et joignez-la à l'emmanchure en ligne droite.

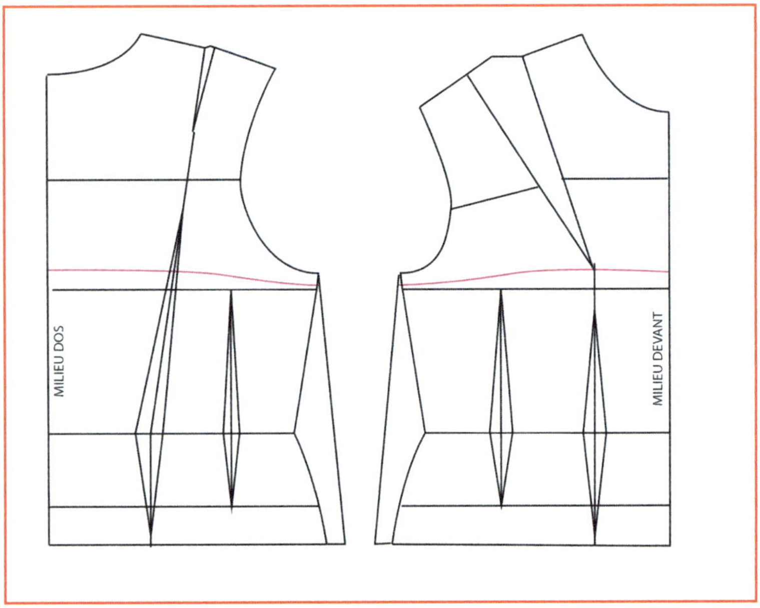

3. Tracez une ligne courbe perpendiculaire au *milieu devant*, passant par la pointe de la *pince d'épaule*, puis déclinant en courbe pour rejoindre la *ligne de poitrine* au niveau du côté. Faites de même au *dos*.

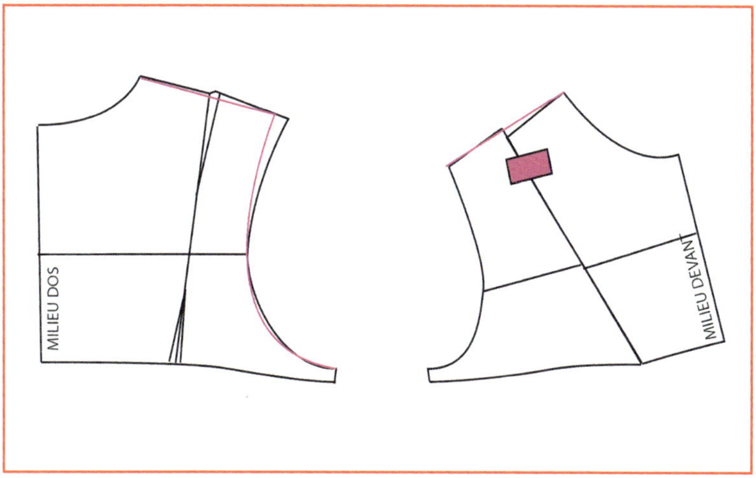

4. Découpez la construction sur la ligne précédemment tracée. Fermez la *pince d'épaule devant* à l'aide de ruban adhésif et, si nécessaire, retracez l'*épaule* en ligne droite. Supprimez la *pince d'épaule dos* en retraçant la *ligne d'épaule* sans la valeur de *pince* de sorte que l'*épaule devant* soit égale à l'*épaule dos*.

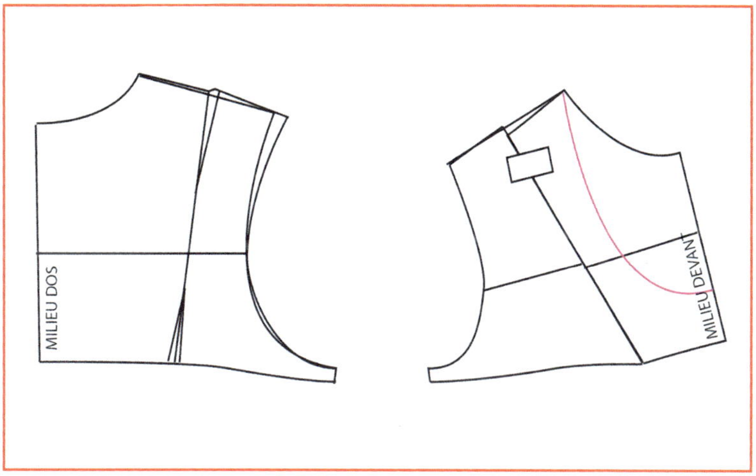

5. Retracez l'*encolure devant* plus décolletée en veillant à respecter une platitude de 2 cm au *milieu devant*.

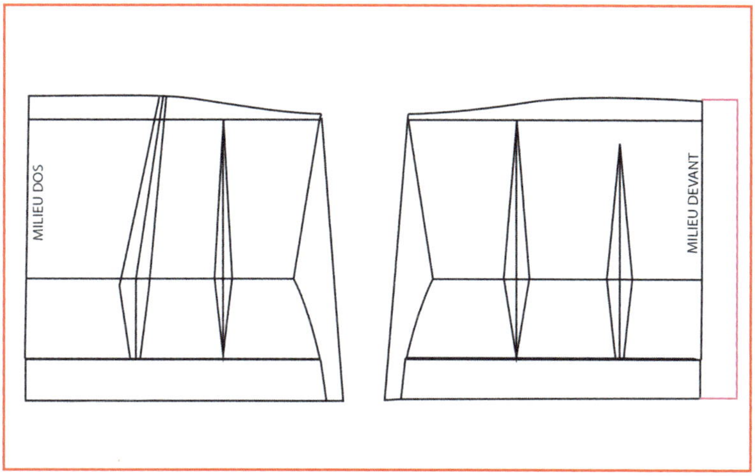

6. Sur la pièce principale, tracez une ligne parallèle positionnée à 5 cm du *milieu devant*. Cela constitue la moitié du *pli creux*.

LE PATRON

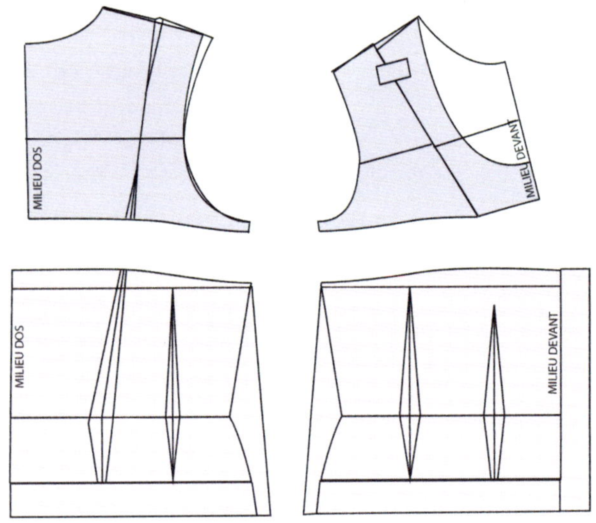

7. Déroulez à présent le papier kraft blanc par-dessus la construction. À l'aide d'un feutre noir, relevez (en les espaçant suffisamment) les quatre pièces qui constituent le top : le *devant*, l'*empiècement devant*, le *dos* et l'*empiècement dos*. Relevez en traits pleins les contours extérieurs. Ne relevez aucune *pince*.

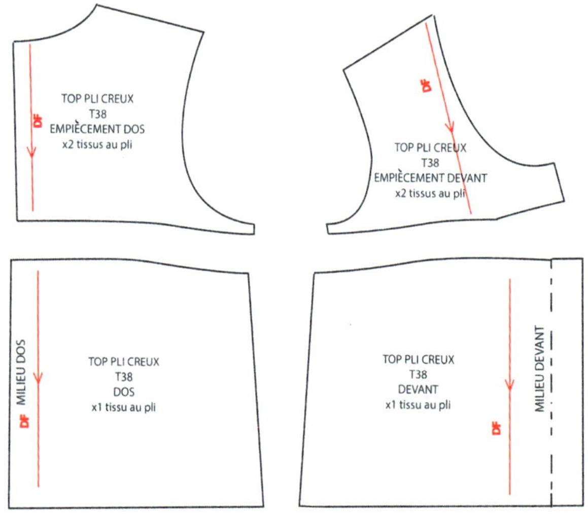

8. Tracez en rouge le droit-fil sur chaque pièce. Le droit-fil doit toujours être parallèle au *milieu devant* ou au *milieu dos*. Tracez-le suffisamment long pour vous aider lors du placement des pièces sur le tissu. Légendez les pièces de manière détaillée : type de modèle, taille, nom de la pièce, nombre de fois à couper.

Une petite aide pour ce modèle si vous n'êtes pas encore familiarisé avec le nombre de pièces à couper :

- le devant : × 1 tissu au pli ;
- l'empiècement devant : × 2 tissus au pli ;
- le dos : × 1 tissu au pli ;
- l'empiècement dos : × 2 tissus au pli.

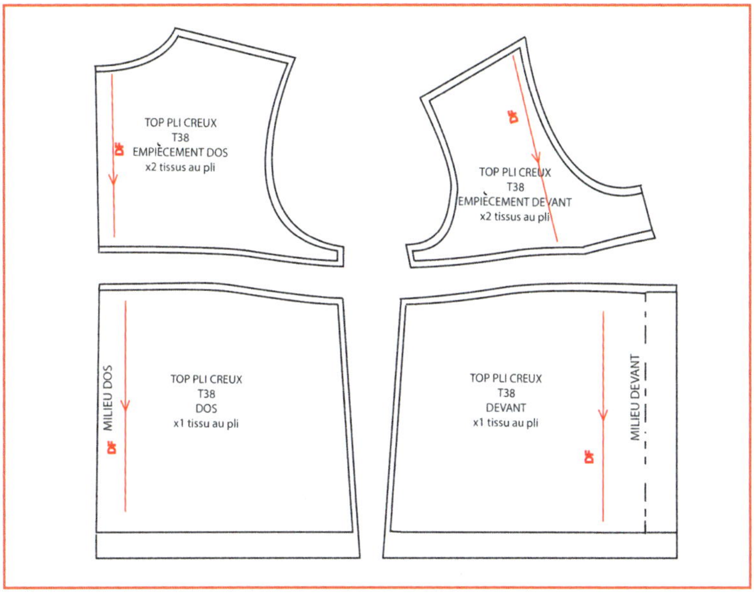

9. Ajoutez les valeurs de couture grâce à l'équerre graduée. Elles sont de 1 cm tout autour des pièces, sauf en bas du top où l'ourlet doit être de 3 cm. Ne mettez pas de valeur de couture au niveau des milieux car les quatre pièces sont à couper au pli.

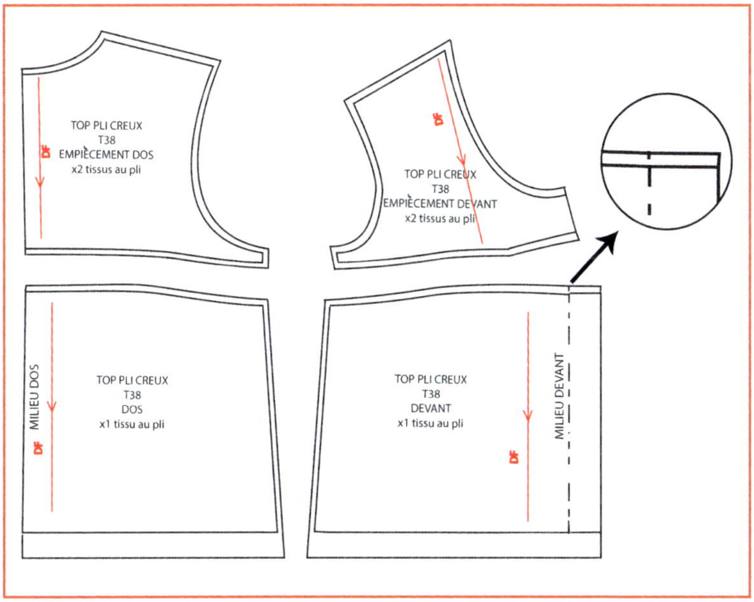

10. Ajoutez des crans au *milieu devant* pour vous aider à former le pli.

Votre patron est prêt à être coupé. Choisissez un joli tissu, placez les pièces au pli et veillez à ce que le droit-fil soit toujours parallèle à la lisière. Maintenant, vous êtes prêt à passer au montage !

LA GAMME DE MONTAGE

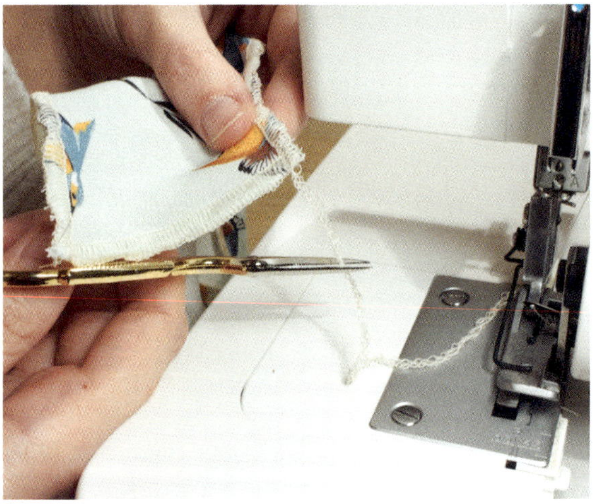

1. Surjetez l'ensemble des pièces.

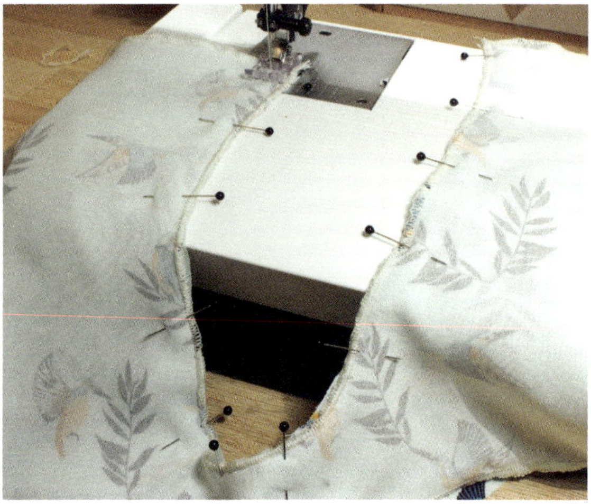

2. Assemblez endroit contre endroit les deux *empiècements devant*, au niveau de l'*encolure* et de l'*emmanchure* uniquement. Crantez les arrondis et retournez la pièce sur l'endroit. Repassez.

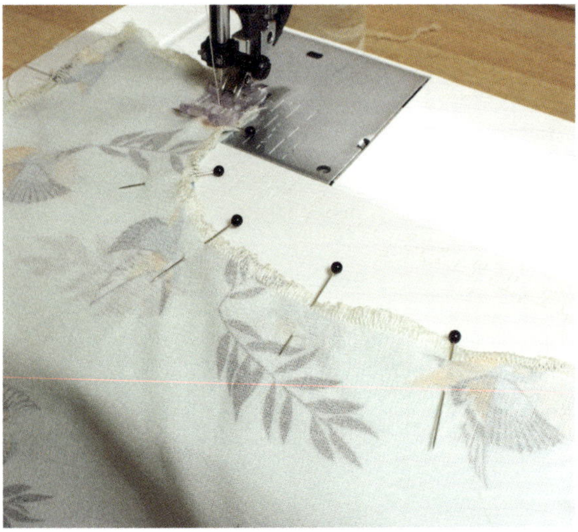

3. Assemblez endroit contre endroit les *empiècements dos* deux par deux, au niveau de l'*encolure* et de l'*emmanchure*.

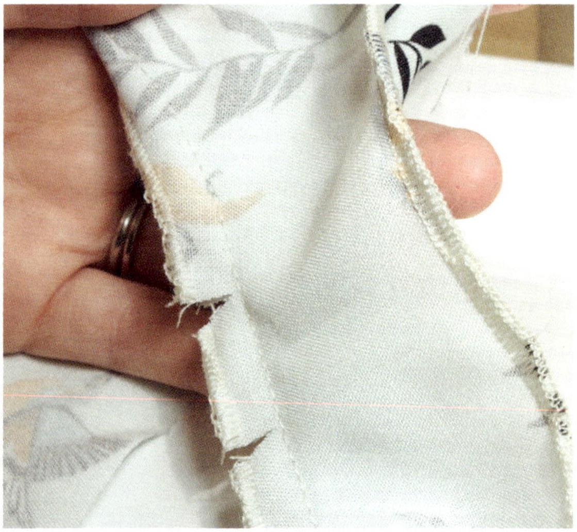

4. Crantez les arrondis et les angles et retournez les deux pièces sur l'endroit.

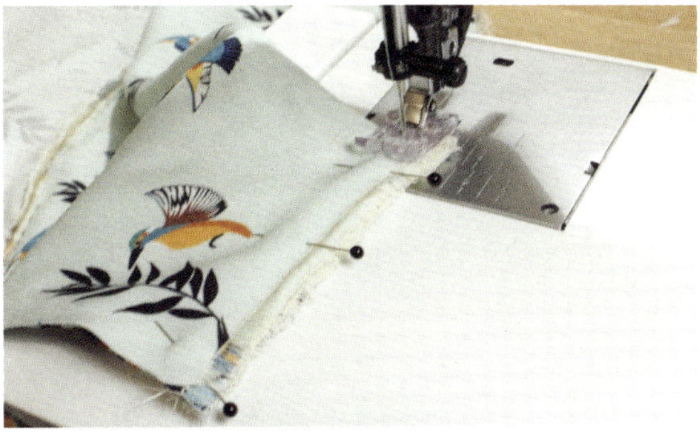

5. Au niveau des épaules, assemblez endroit contre endroit l'*empiècement devant* et l'*empiècement dos*.

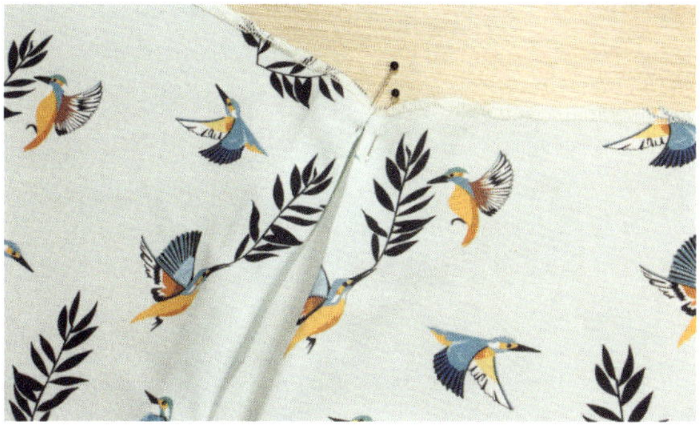

6. Superposez les *milieux devant* pour former le *pli creux* et épinglez le tout.

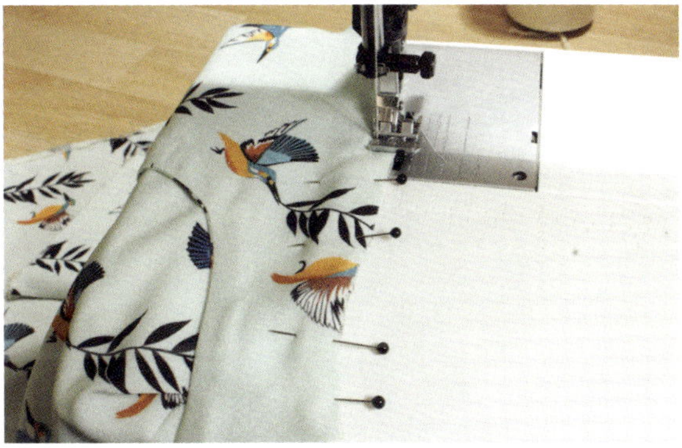

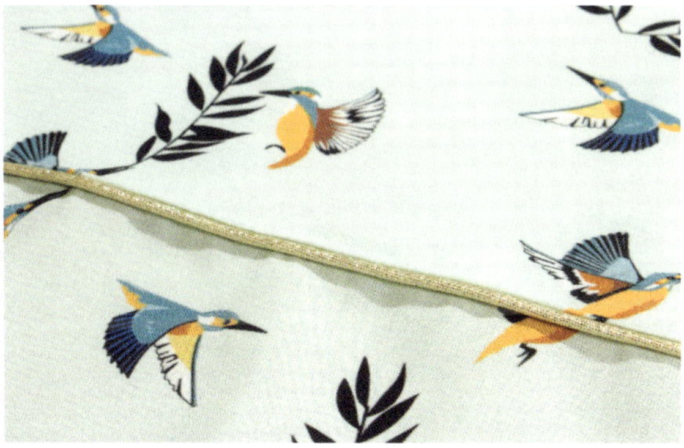

7. Assemblez endroit contre endroit l'*empiècement devant* avec le *devant* en veillant à ce que le *pli creux* soit bien au milieu de l'*empiècement devant*. Faites de même avec l'*empiècement dos* et le *dos*. Repassez les coutures couchées vers le bas.

OPTIONNEL : vous pouvez ajouter un passepoil dans la couture.

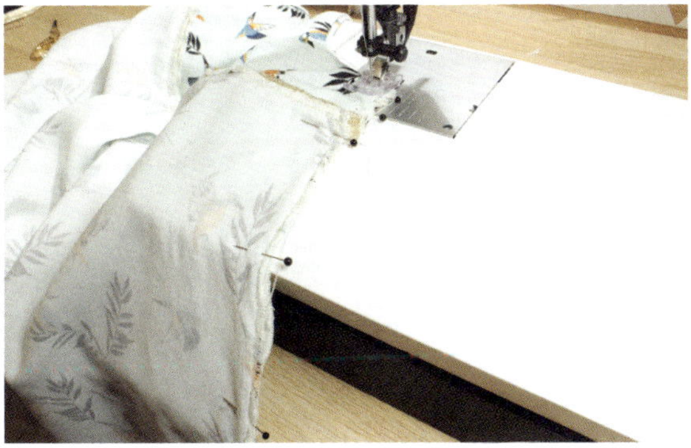

8. Assemblez endroit contre endroit le *dos* et le *devant* au niveau des côtés. Repassez coutures ouvertes.

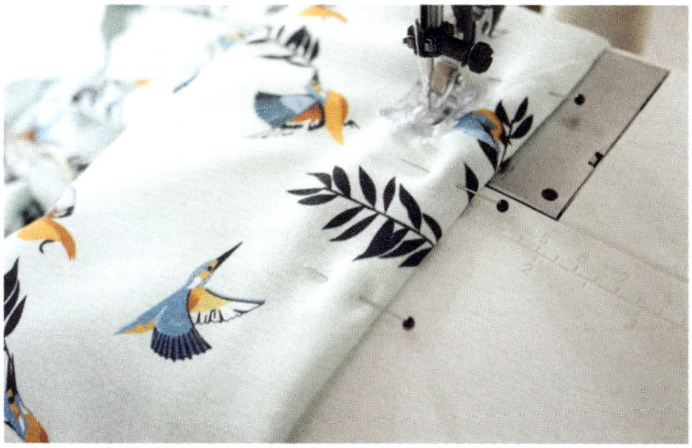

9. Marquez l'ourlet de 3 cm au fer et surpiquez-le. Bravo, votre top à pli creux est terminé !

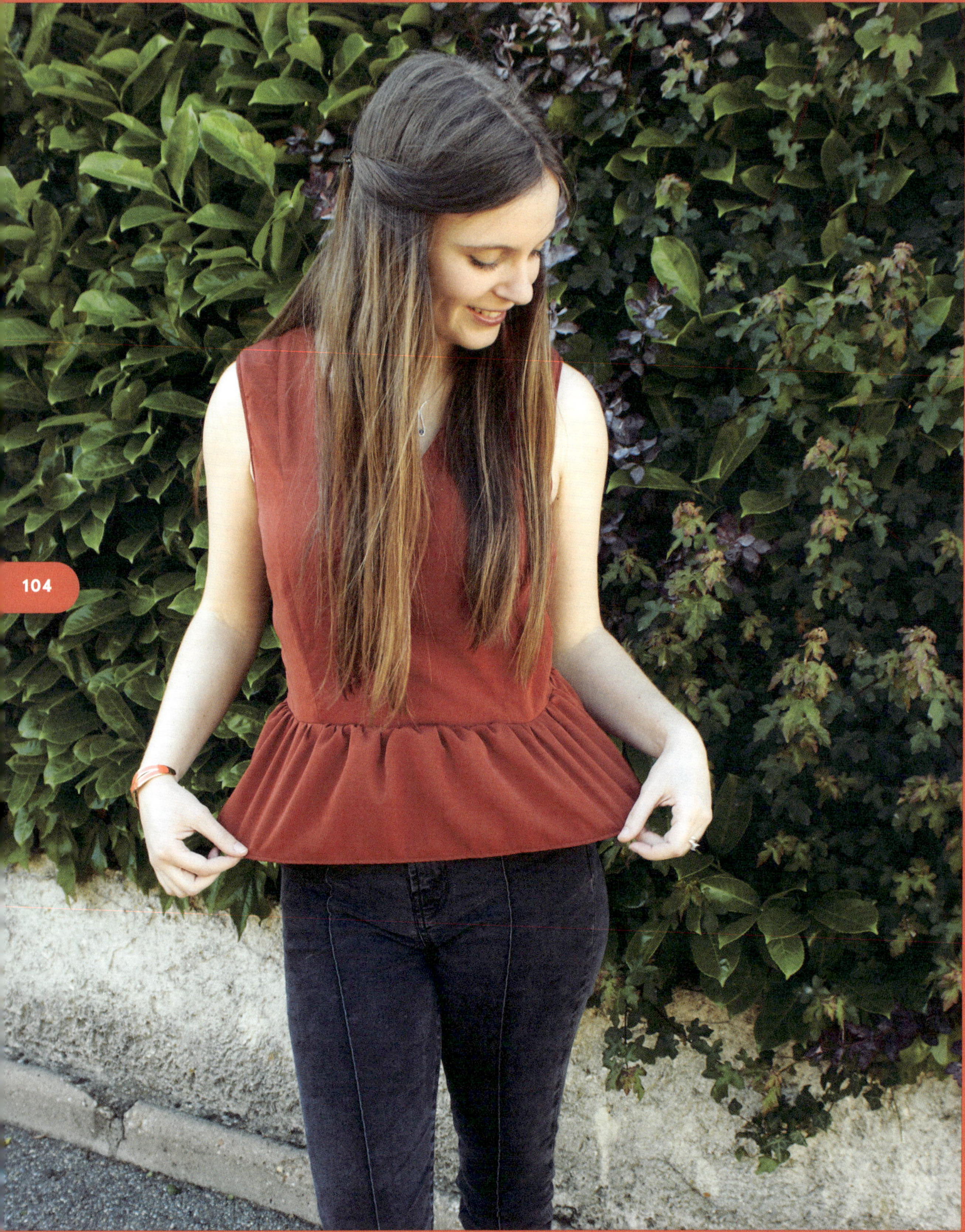

Le top volanté à découpes verticales

Pour ce troisième modèle, vous allez apprendre à tracer un haut structuré. Les matières idéales pour ce haut sont la popeline de coton, le crêpe polyester, le lyocell ou le lin. Ici, le top est réalisé dans du crêpe polyester.

NIVEAUX DE DIFFICULTÉ

Patronage	☺☺
Couture	☺

Légende : ☺ facile, ☺☺ très facile

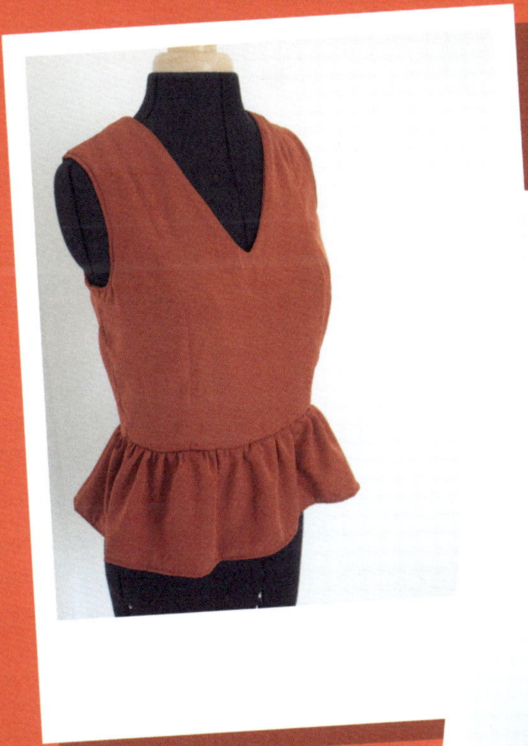

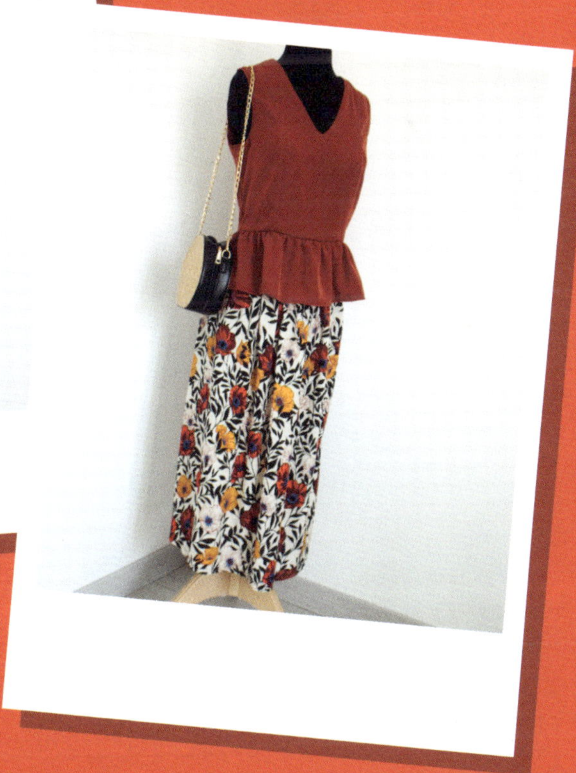

LA CONSTRUCTION ET LA TRANSFORMATION

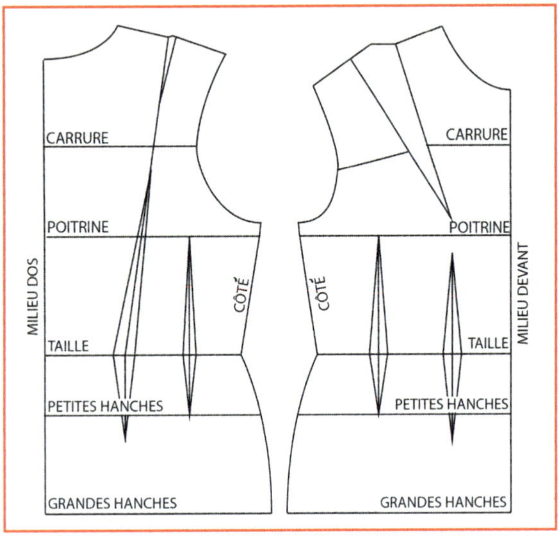

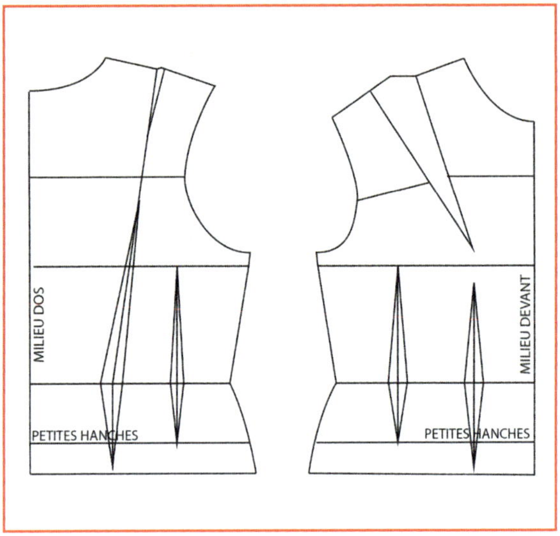

1. Prenez le rouleau de papier kraft et posez dessus les deux bases de corsage. Laissez une marge de 5 cm en dessous, 5 cm au-dessus et 5 cm sur les côtés. Relevez avec un feutre noir les contours des bases du *corsage devant* et du *corsage dos*, les *lignes de taille*, *petites hanches*, *grandes hanches*, *carrure* et *poitrine*, ainsi que les pointeaux des *pinces*.

2. Supprimez la *pince côté* sur le *devant* et au *dos*, et raccourcissez le top pour être 7 cm en dessous des *petites hanches*.

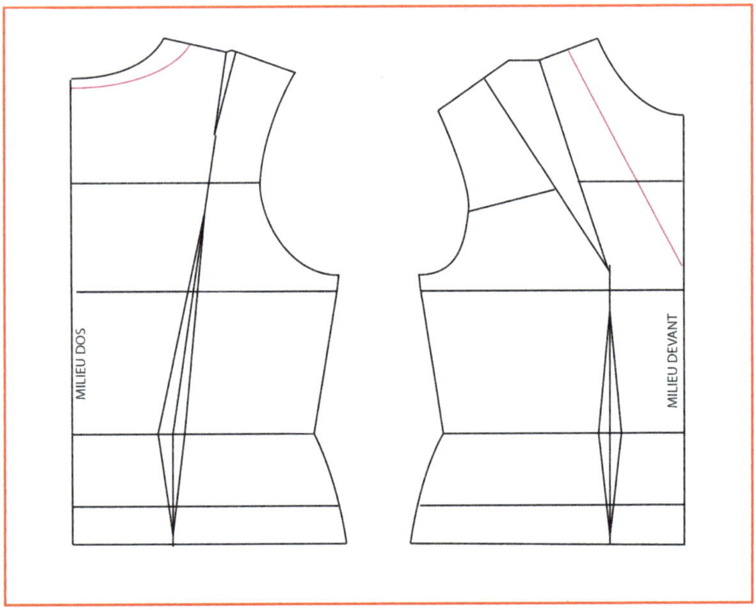

3. Retracez l'*encolure devant* en rétrécissant l'épaule de 3 cm et en creusant l'*encolure*. Vous pouvez tracer l'*encolure* ronde ou en V en fonction de vos souhaits. Ici est illustrée l'*encolure* en V. Mesurez la longueur de votre *épaule devant* (sans mesurer l'intérieur de la *pince d'épaule*) et retracez l'*encolure dos* de sorte que l'*épaule devant* soit égale à l'*épaule dos*. Retracez l'*encolure dos* en l'abaissant de 1 cm et en veillant à garder une platitude de 2 cm.

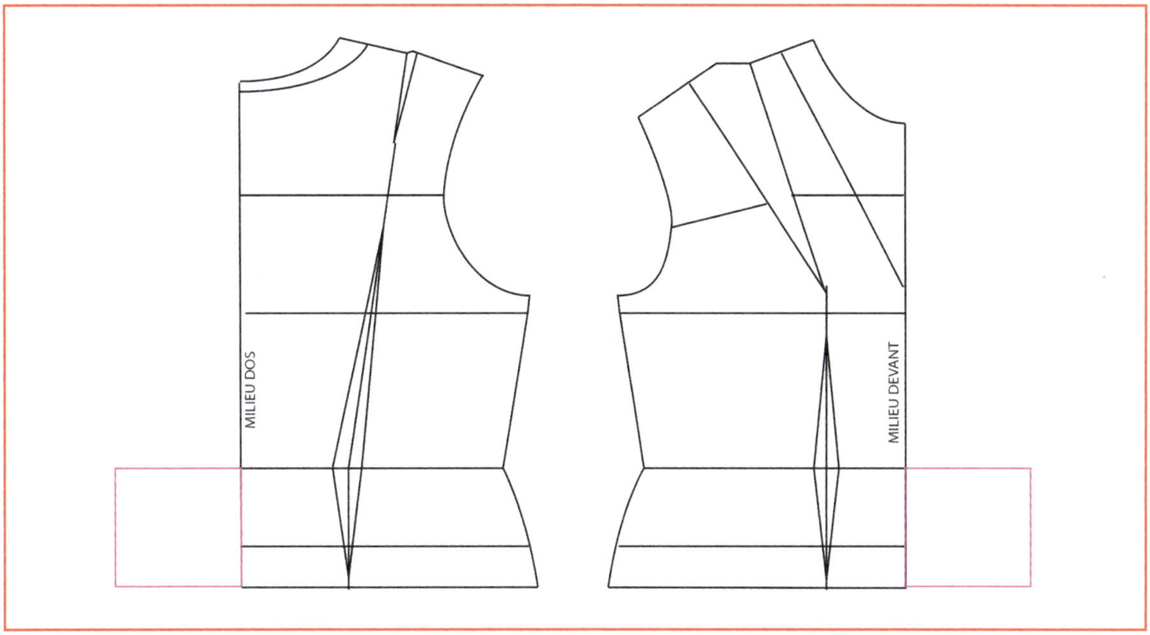

4. À extérieur de chaque construction, ajoutez un rectangle de 10 cm de large sous la *ligne de taille*. Cela constitue le *volant froncé* en bas du top.

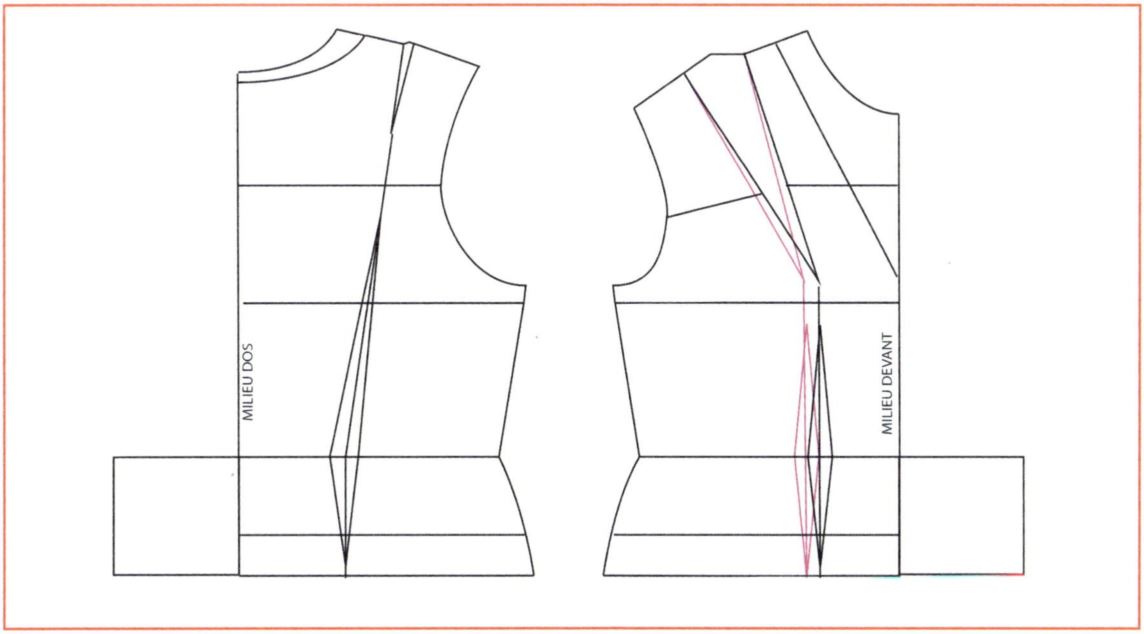

5. Décalez la pointe de la *pince d'épaule* de 1,5 cm vers le côté, retracez la *pince*. Décalez également la totalité de la *pince principale* de 1,5 cm vers le côté. Cette action permet à la découpe *devant* de ne pas passer pile sur la pointe de sein, ce qui ne serait pas très esthétique.

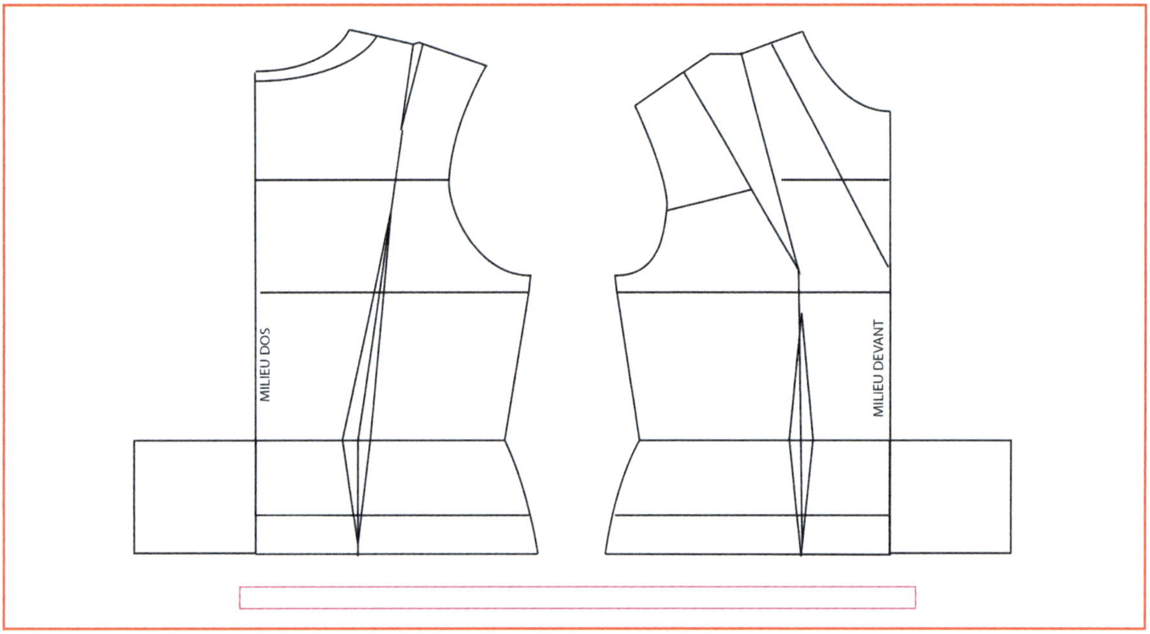

6. OPTIONNEL : tracez un rectangle de 65 cm de long et de 4 cm de large. Ce rectangle constitue le *volant* inséré dans la découpe verticale devant.

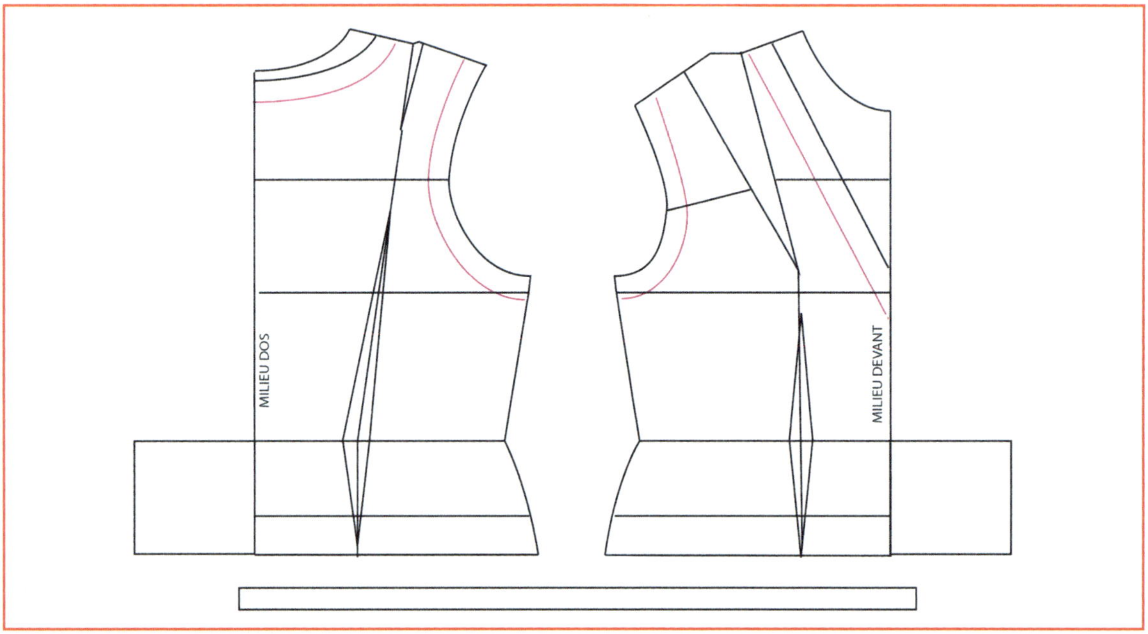

7. À l'intérieur de chaque construction, tracez des lignes parallèles à 3 cm de l'*encolure devant*, l'*emmanchure devant*, l'*encolure dos* et l'*emmanchure dos.* Ce sont les enformes de propreté.

LE PATRON

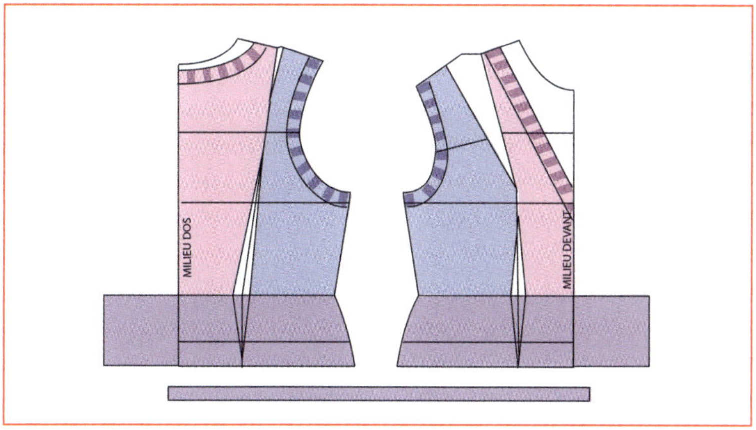

8. Déroulez à présent le papier kraft blanc par-dessus la construction. À l'aide d'un feutre noir, relevez (en les espaçant suffisamment) les onze pièces qui constituent le top : le *devant*, le *côté devant*, le *dos*, le *côté dos*, l'*enforme encolure devant*, l'*enforme encolure dos*, l'*enforme emmanchure devant*, l'*enforme emmanchure dos*, le *petit volant*, le *grand volant devant* et le *grand volant dos*. Relevez en traits pleins les contours extérieurs.

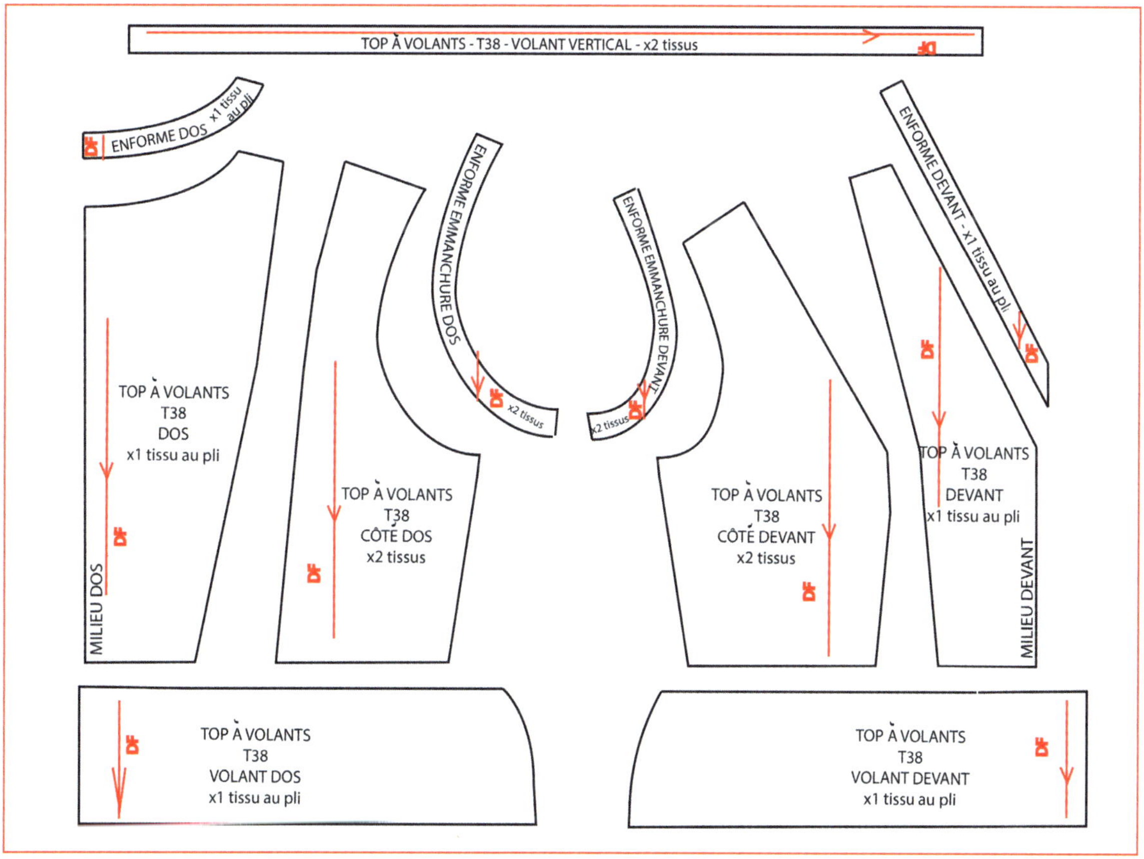

9. Tracez en rouge le droit-fil sur chaque pièce. Le droit-fil doit toujours être parallèle au *milieu devant* ou au *milieu dos*. Tracez-le suffisamment long pour vous aider lors du placement des pièces sur le tissu. Légendez les pièces de manière détaillée : type de modèle, taille, nom de la pièce, nombre de fois à couper.

Petite aide si vous n'êtes pas encore familiarisé avec le nombre de pièces à couper, pour ce modèle :

- le devant : × 1 tissu au pli ;
- le côté devant : × 2 tissus ;
- le dos : × 1 tissu au pli ;
- le côté dos : × 2 tissus ;
- l'enforme encolure devant : × 1 tissu au pli ;
- l'enforme encolure dos : × 1 tissu au pli ;
- l'enforme emmanchure devant : × 2 tissus ;
- l'enforme emmanchure dos : × 2 tissus ;
- le grand volant devant : × 1 tissu au pli ;
- le grand volant dos : × 1 tissu au pli ;
- OPTIONNEL : le petit volant : × 2 tissus.

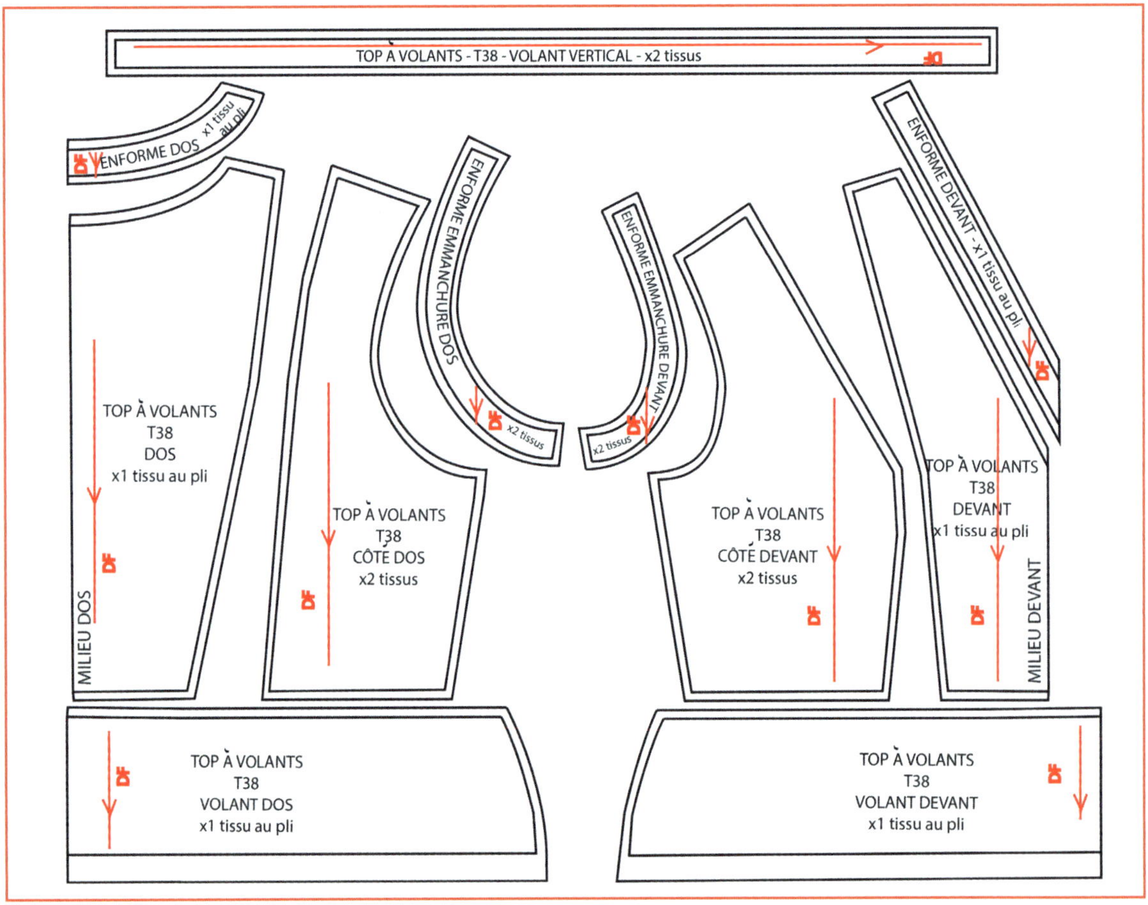

10. Ajoutez les valeurs de couture grâce à l'équerre graduée. Elles sont de 1 cm tout autour des pièces, sauf en bas des grands volants où l'ourlet doit être de 3 cm. Ne mettez pas de valeur de couture au niveau des milieux car les pièces sont à couper au pli.

Votre patron est prêt à être coupé. Choisissez un joli tissu, placez les pièces au pli ou à double en fonction des légendes, et veillez à ce que le droit-fil soit toujours parallèle à la lisière. Maintenant, vous êtes prêt à passer au montage !

LA GAMME DE MONTAGE

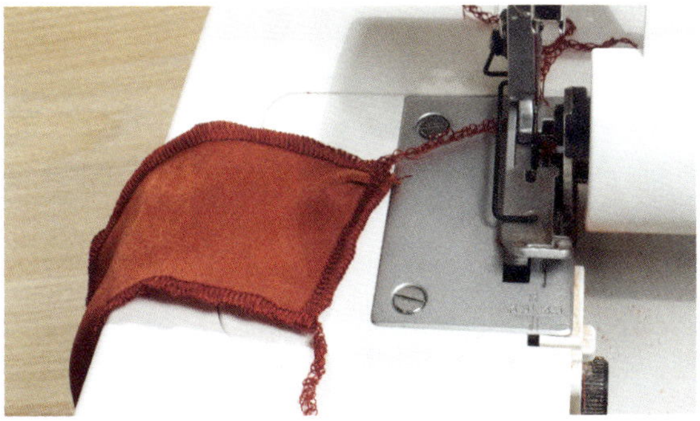

1. Surjetez l'ensemble des pièces.

OPTIONNEL : pliez en deux dans le sens de la longueur les deux *petits volants* ; marquez la pliure au fer ; passez un fil de fronces en bas du *volant*. Pour rappel, un fil de fronces se fait avec de larges points.

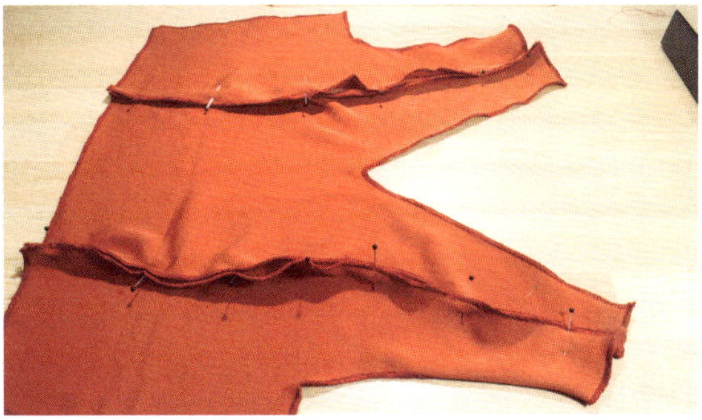

2. Assemblez endroit contre endroit le *devant* et le *côté devant*. Repassez coutures ouvertes.

OPTIONNEL : si vous avez choisi de mettre un petit volant, insérez-le dans la couture entre le *devant* et le *côté devant*.

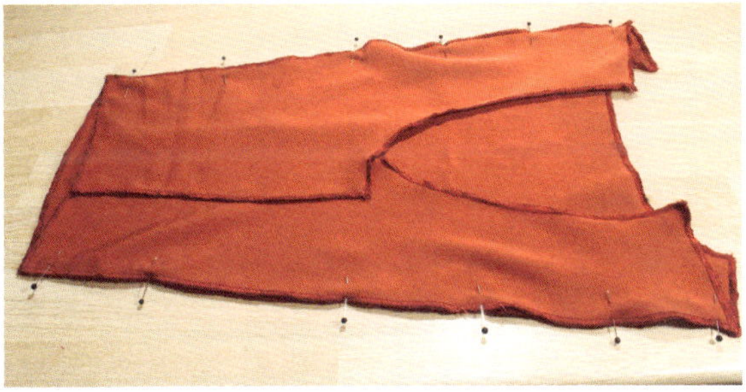

3. Répétez l'opération en assemblant endroit contre endroit le *dos* et les *côtés dos*.

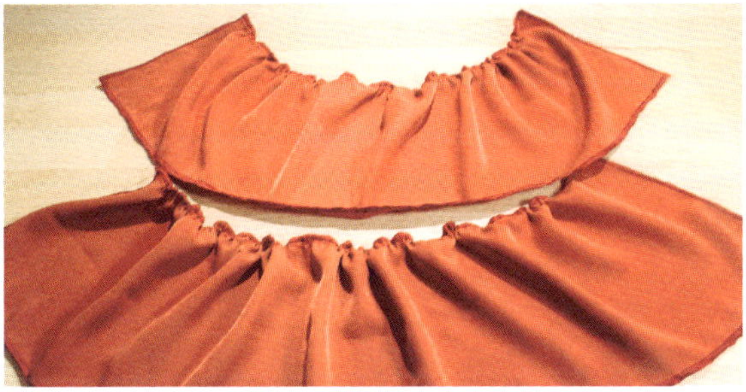

4. Passez un fil de fronces sur les *grands volants*.

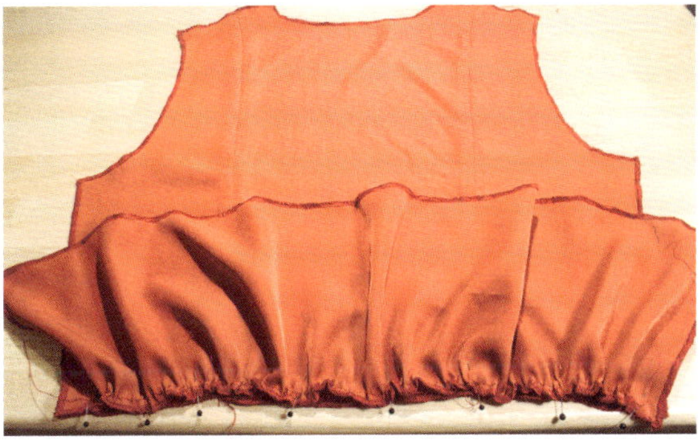

5. Froncez les *grands volants* et assemblez-les endroit contre endroit avec le *devant* et avec le *dos*. Repassez coutures ouvertes.

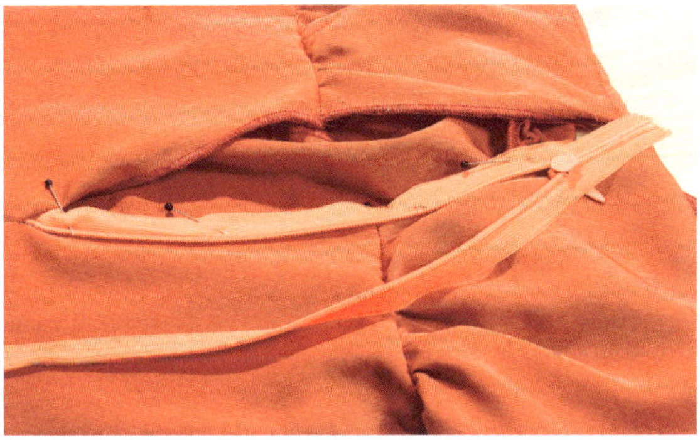

6. Montez le zip invisible au *côté gauche*.

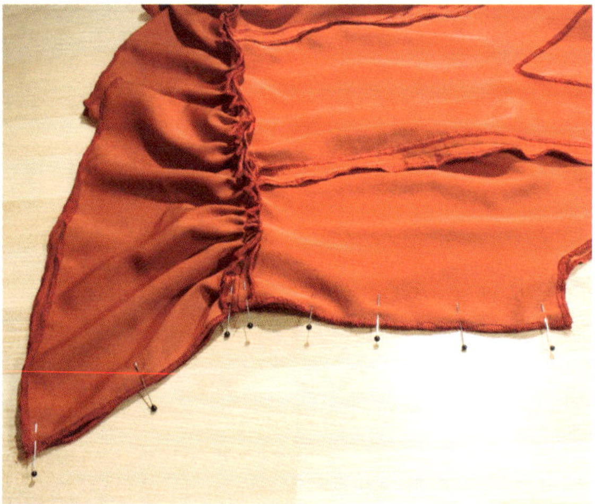

7. Assemblez endroit contre endroit les *côtés* du top. Repassez coutures ouvertes.

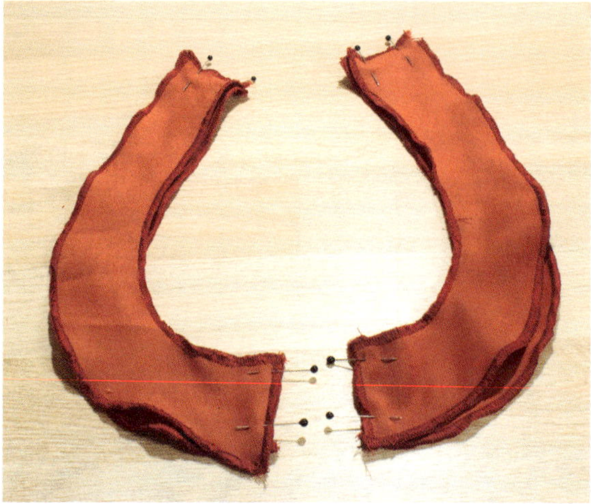

8. Assemblez endroit contre endroit les *enformes emmanchure dos* et *enformes emmanchure devant*. Repassez coutures ouvertes.

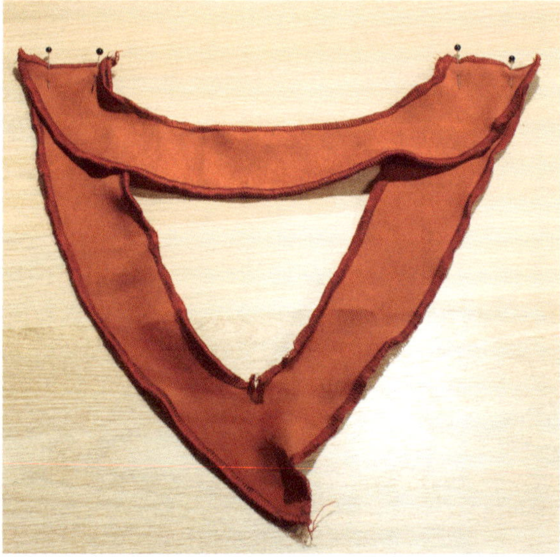

9. Assemblez endroit contre endroit l'*enforme encolure dos* et l'*enforme encolure devant*. Repassez coutures ouvertes.

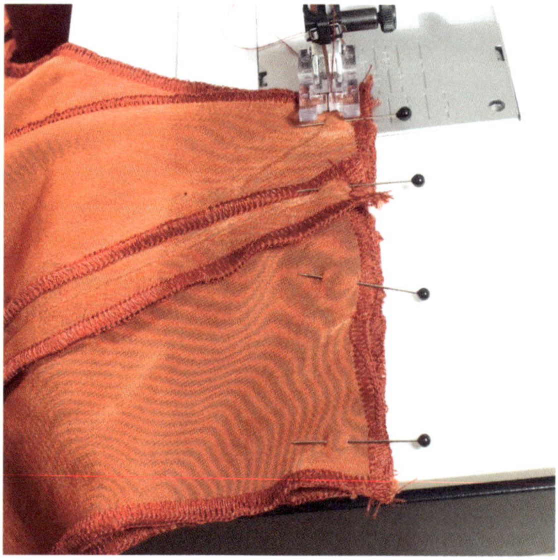

10. Assemblez endroit contre endroit les *épaules*. Repassez coutures ouvertes.

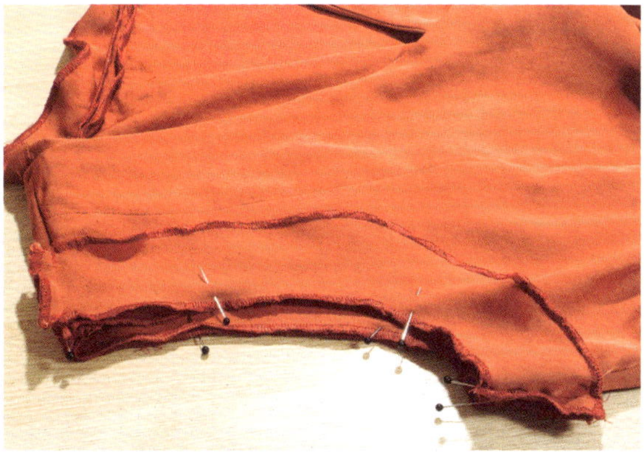

11. Assemblez endroit contre endroit les *enformes emmanchures* avec le top. Retournez les enformes à l'intérieur du top et effectuez une surpiqûre nervure si nécessaire pour les maintenir en place.

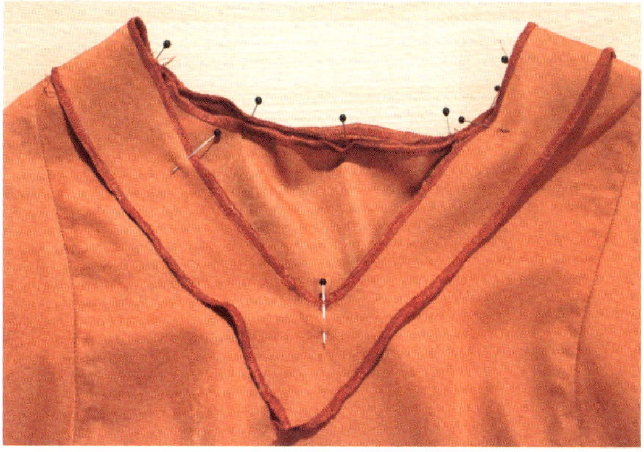

12. Assemblez endroit contre endroit l'*enforme encolure* avec le top. Retournez l'*enforme* à l'intérieur du top et effectuez une surpiqûre nervure si nécessaire pour la maintenir en place.

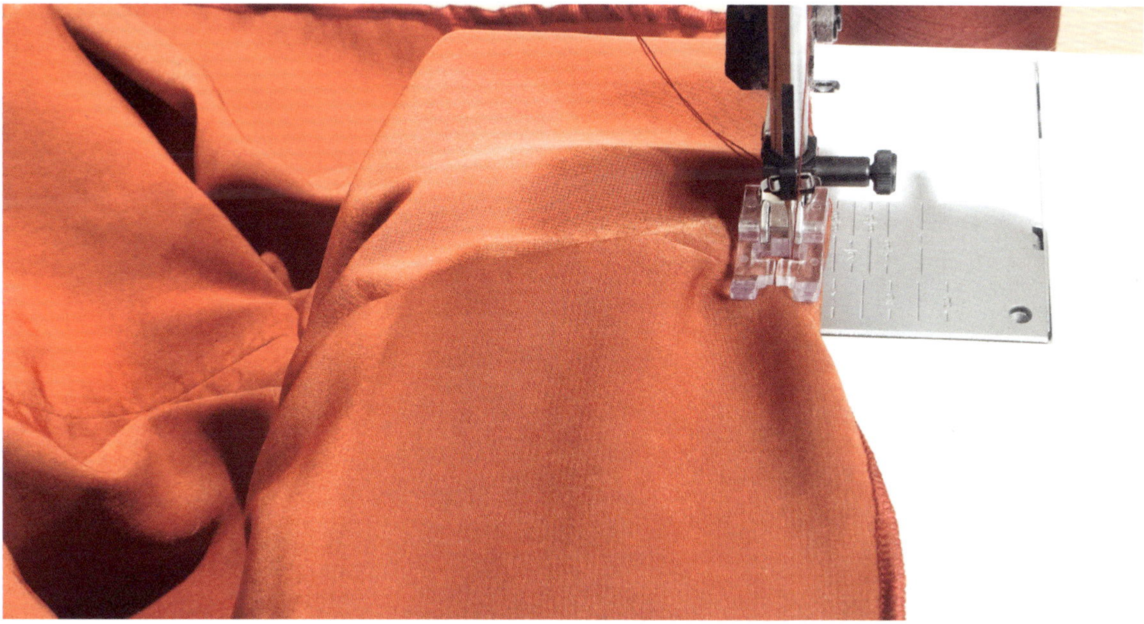

13. Marquez l'ourlet de 3 cm au fer et surpiquez-le.
Bravo, votre top volanté à découpes verticales est terminé !

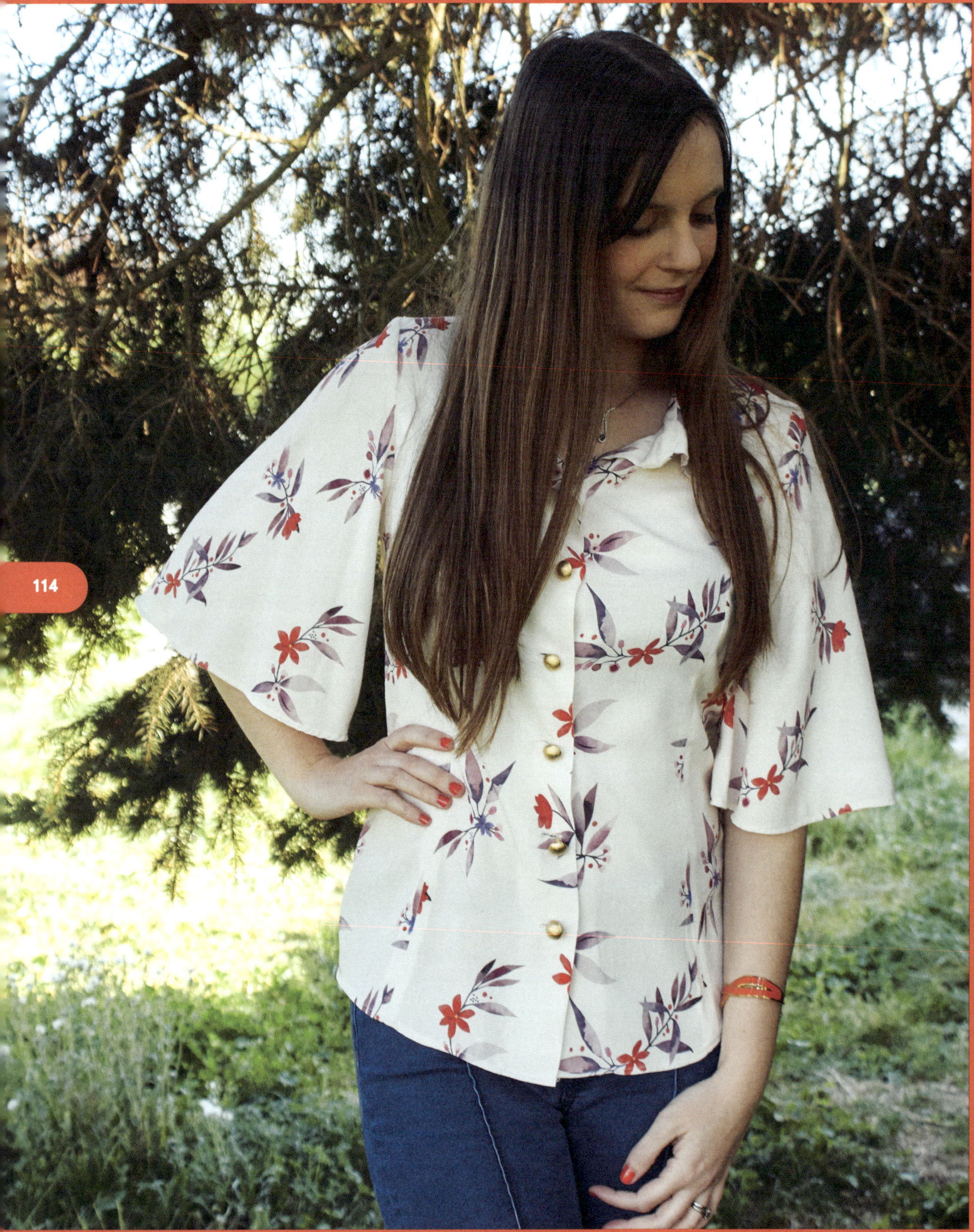

Le chemisier à découpes princesse

Pour cette quatrième réalisation, vous allez apprendre à tracer un haut de type chemisier. La découpe princesse est également très utilisée sur des robes ou des manteaux féminins. Vous pourrez agrémenter cette pièce des manches de votre choix et du col de votre choix (*cf.* chapitre 6). Les matières idéales pour ce haut sont la popeline de coton, le lyocell, le jean fin ou la broderie anglaise. Ici, la chemise est cousue dans une viscose.

NIVEAUX DE DIFFICULTÉ

Patronage	☺
Couture	☺

Légende : ☺ facile, ☺☺ très facile

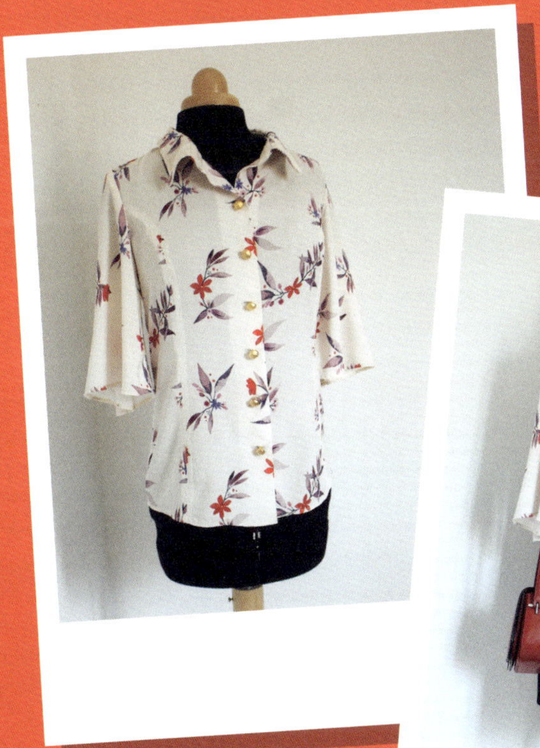

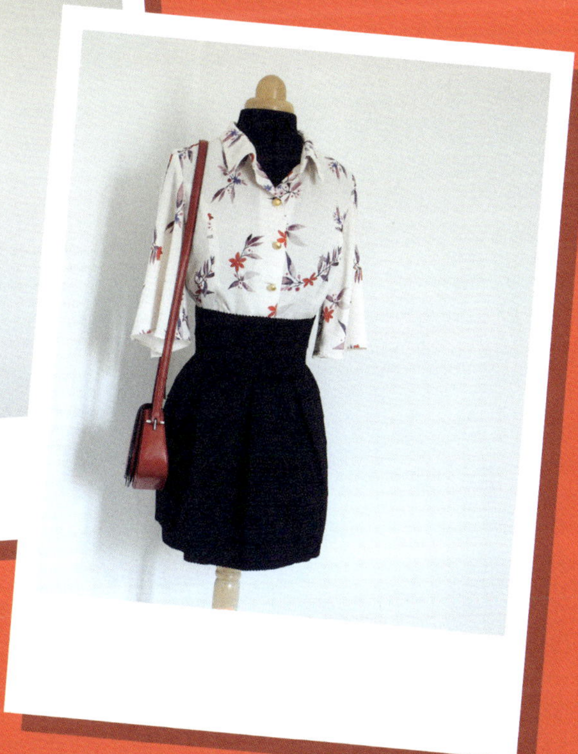

LA CONSTRUCTION ET LA TRANSFORMATION

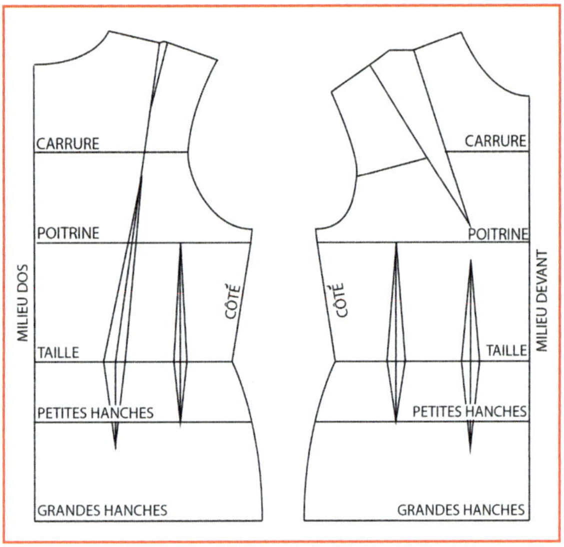

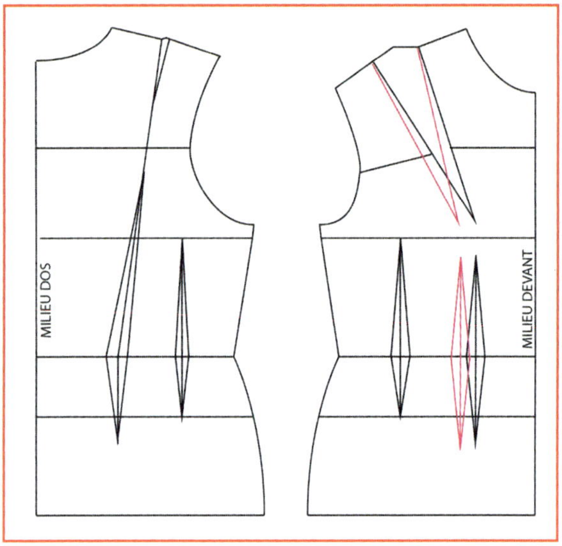

1. Prenez le rouleau de papier kraft et posez dessus les deux bases de corsage. Laissez une marge de 5 cm en dessous, 5 cm au-dessus et 5 cm sur les côtés. Relevez avec un feutre noir les contours des bases du *corsage devant* et du *corsage dos*, les *lignes de taille*, *petites hanches*, *grandes hanches*, *carrure* et *poitrine*, ainsi que les pointeaux des *pinces*.

2. Décalez la pointe de *pince d'épaule devant* de 2 cm vers le côté. Décalez également la totalité de la *pince* la plus proche du *milieu devant* de 2 cm vers le côté. Cela permet à la découpe princesse d'éviter de passer sur la pointe de sein.

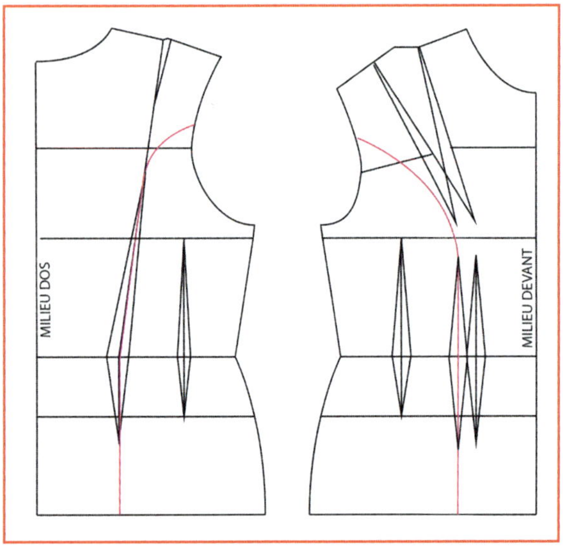

3. À l'aide du perroquet, tracez deux courbes harmonieuses, l'une partant de l'*emmanchure devant* et se terminant dans la *pince principale du devant*, et l'autre partant de l'*emmanchure dos* et se terminant dans la *pince principale du dos*. Évitez un bombé trop prononcé de vos courbes. Veillez à ce que la distance entre la *pointe d'épaule devant* et la *découpe devant* soit égale à la distance entre la *pointe d'épaule dos* et la *découpe dos*.

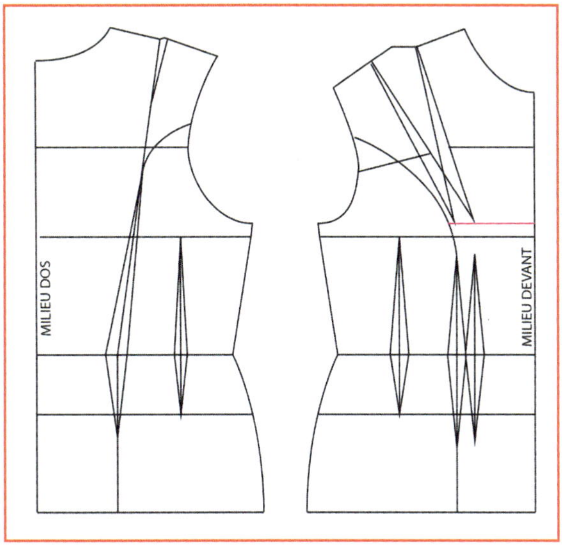

4. Tracez une perpendiculaire au *milieu devant* passant par la *pointe de pince d'épaule* jusqu'à la courbe précédemment tracée.

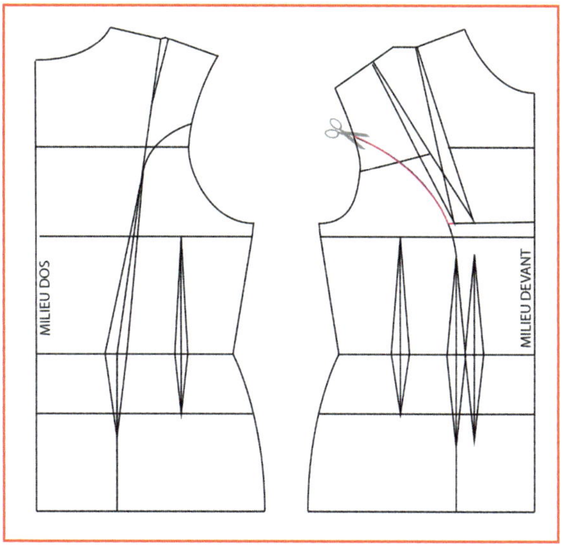

5. Fendez le haut de la courbe et le petit segment se situant entre la courbe et la *pointe de la pince d'épaule.*

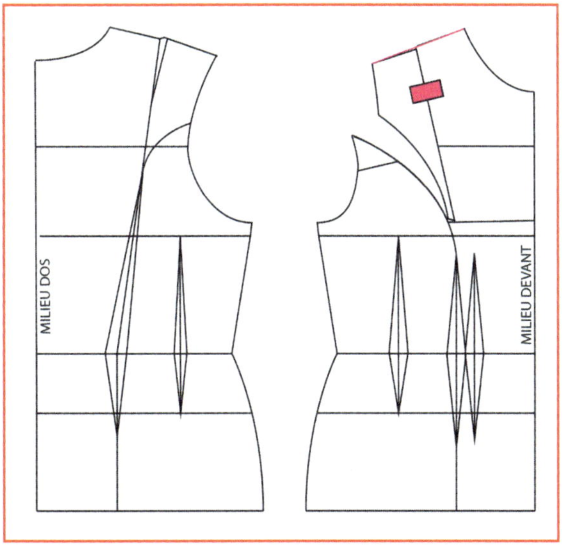

6. À l'aide de ruban adhésif, fermez la *pince d'épaule*, et retracez harmonieusement la *ligne d'épaule* si nécessaire.

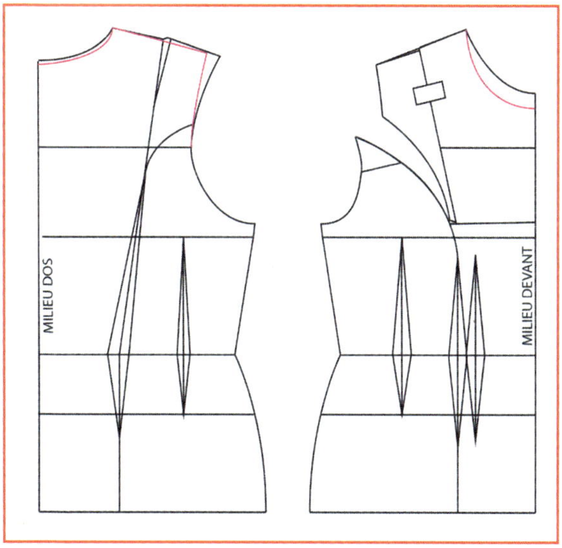

7. Au niveau du *milieu devant*, descendez l'encolure de 2 cm, puis au niveau du *milieu dos,* descendez l'encolure de 0,5 cm. Supprimez la *pince épaule dos*, en retraçant la mesure de sorte que de la *ligne d'épaule dos* soit égale à la mesure de la *ligne d'épaule devant*. Retracez les *encolures* en veillant à garder une platitude de 1 cm au niveau des milieux.

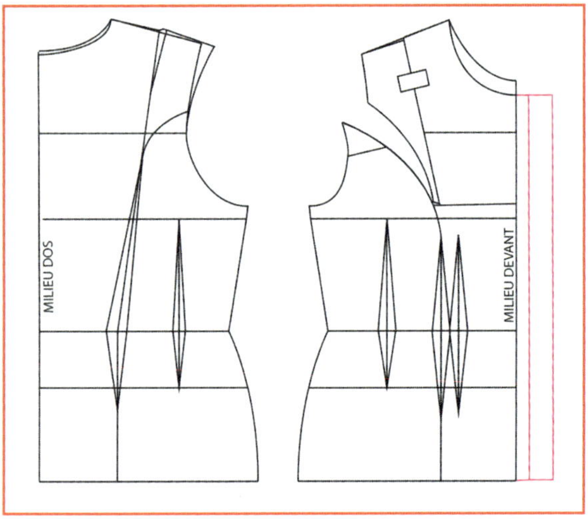

8. Tracez la croisure. Pour rappel, la croisure se trace en deux étapes. Elle est parallèle au *milieu devant* et en proportion avec la taille du bouton choisi. La croisure se détermine de la manière suivante :

a) calculez « **Y = X (le rayon du bouton) + 0,5 cm** » et tracez une première ligne parallèle au *milieu devant* à distance de Y cm ;

b) calculez « **Z = Y + 3 cm** » et tracez une seconde ligne parallèle à la précédente (Y) à distance de Z cm.

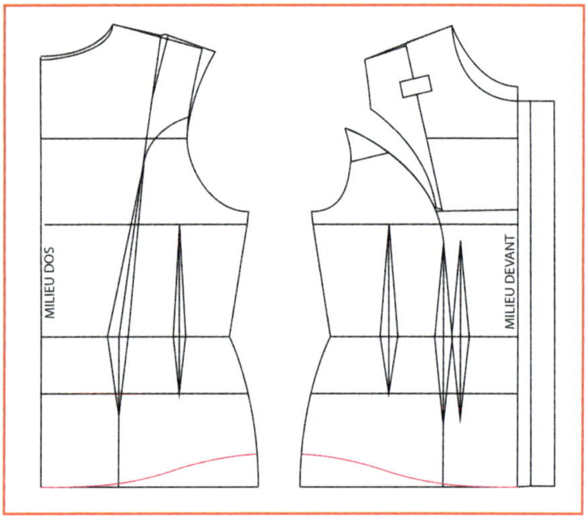

9. OPTIONNEL : vous pouvez donner une légère forme de S aplati au bas de vos pièces, comme le sont de nombreuses chemises féminines.

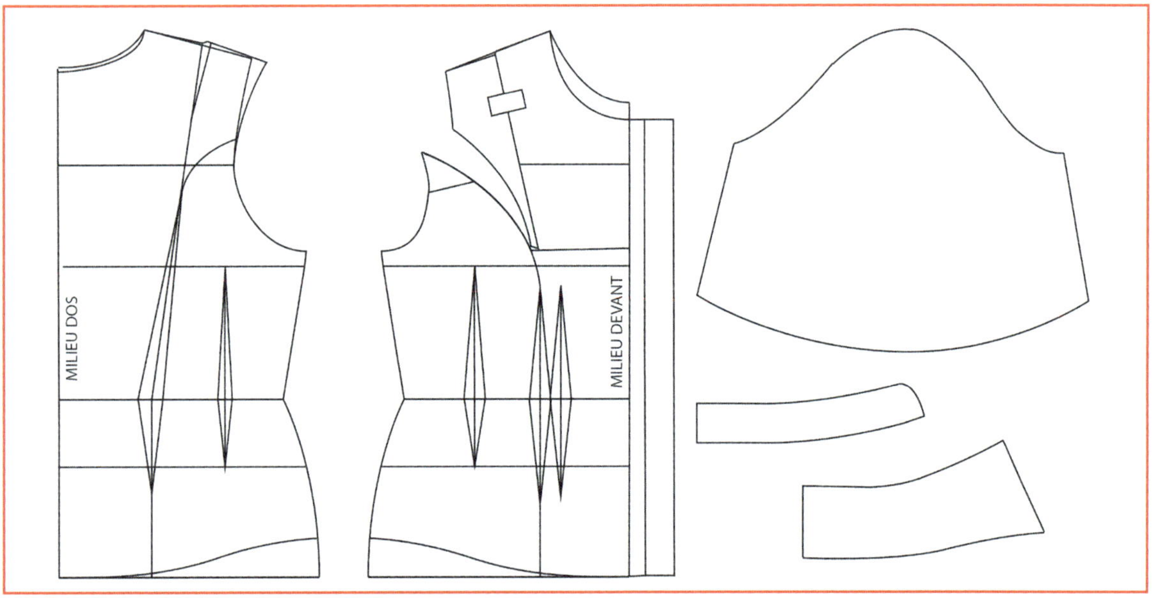

10. Reportez-vous au chapitre 6 pour choisir la manche et le col souhaités pour ce modèle. Ici sont illustrés la manche pagode au coude et le col chemise.

LE PATRON

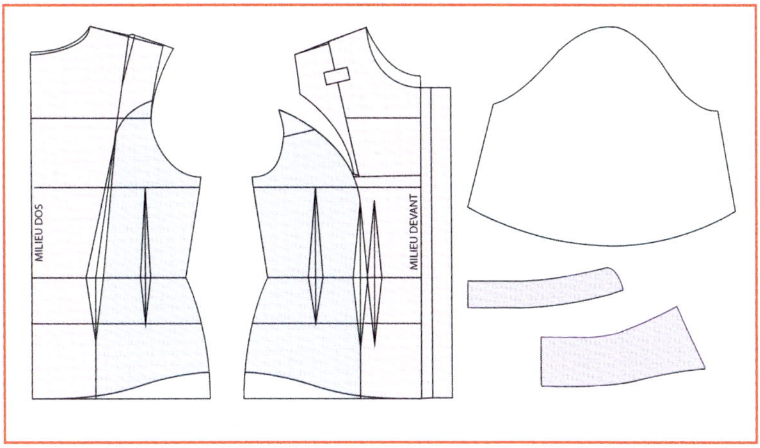

11. Déroulez à présent le papier kraft blanc par-dessus la construction. À l'aide d'un feutre noir, relevez (en les espaçant suffisamment) les quatre pièces principales qui constituent le top : le *devant*, le *côté devant*, le *dos* et le *côté dos*. Relevez en traits pleins les contours extérieurs, et en pointillé le *milieu devant*. Relevez également la manche choisie, ainsi que le col choisi.

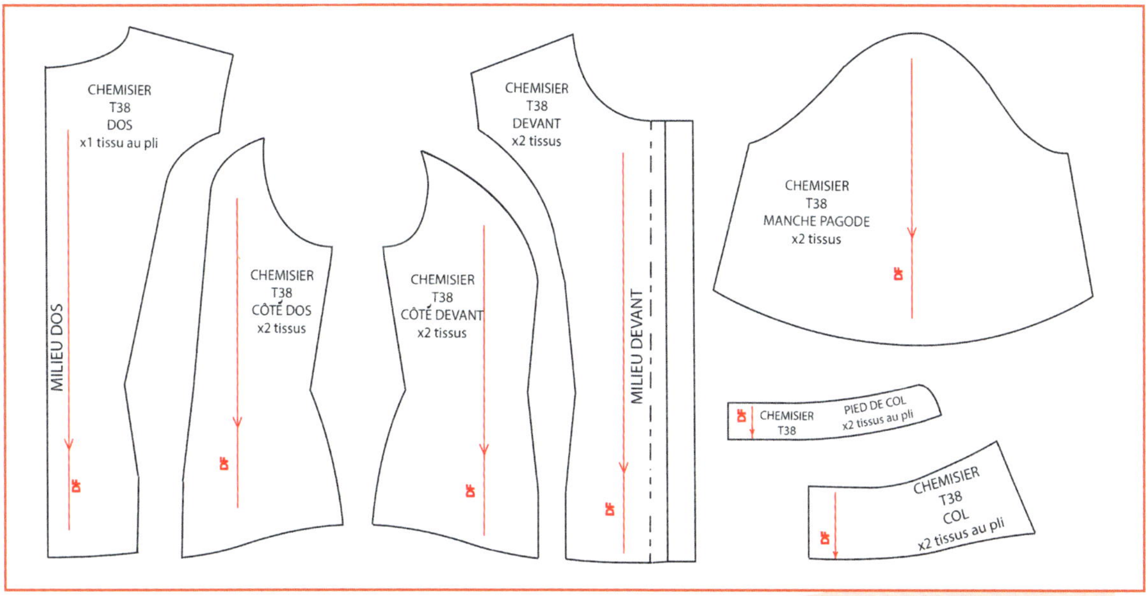

12. Tracez en rouge le droit-fil sur chaque pièce. Le droit-fil doit toujours être parallèle au *milieu devant* ou au *milieu dos*. Tracez-le suffisamment long pour vous aider lors du placement des pièces sur le tissu. Légendez les pièces de manière détaillée : type de modèle, taille, nom de la pièce, nombre de fois à couper.

Petite aide si vous n'êtes pas encore familiarisé avec le nombre de pièces à couper, pour ce modèle :

- le devant : × 2 tissus ;
- le côté devant : × 2 tissus ;
- le dos : × 1 tissu au pli ;
- le côté dos : × 2 tissus.

Suivant le choix :

- la manche : × 2 tissus
- le pied de col : × 2 tissus au pli
- le col : × 2 tissus au pli

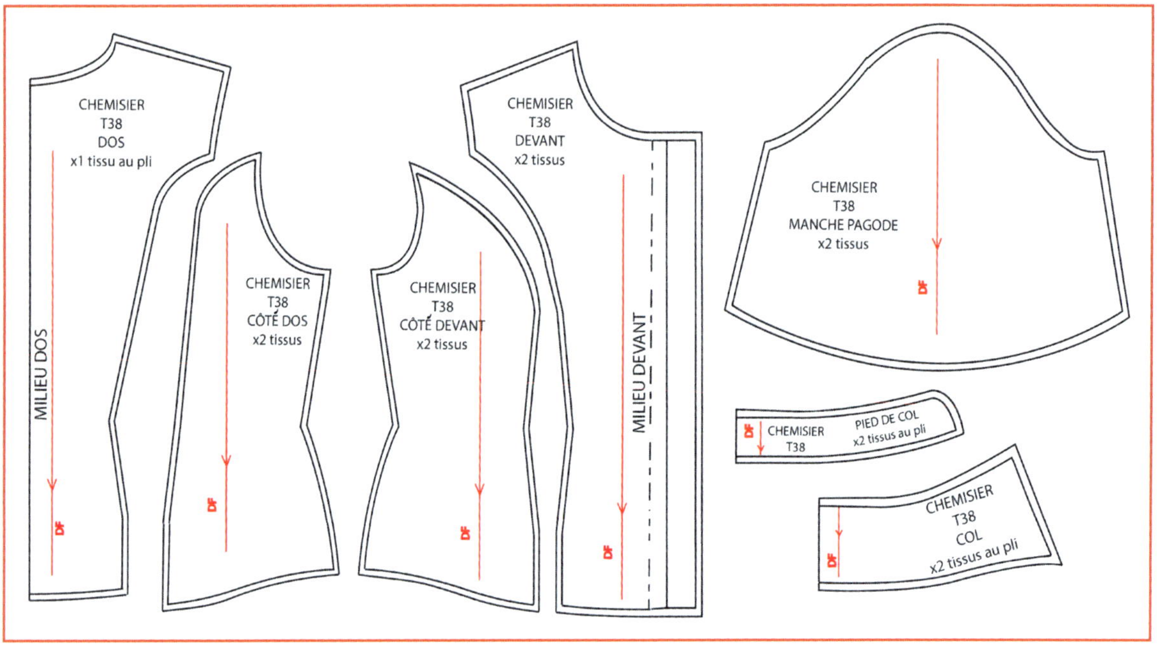

13. Ajoutez les valeurs de couture grâce à l'équerre graduée. Elles sont de 1 cm tout autour des pièces, sauf en bas du top où l'ourlet doit être de 3 cm si la pièce est droite, ou de 1 cm si la pièce est en S aplati. Ne mettez pas de valeur de couture au niveau du *milieu dos*, car la *pièce principale dos* ainsi que le *col* et le *pied de col* sont à couper au pli. Votre patron est prêt à être coupé. Choisissez un joli tissu, placez les pièces au pli ou à double en fonction de la légende, en veillant à ce que le droit-fil soit toujours parallèle à la lisière. Maintenant, vous êtes prêt à passer au montage !

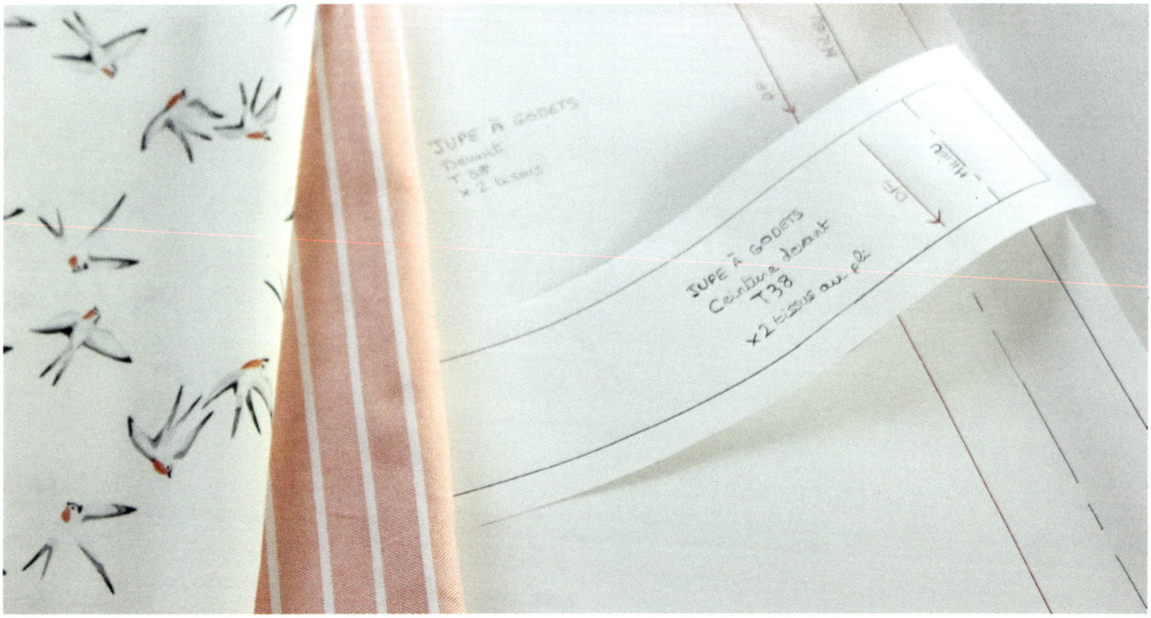

LA GAMME DE MONTAGE

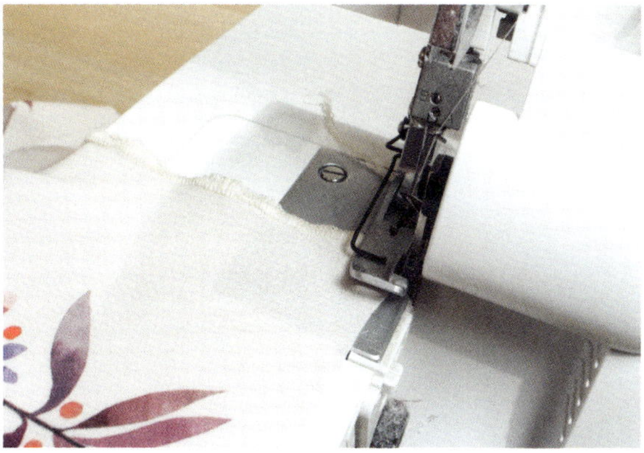

1. Surjetez l'ensemble des pièces.

OPTIONNEL : thermocollez le *col* et le *pied de col* si nécessaire.

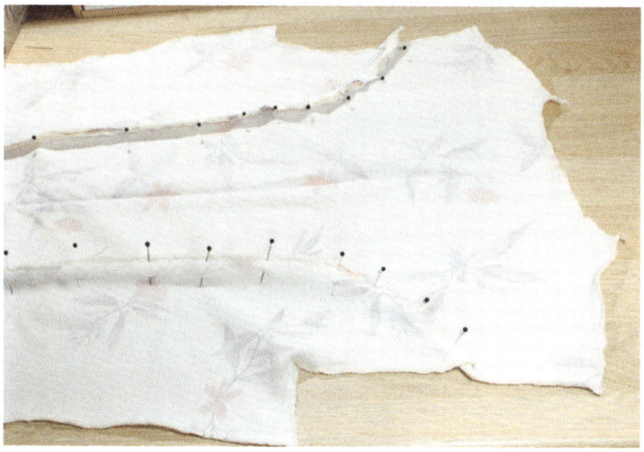

2. Assemblez endroit contre endroit le *dos* et les *côtés dos*. Repassez coutures couchées vers le côté.

INFO

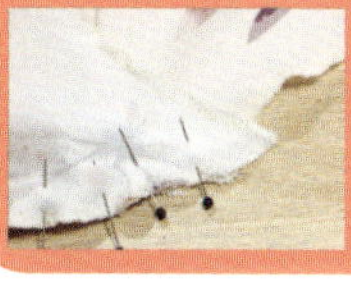

▶ **Attention à bien faire dépasser d'1 cm l'angle des *côtés dos* par rapport au *dos*.**

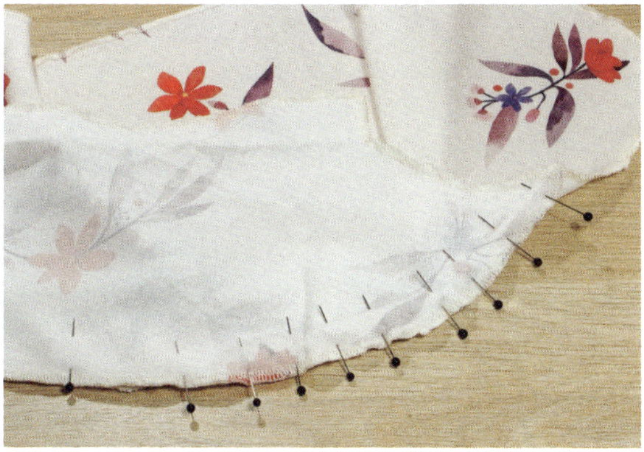

3. Assemblez endroit contre endroit le *devant* et les *côtés devant*. Repassez coutures couchées vers le côté.

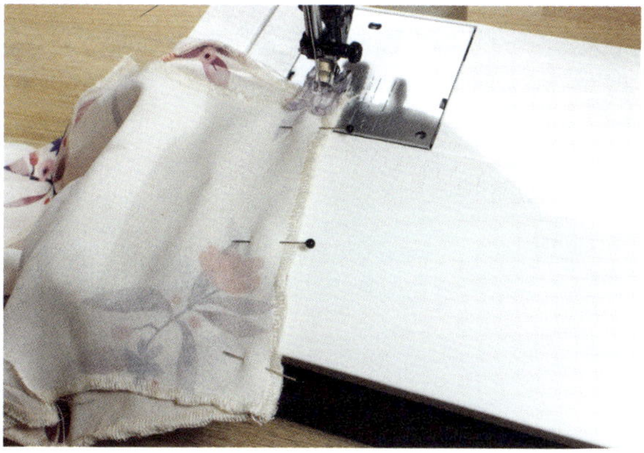

4. Assemblez endroit contre endroit le *devant* et le *dos* au niveau des épaules et des côtés. Repassez coutures ouvertes.

INFO

▶ **Faites bien correspondre les crans, car la courbe de la *pièce devant* est plus longue que la courbe de la *pièce côté devant* à cause du bec formé lors de la transformation. Il est important de répartir l'embu en tirant légèrement sur la *pièce côté devant* pour faire correspondre les crans.**

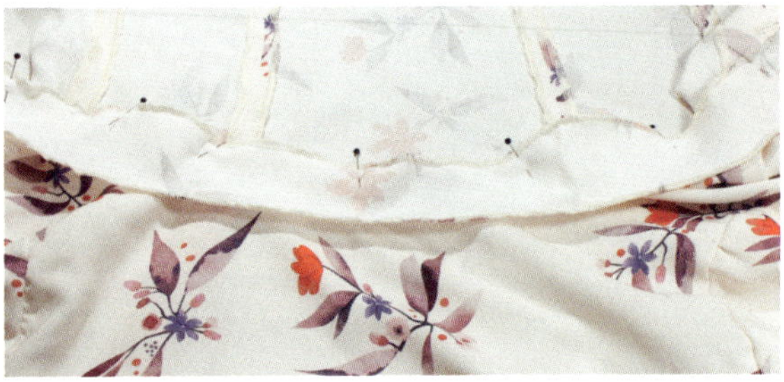

5. Montez le *pied de col* endroit contre endroit avec le chemisier en laissant 1 cm dépasser à chaque extrémité. Repassez coutures couchées vers le haut.

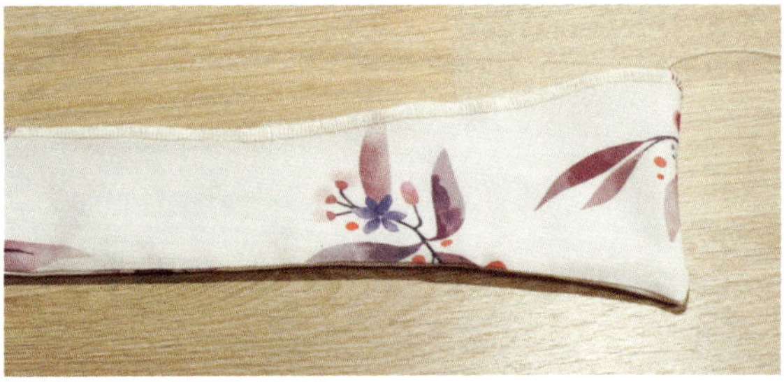

6. Piquez endroit contre endroit les *cols*. Dégarnissez les angles ou arrondis (en fonction du col choisi) et retournez le *col* sur l'endroit. Repassez le *col* pour l'aplatir et surpiquez-le si nécessaire.

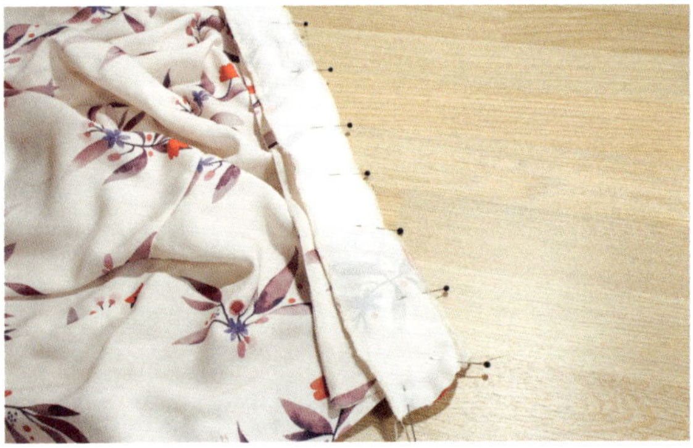

7. Assemblez le second *pied de col* au premier, endroit contre endroit, en insérant le *col* entre les deux *pieds de col* votre *col*. Dégarnissez les angles et retournez sur l'endroit.

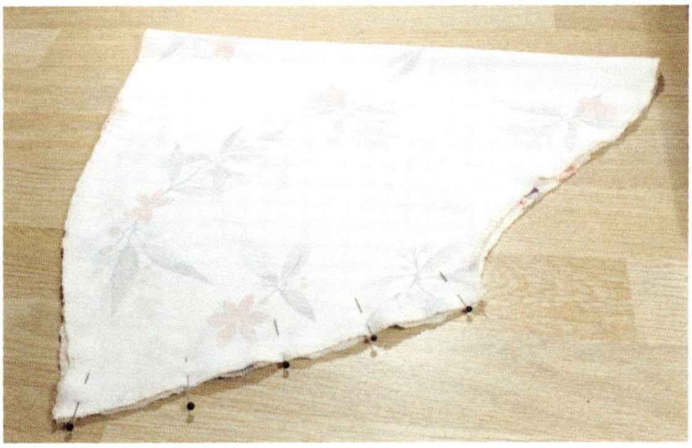

8. Assemblez la couture de *dessous de manche* endroit contre endroit. Repassez coutures ouvertes.

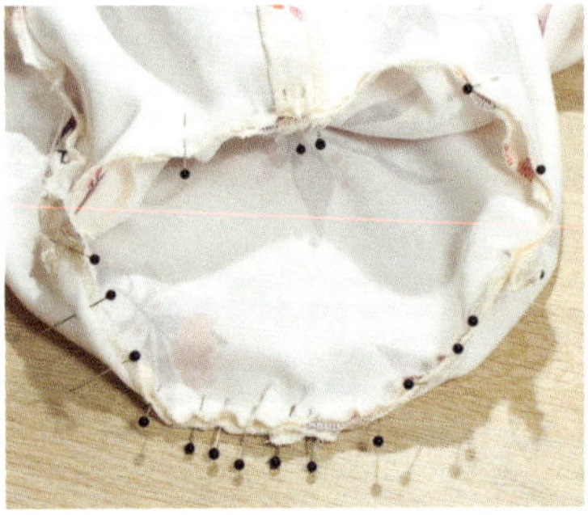

9. Montez la manche sur le chemisier (endroit contre endroit). Retournez la manche sur l'endroit. Repliez l'ourlet de manche et surpiquez-le.

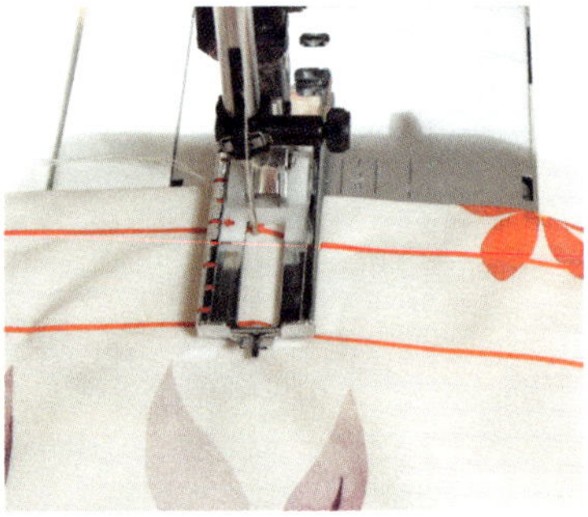

10. Pointez à l'aide d'un stylo effaçable ou à l'aide de bolduc l'emplacement des boutons, en les espaçant de 5 cm. Posez les boutons et exécutez les boutonnières.

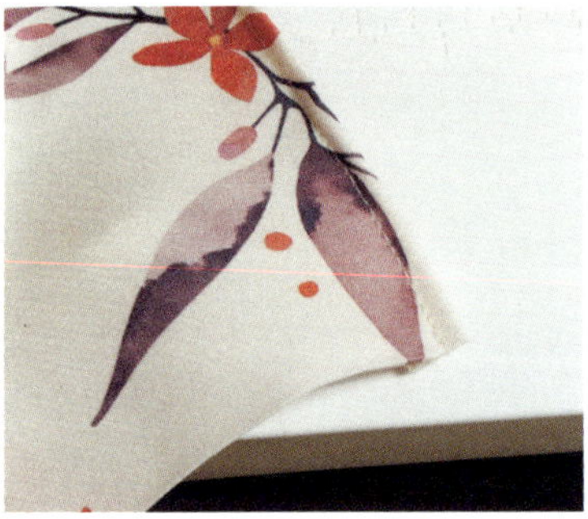

11. Repliez l'ourlet de 1 ou 3 cm en fonction de la forme du bas du chemisier et marquez-le au fer. Surpiquez-le.
Bravo, votre chemisier à découpes princesse est terminé !

POUR ALLER PLUS LOIN

Qui dit chemise dit… raccords !

En effet, nous associons très souvent la chemise à de jolies rayures plus ou moins espacées et régulières. Oui, mais encore faut-il savoir comment faire un raccord. Ne craignez pas de vous lancer, cela requiert un peu plus de tissu et de temps, mais le résultat sera digne d'une pièce haut de gamme. Voici la marche à suivre :

1/ Bien plier son tissu : en effet, vous devez vous assurer que les rayures du tissu plié en deux se superposent parfaitement. Il est conseillé d'épingler le tissu plié en deux pour que les rayures ne bougent plus pour les prochaines étapes.

2/ Poser correctement le patron sur le tissu : pour réussir cette opération, il est conseillé de d'abord tracer au crayon les rayures sur le patron, en veillant à faire coïncider les rayures sur les différentes pièces qui seront cousues ensemble. Pour vous aider, commencez les rayures par le bas en les traçant bien parallèles à l'ourlet (et donc perpendiculaires au droit-fil). Pour ce qui est des petites pièces, comme une poche plaquée ou un pied de col, vous pouvez suivre la même logique de raccord, mais cela devient plus périlleux car ce sont des petits détails difficiles à coudre. Modifiez plutôt le droit-fil et coupez les pièces dans l'autre sens.

3/ Épingler avec soin les pièces coupées : cette opération est cruciale, car si vous n'épinglez pas correctement les pièces, les rayures risqueront de glisser lors de l'assemblage. Mieux vaut mettre quelques épingles supplémentaires. Plus le tissu est souple ou glissant, plus vous devrez mettre d'épingles.

Avec l'expérience, les raccords vous sembleront de plus en plus faciles à faire.

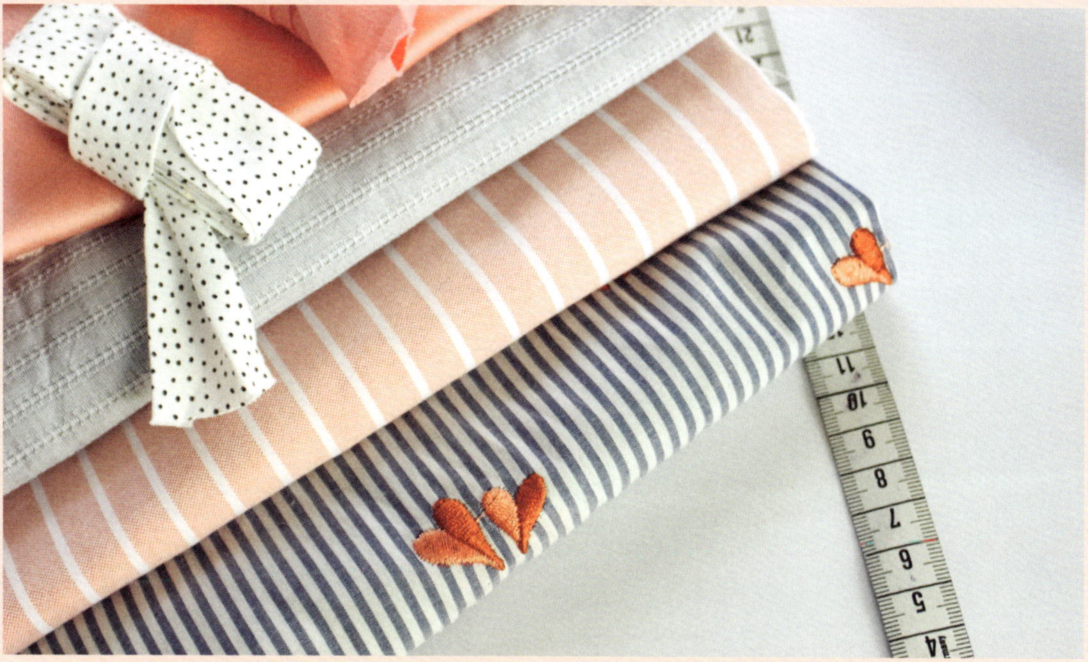

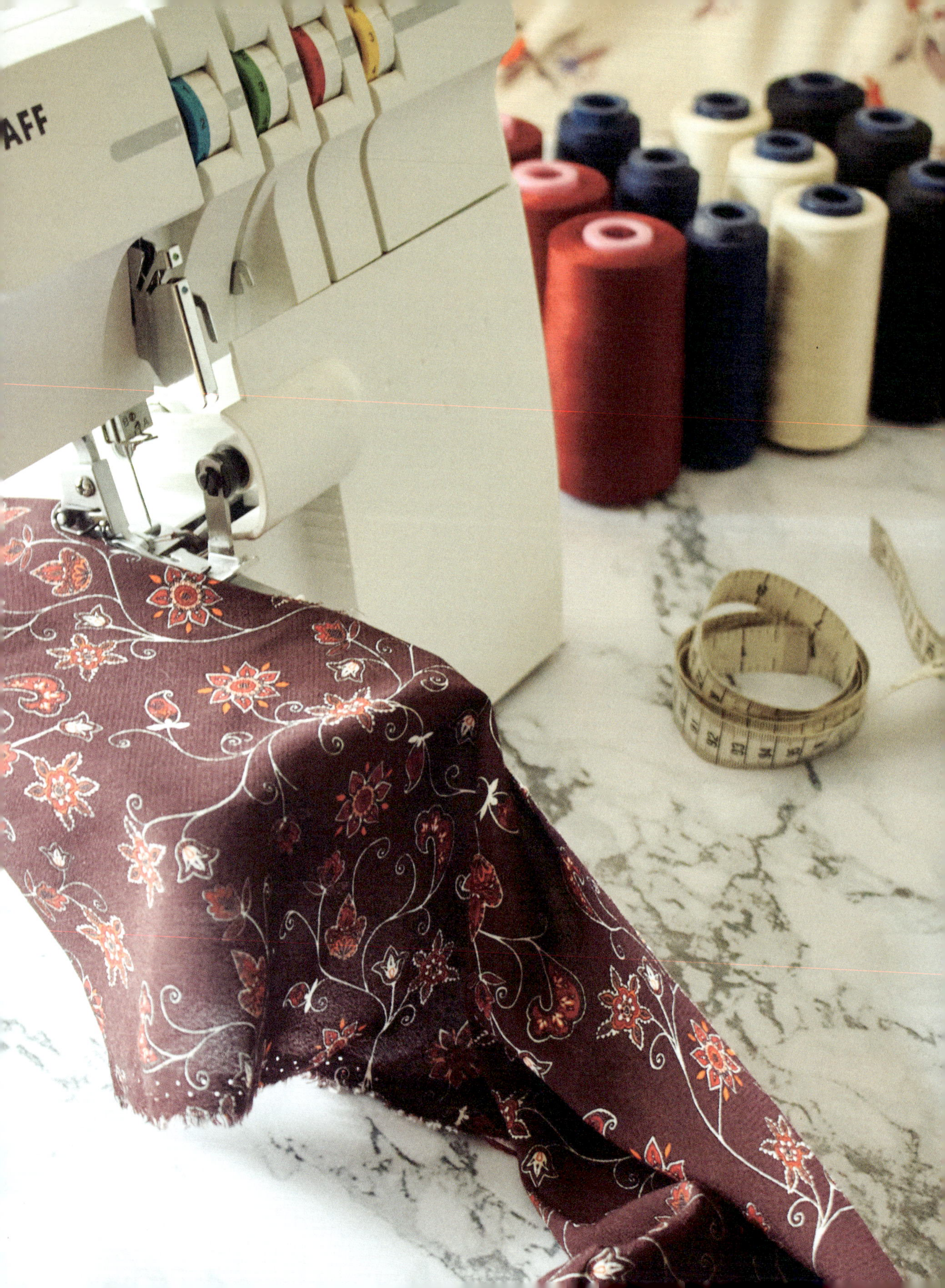

Chapitre 5

Les robes

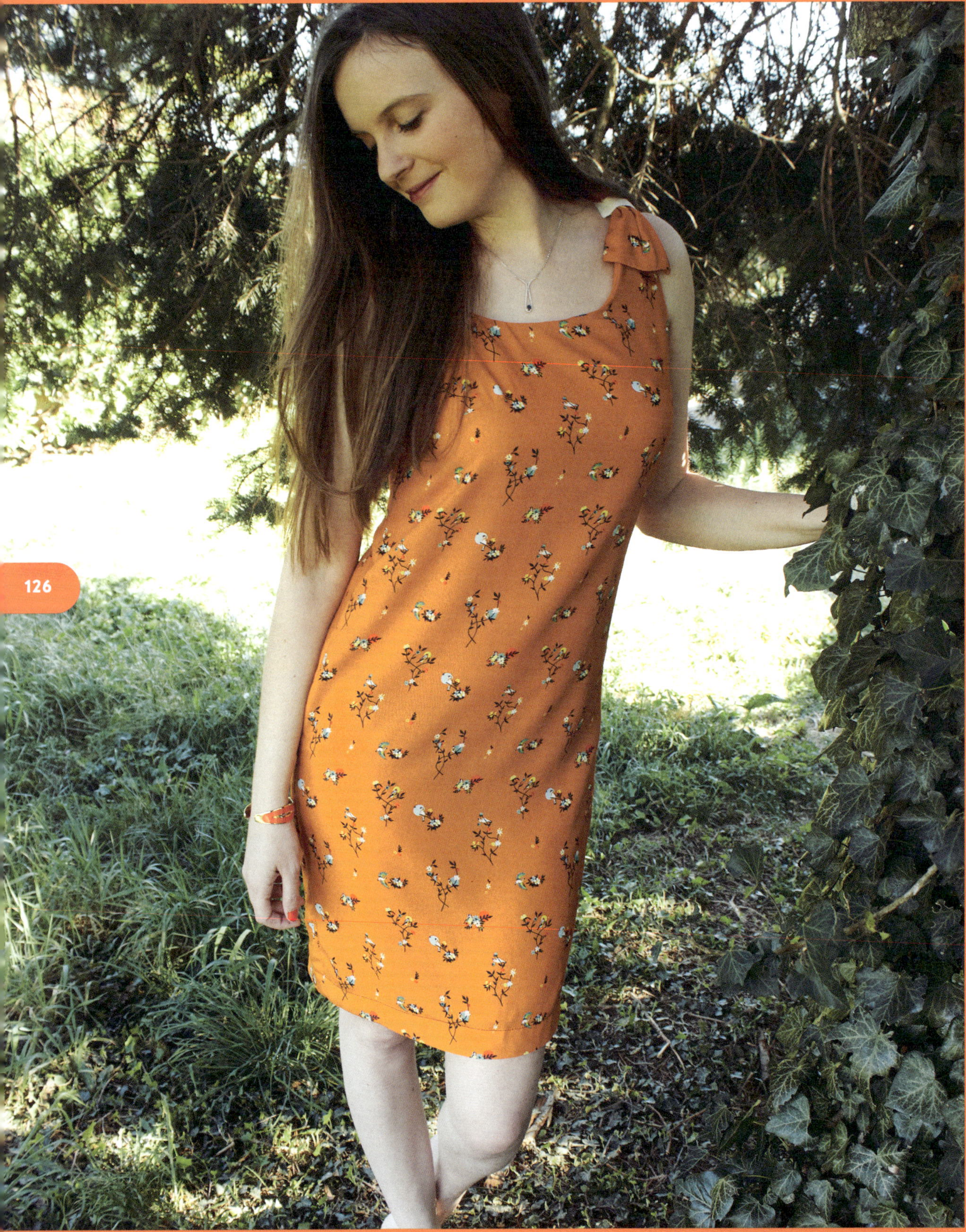

La robe droite simple

Pour cette première réalisation de robe, vous allez apprendre à tracer une robe casual adaptée à toutes les circonstances. Beaucoup de matières peuvent correspondre à ce modèle de robe : popeline de coton, lin, wax, jean fin, lyocell, crêpe de polyester, viscose, chambray, velours, suédine fine ou broderie anglaise (si vous doublez la robe). Ici, la robe est cousue dans une viscose.

NIVEAUX DE DIFFICULTÉ

Patronage	☺☺
Couture	☺☺

Légende : ☺ facile, ☺☺ très facile

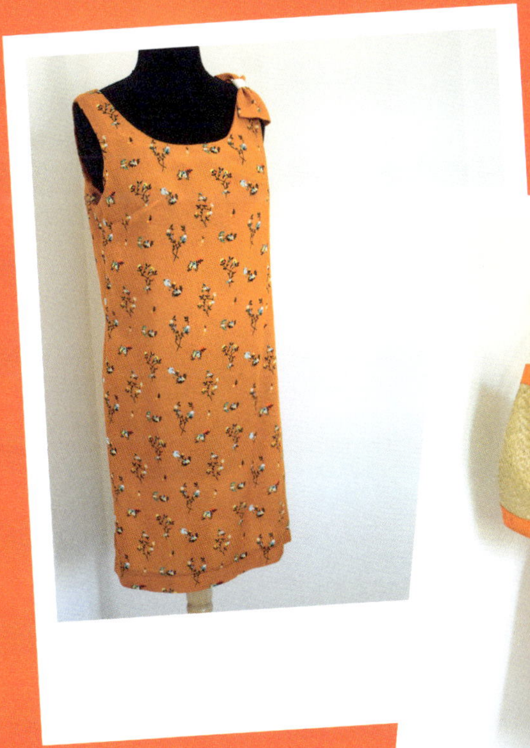

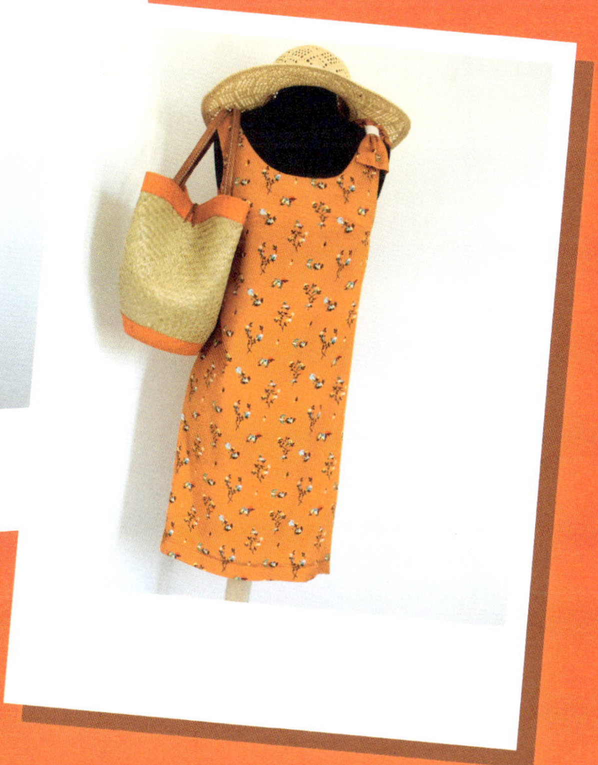

LA CONSTRUCTION ET LA TRANSFORMATION

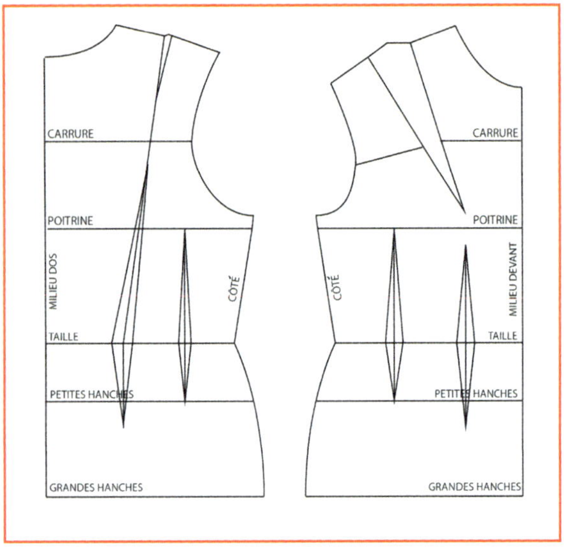

1. Prenez le rouleau de papier kraft et posez dessus les deux bases de corsage. Laissez une marge de 40 cm en dessous, 5 cm au-dessus et 5 cm sur les côtés. Relevez avec un feutre noir les contours des bases du *corsage devant* et du *corsage dos*, les *lignes de taille*, *petites hanches*, *grandes hanches*, *carrure* et *poitrine*, ainsi que le pointeau de la *pince d'épaule devant* uniquement.

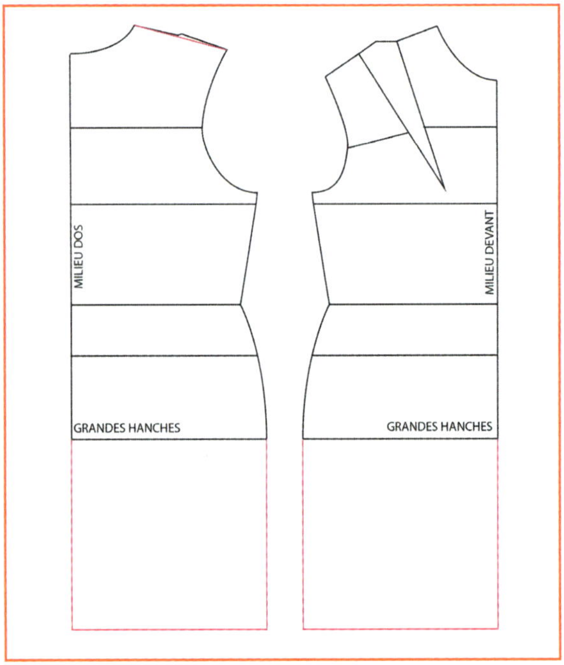

2. Rallongez la construction de 30 cm environ pour que la base de corsage devienne une robe aux genoux. Vous pourrez la raccourcir par la suite si vous estimez qu'elle est trop longue. Tracez uniquement la *pince* d'*épaule devant*. Retracez en ligne droite l'*épaule dos*.

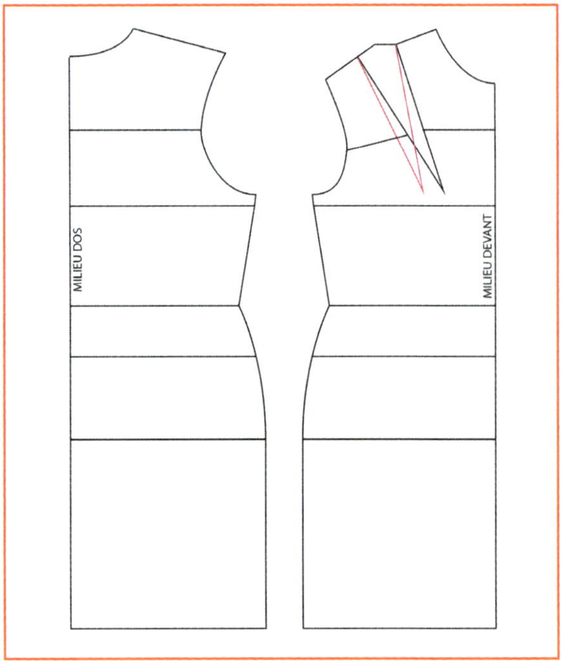

3. Décalez la pointe de la *pince d'épaule devant* de 3 cm sur le côté. Retracez la *pince*.

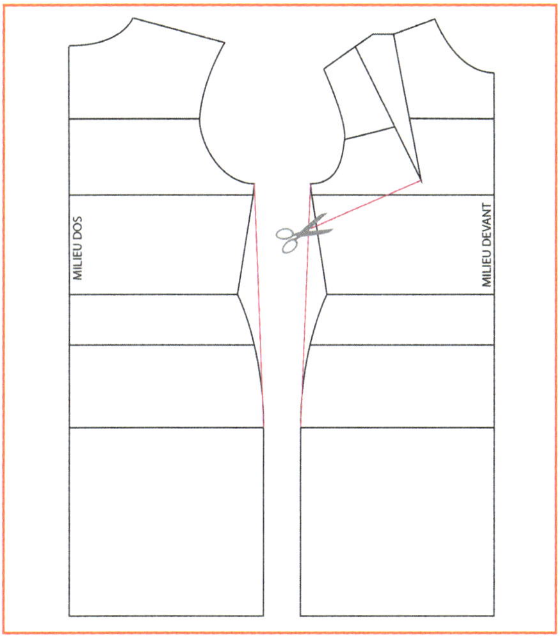

4. Au niveau des côtés, tracez une ligne droite partant de l'*emmanchure* et allant à l'extrémité des *grandes hanches*. Puis tracez une ligne oblique partant du *côté devant* et allant jusqu'à la pointe de la *pince d'épaule*. Fendez cette ligne du côté jusqu'à la pointe de la pince.

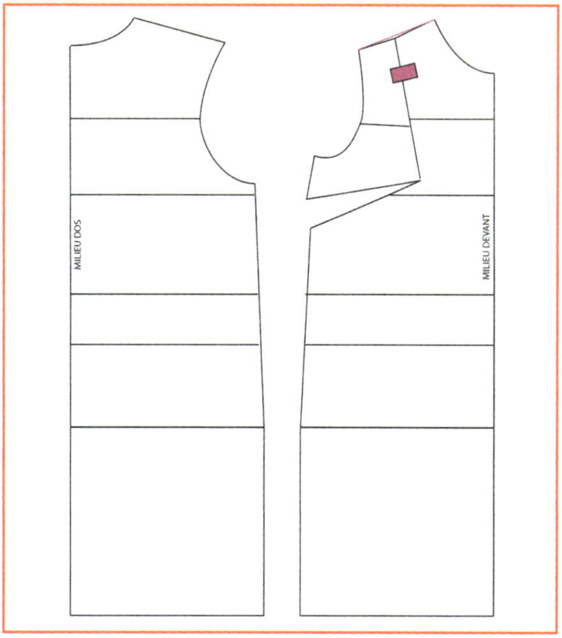

5. À l'aide de ruban adhésif, fermez la *pince d'épaule devant*. Retracez la *ligne d'épaule* si nécessaire.

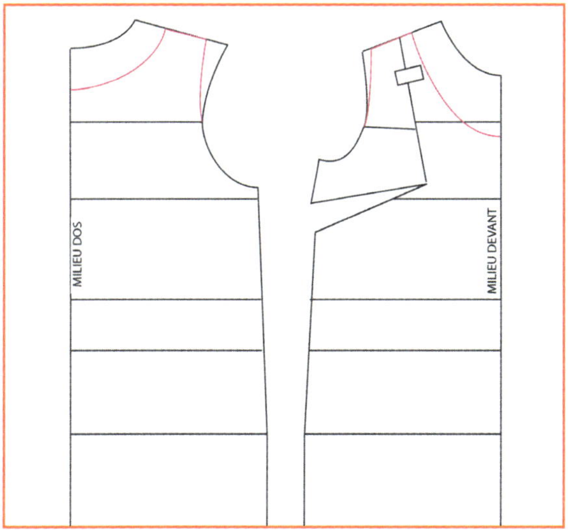

6. Choisissez la forme et la profondeur du décolleté voulu. Sur la *ligne d'épaule devant*, positionnez le nouveau départ de l'*encolure* à 4 cm de l'ancien et tracez un décolleté selon la forme désirée en veillant à le faire descendre sous la *ligne de carrure*. Si vous optez pour un décolleté rond, veillez à faire une platitude de 1 cm au niveau du *milieu devant*. Ici est illustré un décolleté rond descendant sous la *ligne de carrure*.

INFO

▶ **La robe ne s'ouvrant pas, la terminaison du décolleté sous la *ligne de carrure devant* est obligatoire pour avoir suffisamment d'aisance pour passer la tête.**

Sur la *ligne d'épaule devant*, positionnez le nouveau départ de l'*emmanchure* à 1,5 cm de l'ancien et retracez harmonieusement avec le perroquet l'*emmanchure devant*. Sur la *ligne d'épaule dos*, positionnez le nouveau départ de l'encolure à 4 cm de l'ancien et retracez l'*encolure* selon la forme désirée. Mesurez la nouvelle *ligne d'épaule devant* et utilisez cette mesure pour tracer la nouvelle *ligne d'épaule dos*.

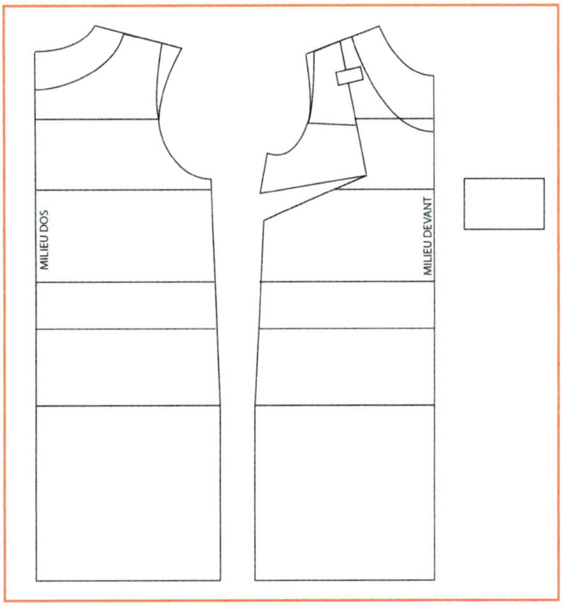

7. OPTIONNEL : tracez le rectangle du nœud.

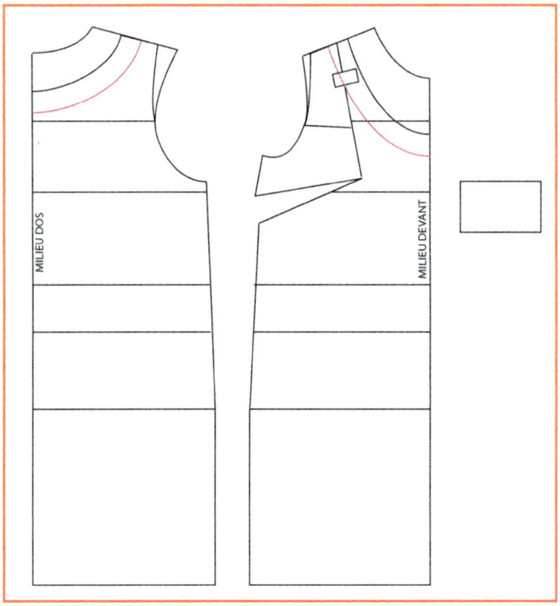

8. À l'intérieur de chaque construction, tracez des lignes parallèles à 3 cm de l'*encolure devant* et de l'*encolure dos*. Cela constitue les enformes de propreté.

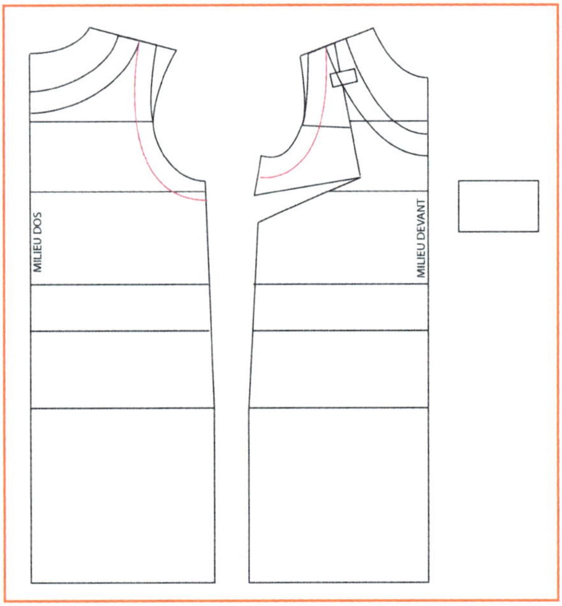

9. À l'intérieur de chaque construction, tracez des lignes parallèles à 3 cm de l'*emmanchure devant* et de l'*emmanchure dos*. Cela constitue les enformes de propreté.

LE PATRON

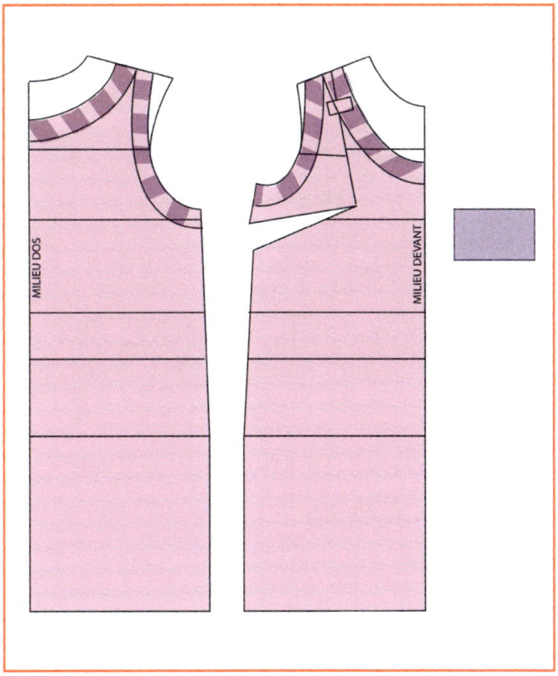

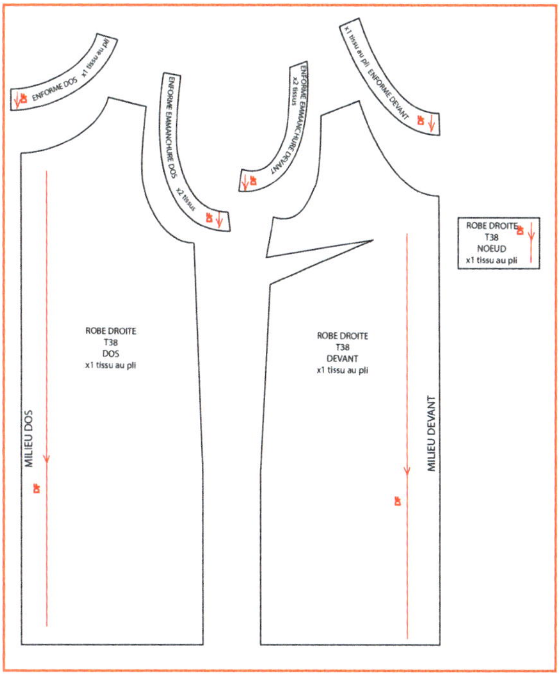

10. Déroulez à présent le papier kraft blanc par-dessus la construction. À l'aide d'un feutre noir, relevez (en les espaçant suffisamment) les six pièces principales qui constituent la robe, le *devant*, le *dos*, l'*enforme encolure devant*, l'*enforme encolure dos*, l'*enforme emmanchure devant*, l'*enforme emmanchure dos,* ainsi que la pièce optionnelle, le *nœud*. Relevez en traits pleins les contours extérieurs.

11. Tracez en rouge le droit-fil sur chaque pièce. Le droit-fil doit toujours être parallèle au *milieu devant* ou au *milieu dos*. Tracez-le suffisamment long pour vous aider lors du placement des pièces sur le tissu. Légendez les pièces de manière détaillée : type de modèle, taille, nom de la pièce, nombre de fois à couper.

Petite aide si vous n'êtes pas encore familiarisé avec le nombre de pièces à couper, pour ce modèle :

- le devant : × 1 tissu au pli ;
- le dos : × 1 tissu au pli ;
- l'enforme encolure devant : × 1 tissu au pli ;
- l'enforme encolure dos : × 1 tissu au pli ;
- l'enforme emmanchure devant : × 2 tissus ;
- l'enforme emmanchure dos : × 2 tissus ;
- OPTIONNEL : le nœud : x1 tissu au pli.

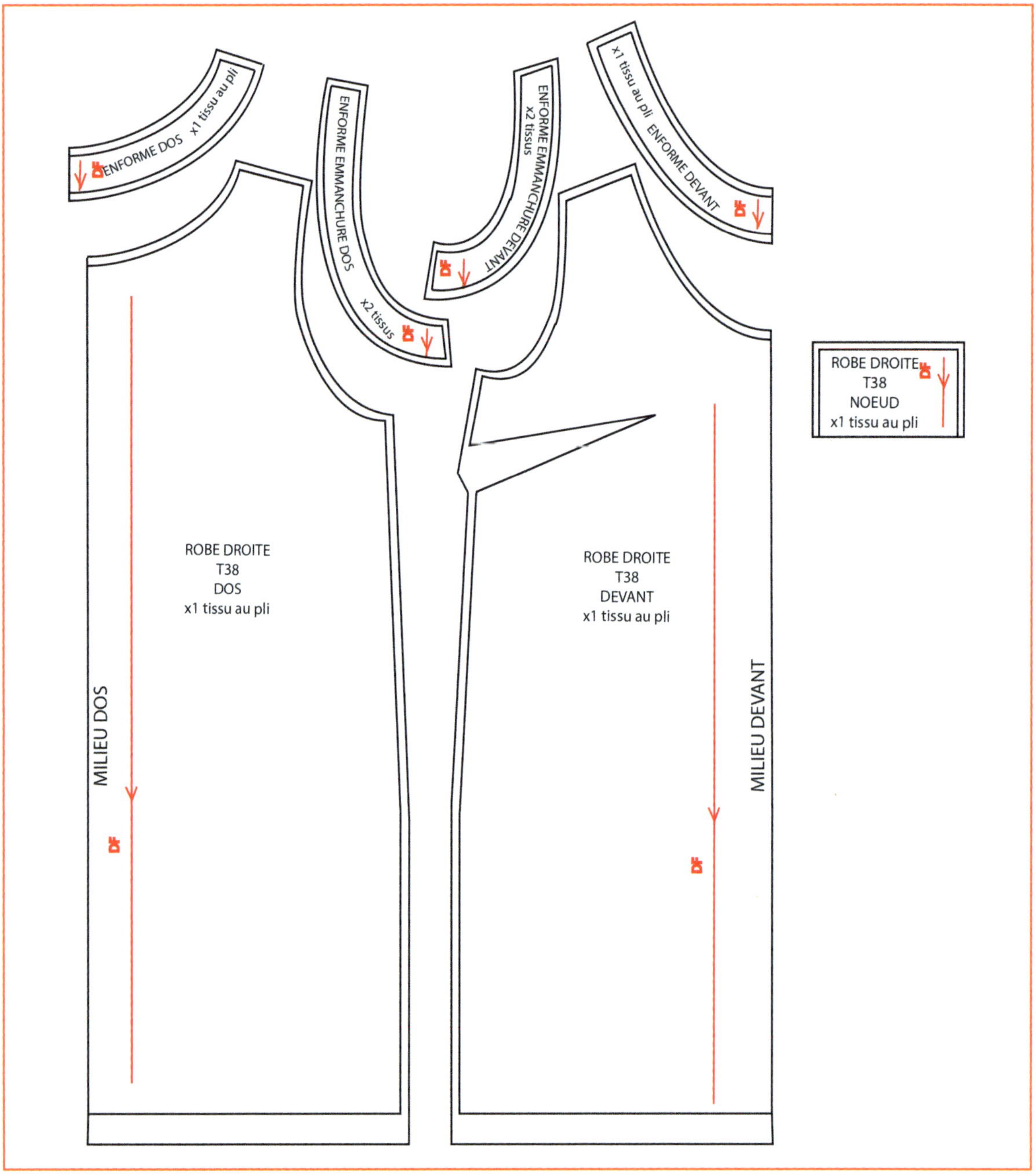

12. Ajoutez les valeurs de couture avec l'équerre graduée. Elles sont de 1 cm tout autour des pièces, sauf en bas de la robe où l'ourlet doit être de 3 cm. Ne mettez pas de valeur de couture au niveau du *milieu devant* et du *milieu dos* car les pièces principales devant et dos ainsi que les *enformes encolure devant* et *dos* sont à couper au pli.

Votre patron est prêt à être coupé. Choisissez un joli tissu, placez les pièces au pli ou à double en fonction de la légende, en veillant à ce que le droit-fil soit toujours parallèle à la lisière. Maintenant, vous êtes prêt à passer au montage !

LA GAMME DE MONTAGE

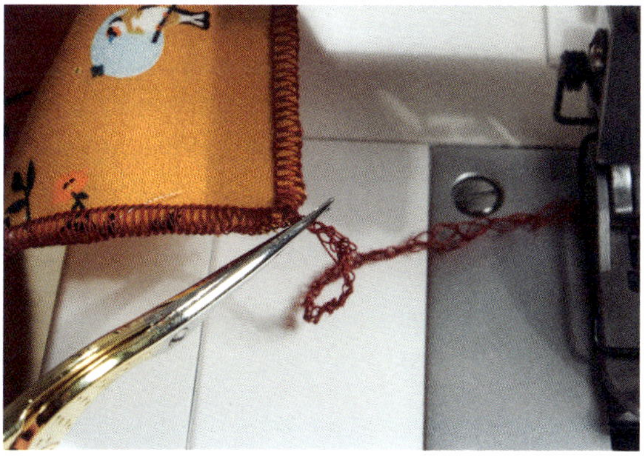

1. Surjetez l'ensemble des pièces.

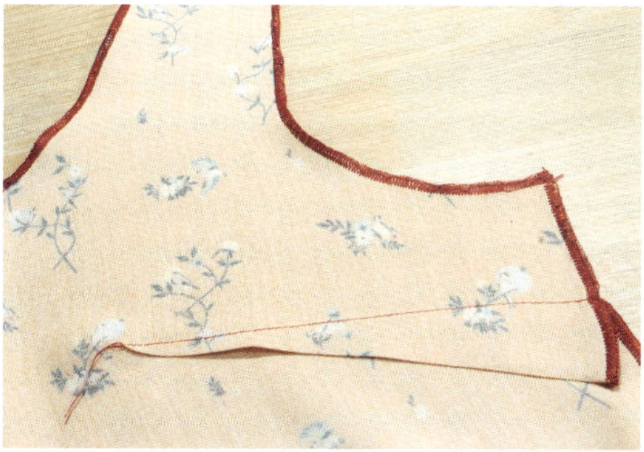

2. Piquez les *pinces devant*, endroit contre endroit, en commençant par des points d'arrêt solides au niveau de la base de la pince (la partie large de la pince) et en terminant la couture « en mourant », c'est-à-dire en rétrécissant la couture jusqu'à piquer dans le vide. Coupez les fils à 10 cm et faites deux nœuds à la main. Repassez les *pinces* couchées vers le bas.

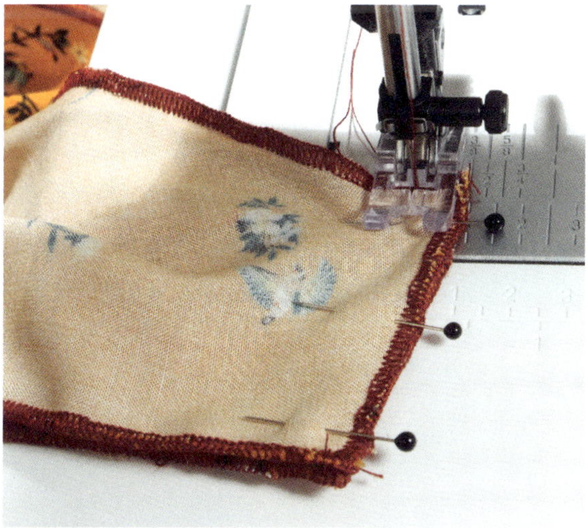

3. Assemblez endroit contre endroit le *dos* et le *devant* au niveau des épaules. Repassez coutures ouvertes.

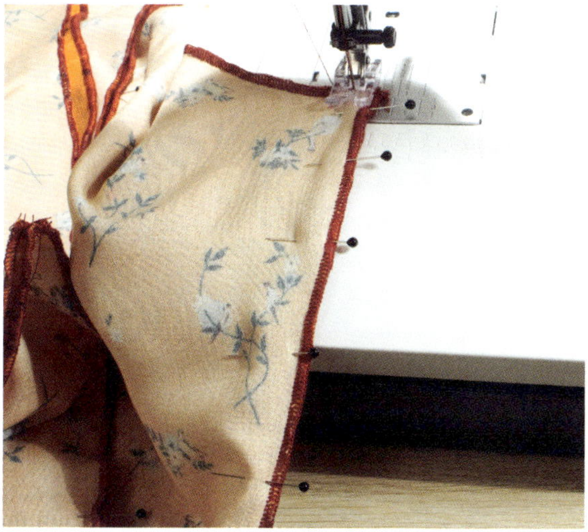

4. Assemblez endroit contre endroit le *dos* et le *devant* au niveau des côtés. Repassez coutures ouvertes.

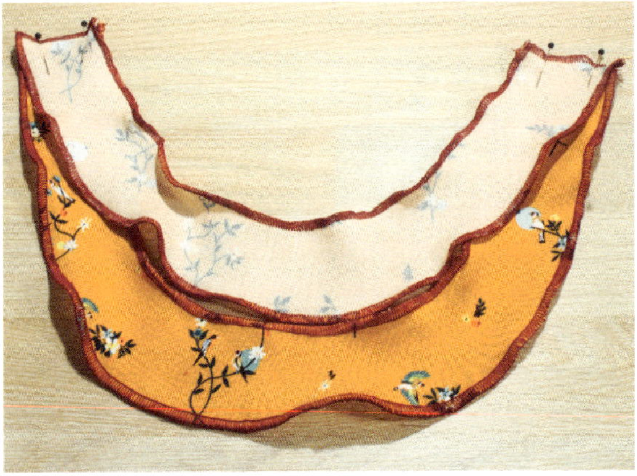

5. Assemblez endroit contre endroit l'*enforme encolure dos* et l'*enforme encolure devant* au niveau des épaules. Repassez coutures ouvertes.

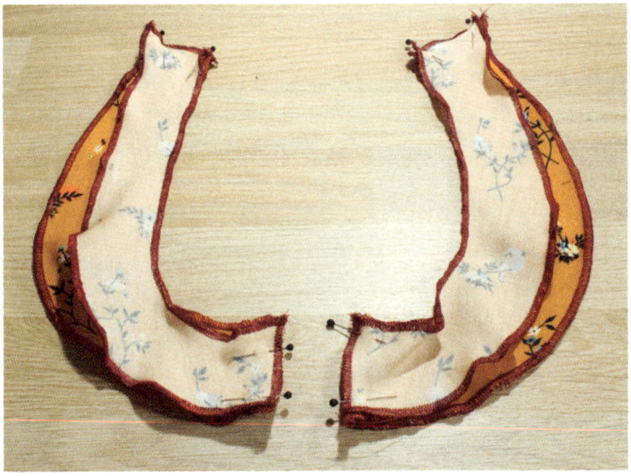

6. Assemblez endroit contre endroit l'*enforme emmanchure dos* et l'*enforme emmanchure devant* au niveau des épaules et des côtés. Repassez coutures ouvertes.

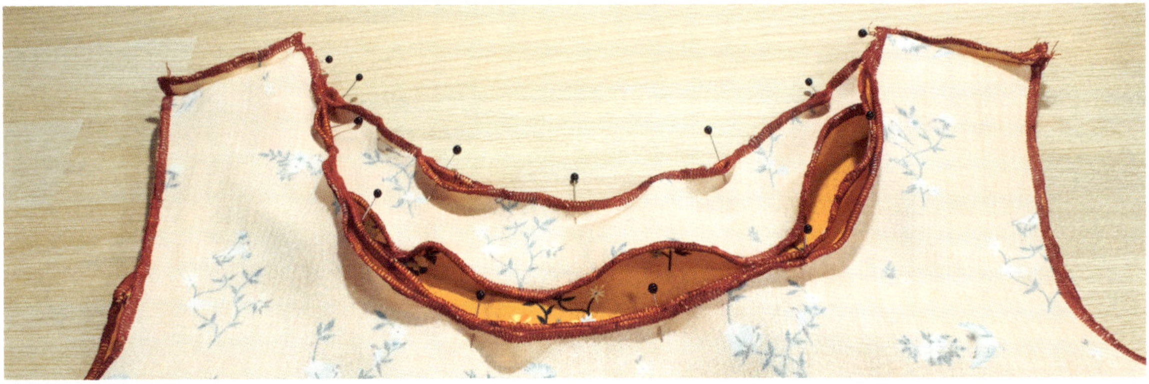

7. Assemblez endroit contre endroit l'*enforme encolure* à la robe. Retournez les *enformes* à l'intérieur et repassez pour les maintenir à leur place.

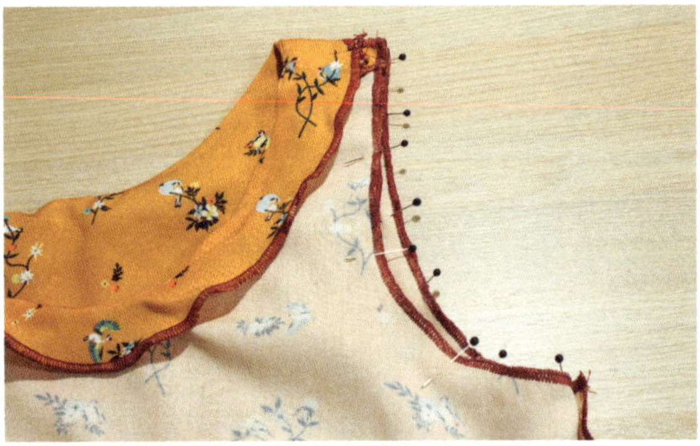

8. Assemblez endroit contre endroit les *enformes emmanchures* à la robe. Retournez les *enformes* à l'intérieur et repassez pour les maintenir à leur place.

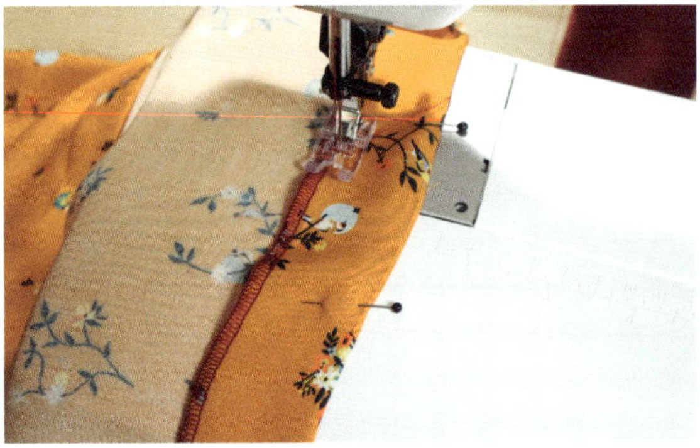

9. Marquez l'ourlet de 3 cm au fer et surpiquez-le.

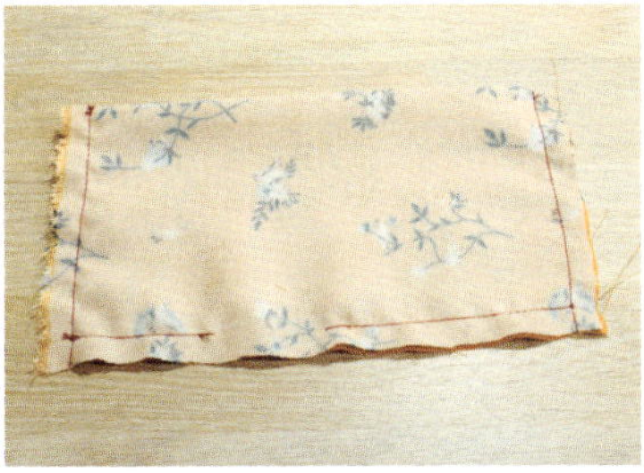

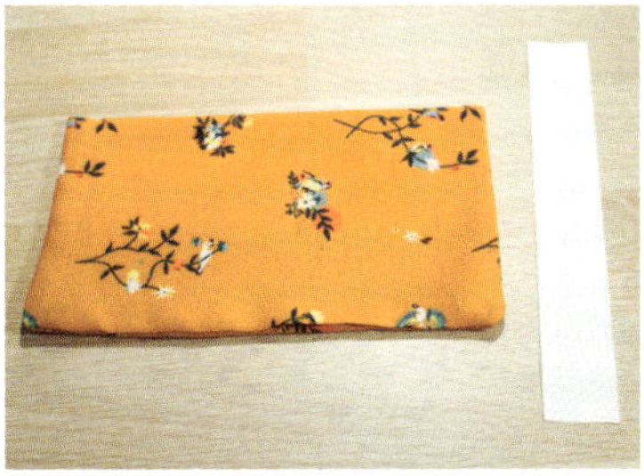

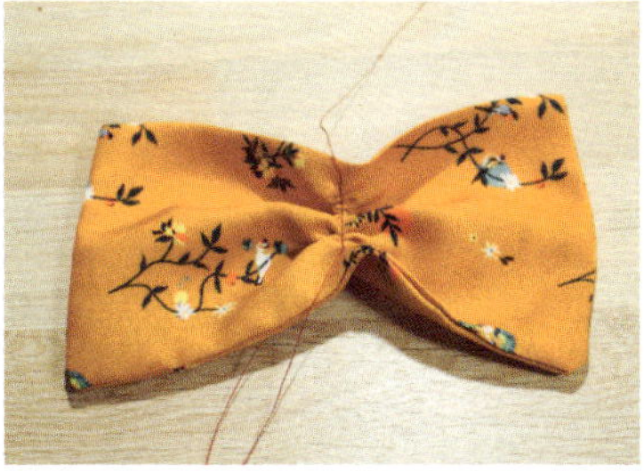

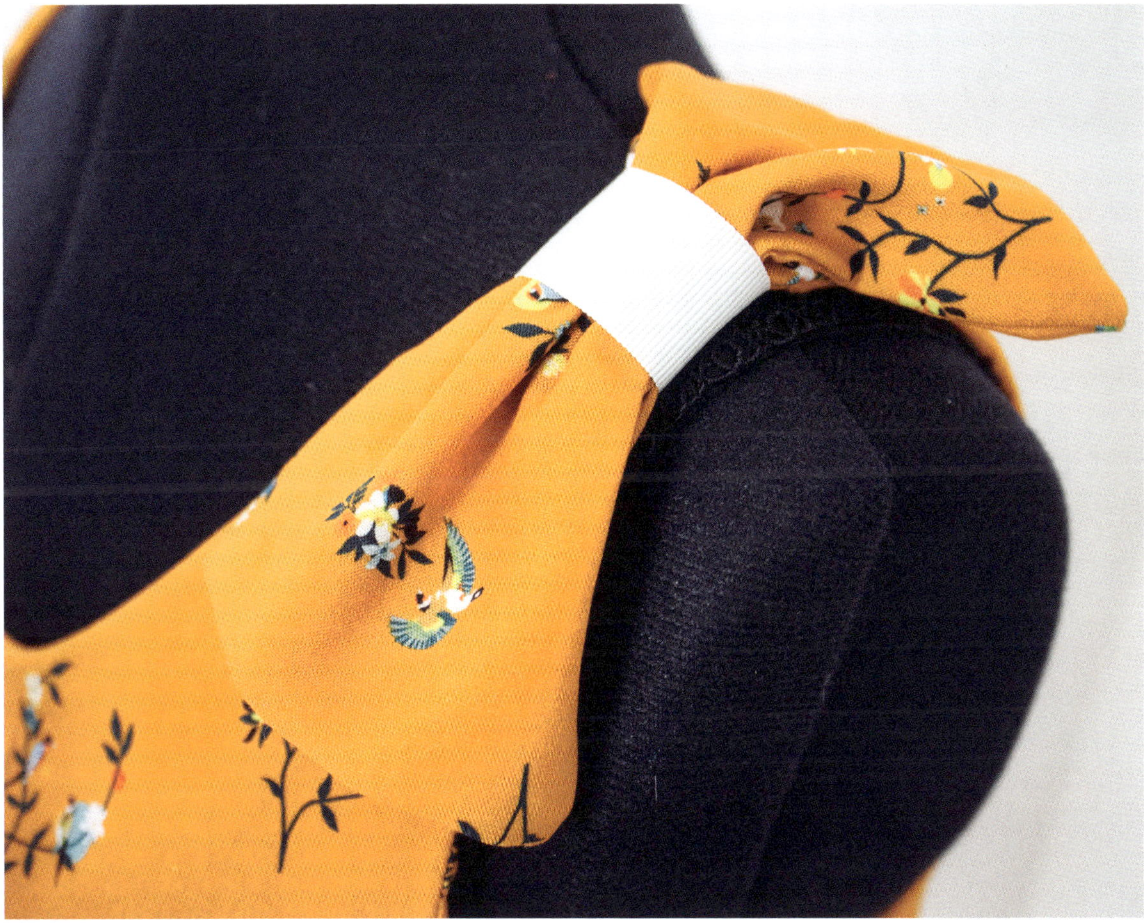

10. OPTIONNEL : réalisez le nœud (voir p.185) et fixez-le sur la robe.
Bravo, votre robe droite simple est terminée !

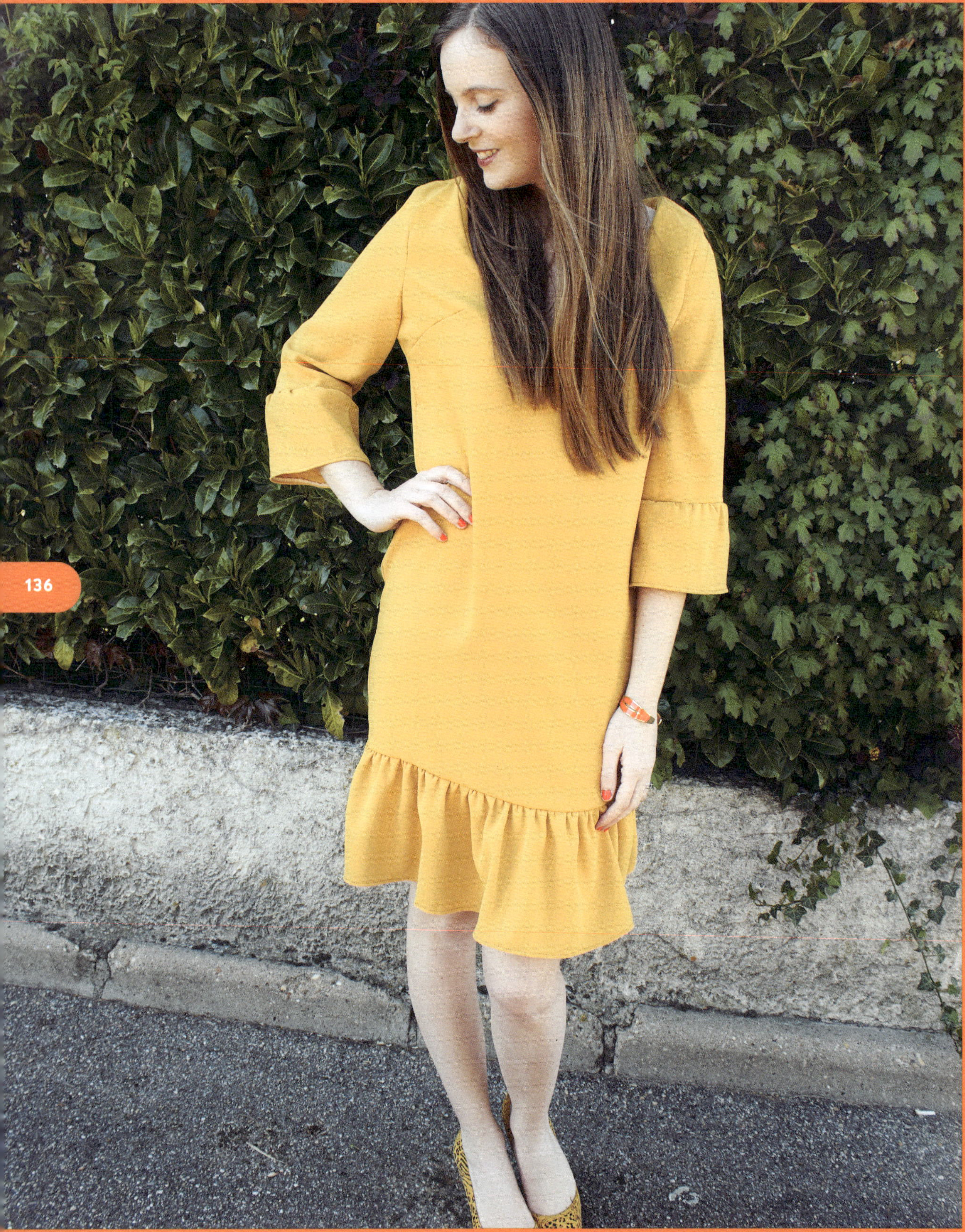

La robe droite volantée

Pour cette deuxième réalisation, vous allez apprendre à tracer une robe droite à volants rapportés. Beaucoup de matières peuvent convenir à ce modèle de robe : popeline de coton, lin, wax, jean fin, lyocell, crêpe de polyester, viscose, chambray, velours, suédine fine ou broderie anglaise (si vous doublez la robe). Ici, la robe est cousue dans un crêpe polyester.

NIVEAUX DE DIFFICULTÉ

Patronage	☺☺
Couture	☺☺

Légende : ☺ facile, ☺☺ très facile

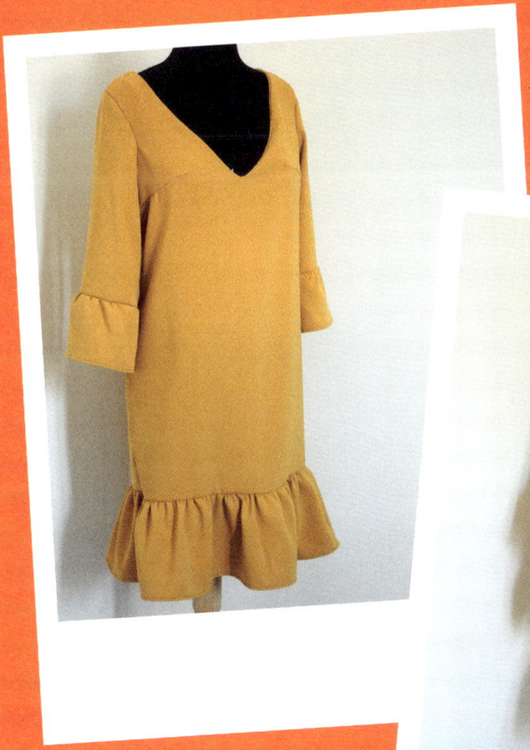

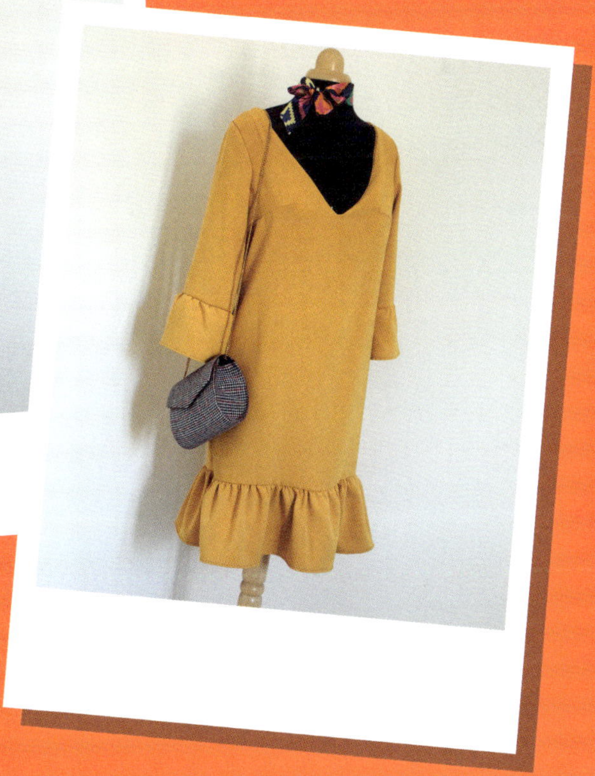

LA CONSTRUCTION ET LA TRANSFORMATION

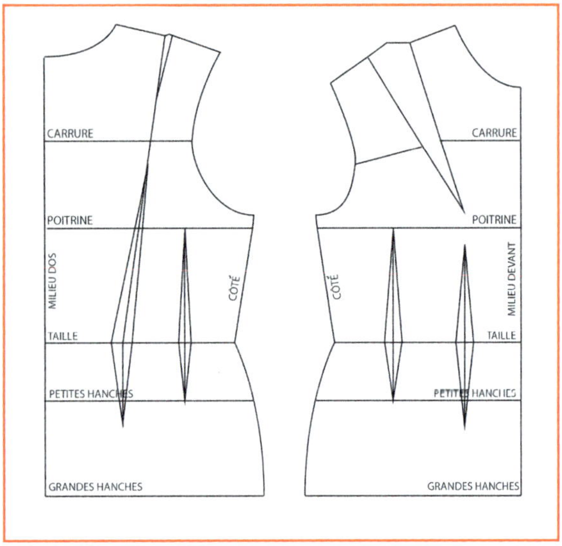

1. Prenez le rouleau de papier kraft et posez dessus les deux bases de corsage. Laissez une marge de 40 cm en dessous, 5 cm au-dessus et 5 cm sur les côtés. Relevez avec un feutre noir les contours des bases du *corsage devant* et du *corsage dos*, les *lignes de taille*, *carrure* et *poitrine*, ainsi que les pointeaux des *pinces*.

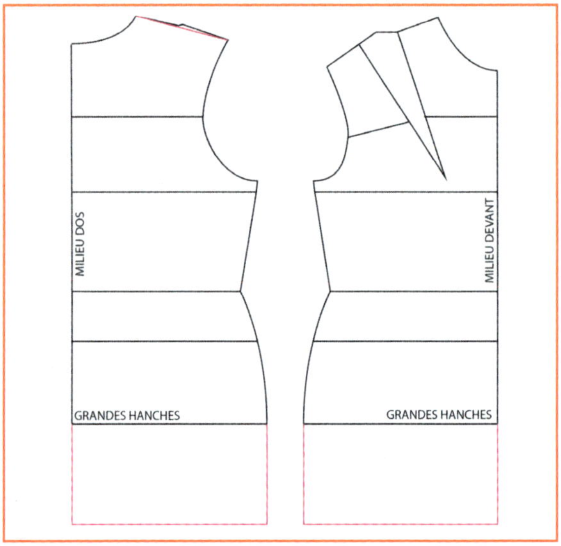

2. Rallongez la construction de 15 cm environ. Gommez les quatre *pinces* principales ainsi que la petite *pince d'épaule dos*. Retracez en ligne droite l'*épaule dos*.

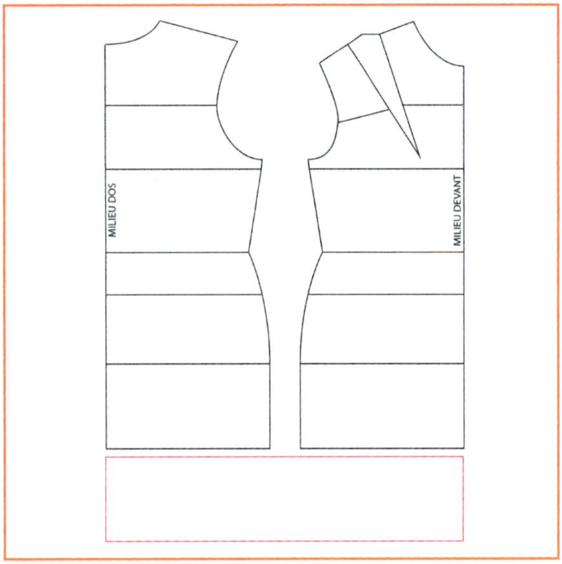

3. Tracez un rectangle large de 15 cm et long de la moyenne entre le bas de *robe devant* et le bas de *robe dos*. Ce rectangle constitue le *volant* du bas de la robe.

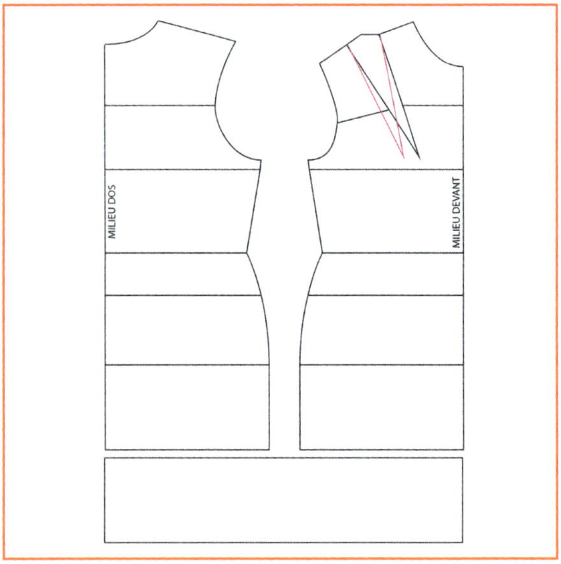

4. Décalez la pointe de la *pince d'épaule devant* de 3 cm sur le côté. Retracez la *pince*.

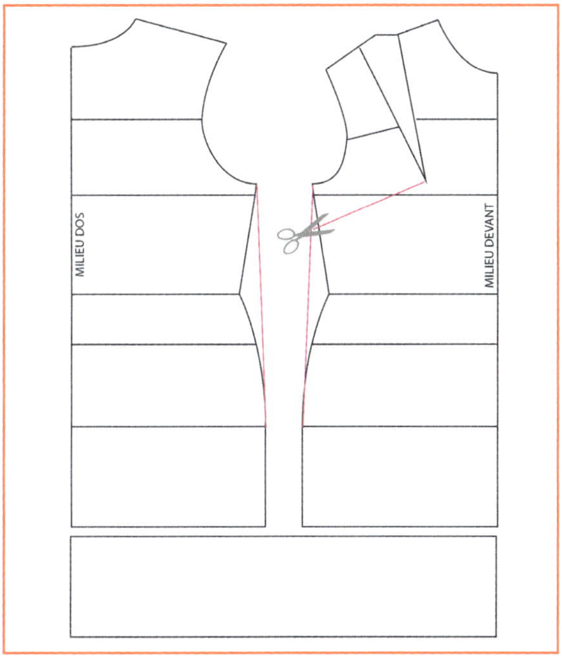

5. Élargissez les lignes du bas de la robe en les prolongeant de 1,5 cm au *côté dos* et au *côté devant*. Tracez une ligne oblique partant du *côté devant* et allant jusqu'à la pointe de la *pince d'épaule devant*. Fendez cette ligne du côté jusqu'à la pointe de la *pince*.

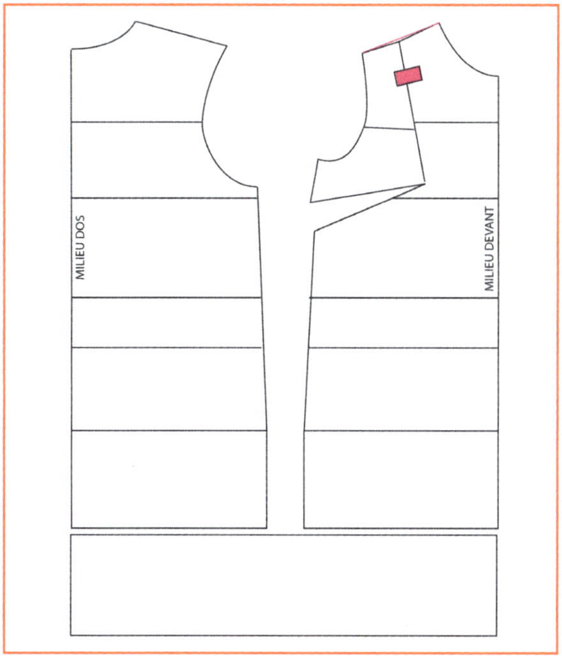

6. À l'aide de ruban adhésif, fermez la *pince d'épaule devant*. Retracez la *ligne d'épaule devant* si nécessaire.

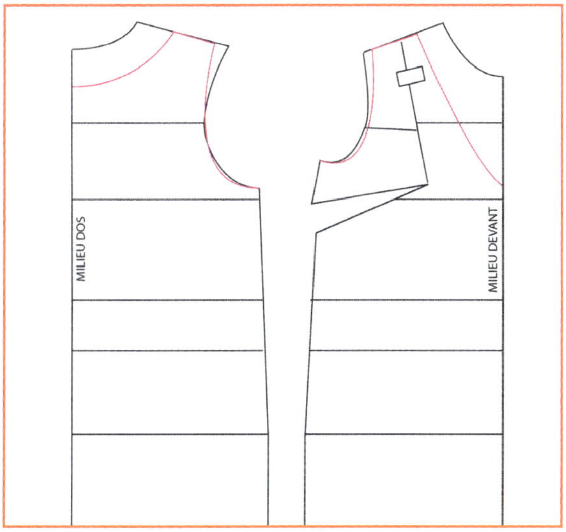

7. Choisissez la forme et la profondeur du décolleté voulu. Sur la *ligne d'épaule devant*, positionnez le nouveau départ de l'encolure à 4 cm de l'ancien et tracez un décolleté selon la forme désirée en veillant à le faire descendre sous la *ligne de carrure*. Si vous optez pour un décolleté rond, veillez à faire une platitude de 1 cm au niveau du *milieu devant*. Ici est illustré un décolleté en V descendant sous la *ligne de carrure*.

INFO

- **La robe ne s'ouvrant pas, la terminaison du décolleté sous la *ligne de carrure devant* est obligatoire pour avoir suffisamment d'aisance pour passer la tête.**

Sur la *ligne d'épaule devant*, positionnez le nouveau départ de l'*emmanchure* à 1,5 cm de l'ancien et retracez harmonieusement avec le perroquet l'*emmanchure devant*. Sur la *ligne d'épaule dos*, positionnez le nouveau départ de l'*encolure* à 4 cm de l'ancien et retracez l'*encolure* selon la forme désirée. Mesurez votre nouvelle *ligne d'épaule devant* et utilisez cette mesure pour tracer la nouvelle *ligne d'épaule dos*.

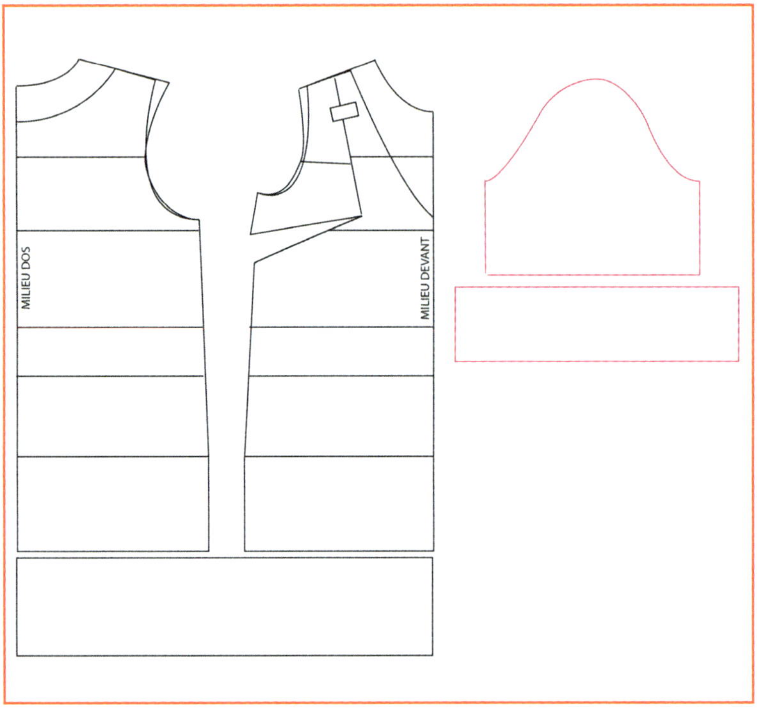

8. Choisissez une manche dans le chapitre 6. Ici est illustrée la manche simple avec volant rapporté.

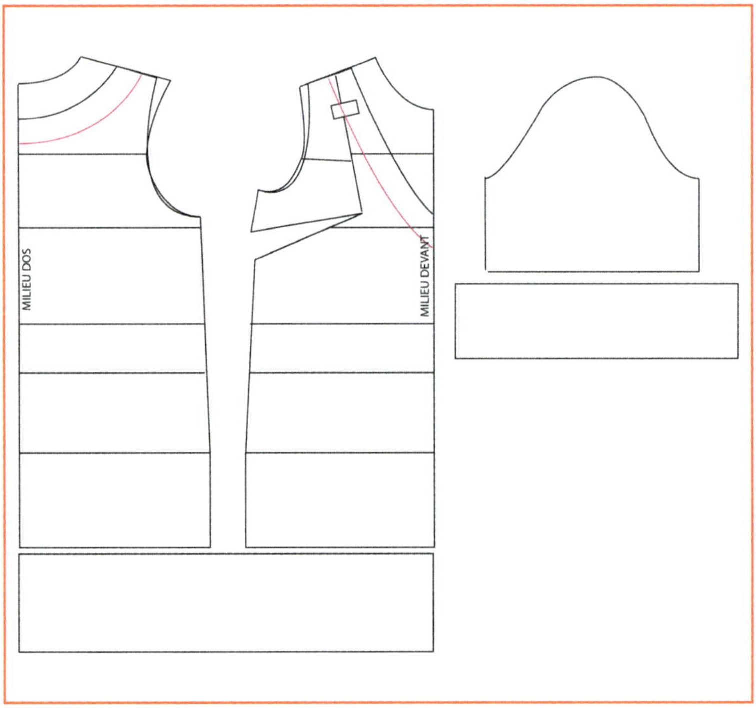

9. À l'intérieur de chaque construction, tracez des lignes parallèles à 3 cm de l'*encolure devant* et de l'*encolure dos*. Cela constitue les enformes de propreté.

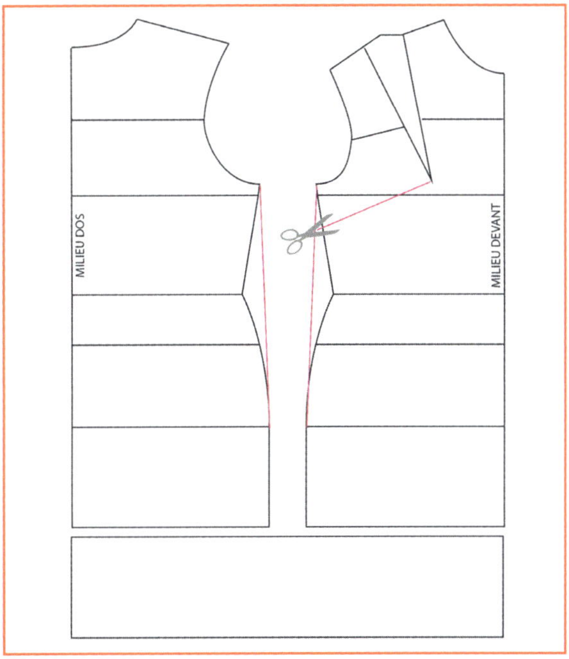

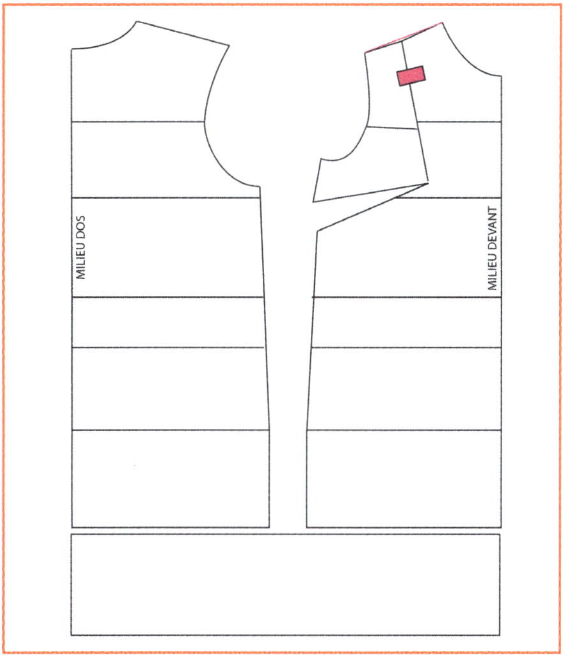

5. Élargissez les lignes du bas de la robe en les prolongeant de 1,5 cm au *côté dos* et au *côté devant*. Tracez une ligne oblique partant du *côté devant* et allant jusqu'à la pointe de la *pince d'épaule devant*. Fendez cette ligne du côté jusqu'à la pointe de la *pince*.

6. À l'aide de ruban adhésif, fermez la *pince d'épaule devant*. Retracez la *ligne d'épaule devant* si nécessaire.

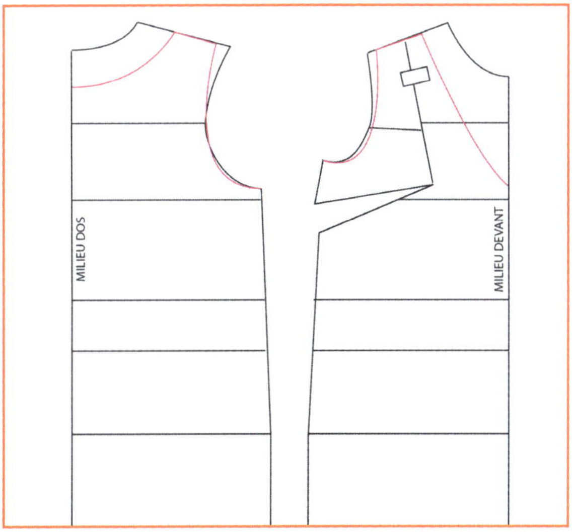

7. Choisissez la forme et la profondeur du décolleté voulu. Sur la *ligne d'épaule devant*, positionnez le nouveau départ de l'encolure à 4 cm de l'ancien et tracez un décolleté selon la forme désirée en veillant à le faire descendre sous la *ligne de carrure*. Si vous optez pour un décolleté rond, veillez à faire une platitude de 1 cm au niveau du *milieu devant*. Ici est illustré un décolleté en V descendant sous la *ligne de carrure*.

INFO

▶ **La robe ne s'ouvrant pas, la terminaison du décolleté sous la *ligne de carrure devant* est obligatoire pour avoir suffisamment d'aisance pour passer la tête.**

Sur la *ligne d'épaule devant*, positionnez le nouveau départ de l'*emmanchure* à 1,5 cm de l'ancien et retracez harmonieusement avec le perroquet l'*emmanchure devant*. Sur la *ligne d'épaule dos*, positionnez le nouveau départ de l'*encolure* à 4 cm de l'ancien et retracez l'*encolure* selon la forme désirée. Mesurez votre nouvelle *ligne d'épaule devant* et utilisez cette mesure pour tracer la nouvelle *ligne d'épaule dos*.

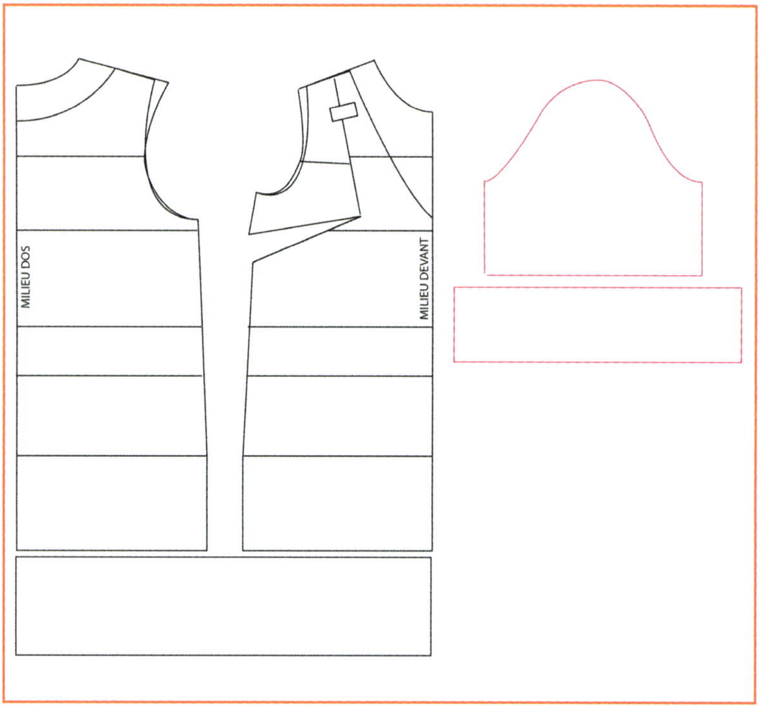

8. Choisissez une manche dans le chapitre 6. Ici est illustrée la manche simple avec volant rapporté.

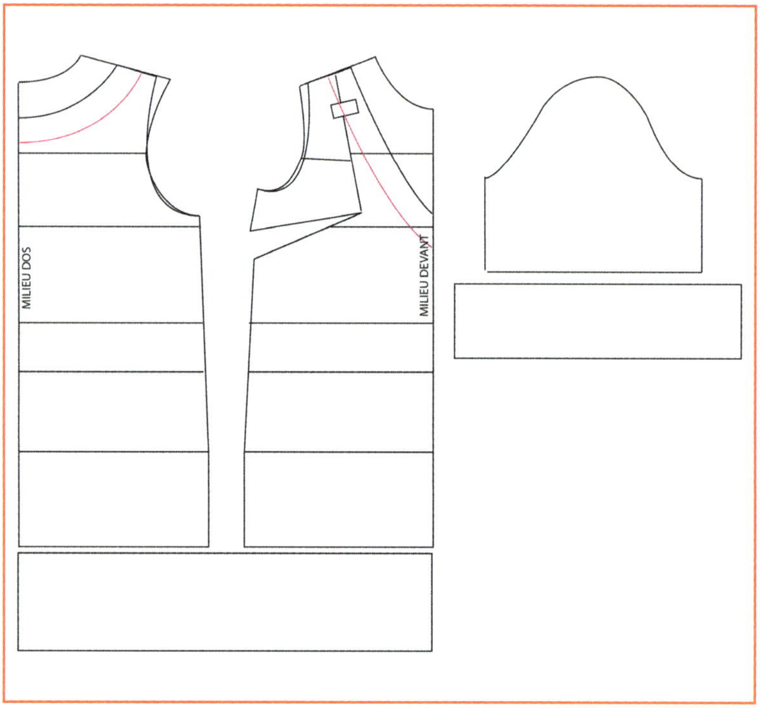

9. À l'intérieur de chaque construction, tracez des lignes parallèles à 3 cm de l'*encolure devant* et de l'*encolure dos*. Cela constitue les enformes de propreté.

LE PATRON

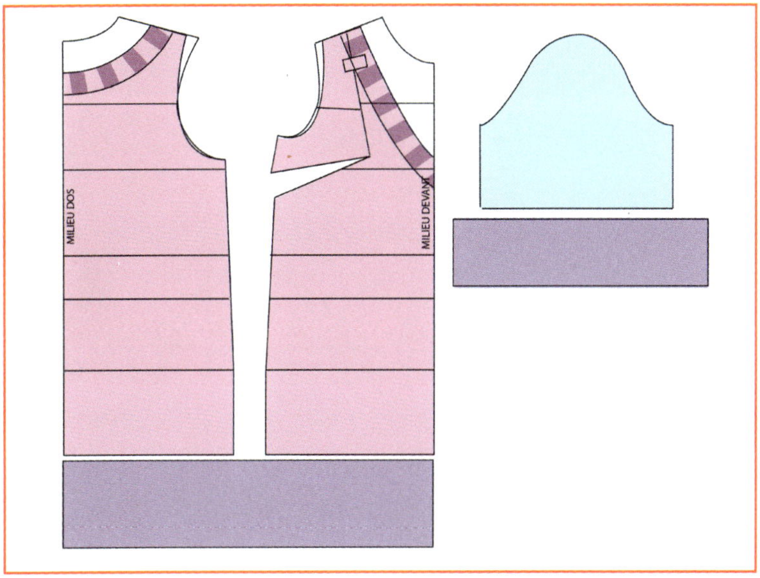

10. Déroulez à présent le papier kraft blanc par-dessus votre construction. À l'aide d'un feutre noir, relevez (en les espaçant suffisamment) les cinq pièces principales qui constituent la robe, le *devant*, le *dos*, l'*enforme encolure devant*, l'*enforme encolure dos* et le *volant du bas* de la robe, auxquelles s'ajoutent les pièces de la manche choisie (ici manche + volant de manche). Relevez en traits pleins les contours extérieurs.

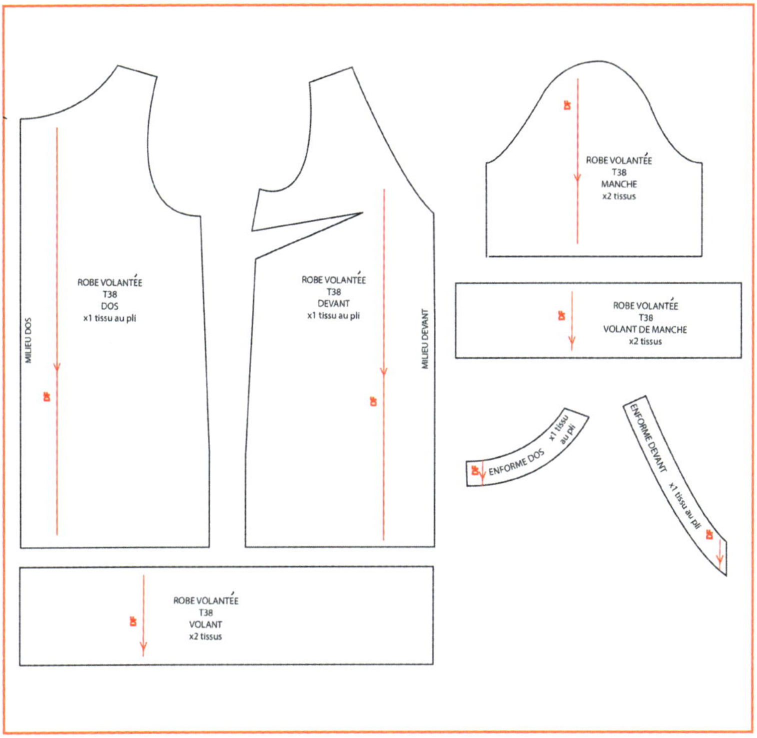

11. Tracez en rouge le droit-fil sur chaque pièce. Le droit-fil doit toujours être parallèle au *milieu devant* ou au *milieu dos*. Tracez-le suffisamment long pour vous aider lors du placement des pièces sur le tissu. Légendez les pièces de manière détaillée : type de modèle, taille, nom de la pièce, nombre de fois à couper.

Petite aide si vous n'êtes pas encore familiarisé avec le nombre de pièces à couper, pour ce modèle :

- le devant : × 1 tissu au pli ;
- le dos : × 1 tissu au pli ;
- l'enforme encolure devant : × 1 tissu au pli ;
- l'enforme encolure dos : × 1 tissu au pli ;
- le volant : × 2 tissus ;
- la manche : suivant la manche choisie.

Ici, la manche : × 2 tissus
et volants de manche : × 2 tissus.

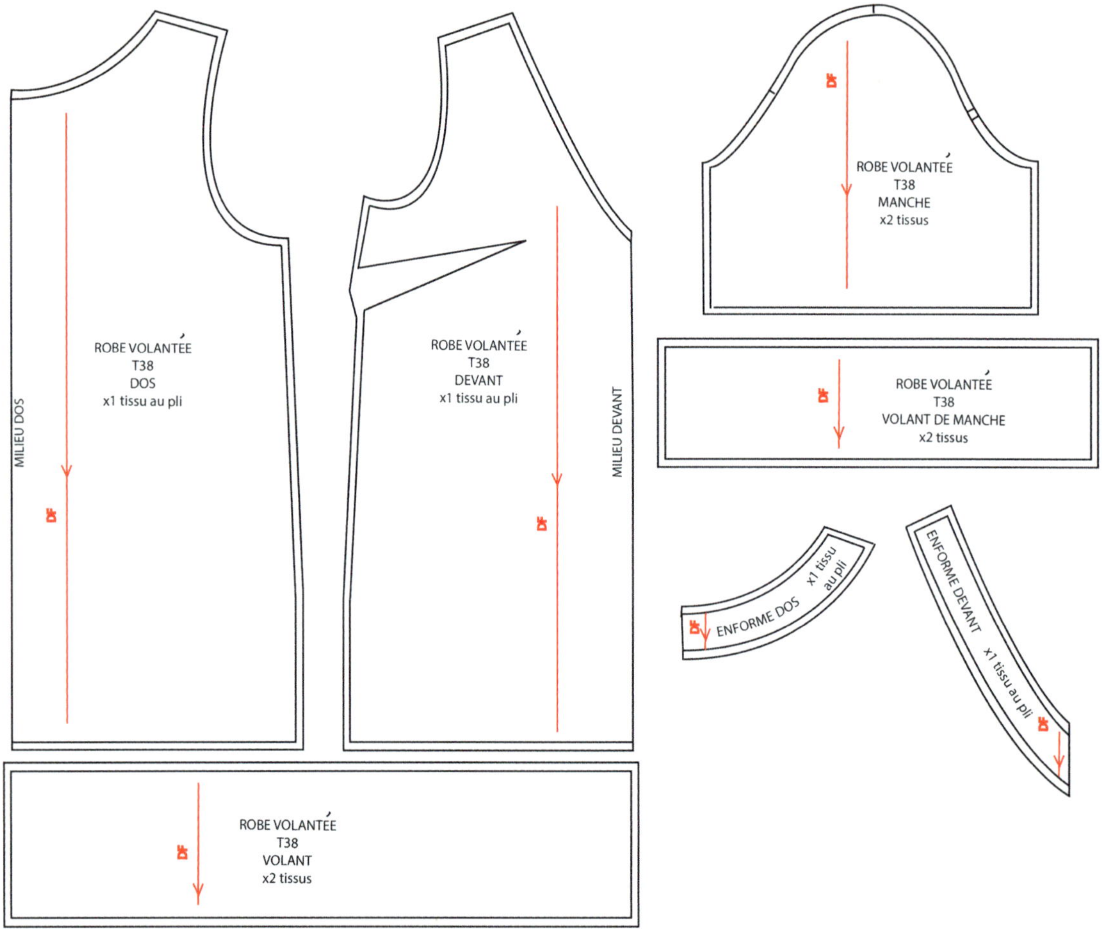

12. Ajoutez les valeurs de couture grâce à l'équerre graduée. Elles sont de 1 cm tout autour des pièces. Ne mettez pas de valeur de couture au niveau du *milieu devant* et du *milieu dos* car les *pièces principales devant* et *dos* ainsi que les *enformes devant* et *dos* sont à couper au pli. Pensez à mettre les crans sur la manche.

Votre patron est prêt à être coupé. Choisissez un joli tissu, placez les pièces au pli ou à double en fonction de la légende, en veillant à ce que le droit-fil soit toujours parallèle à la lisière. Maintenant, vous êtes prêt à passer au montage !

LA GAMME DE MONTAGE

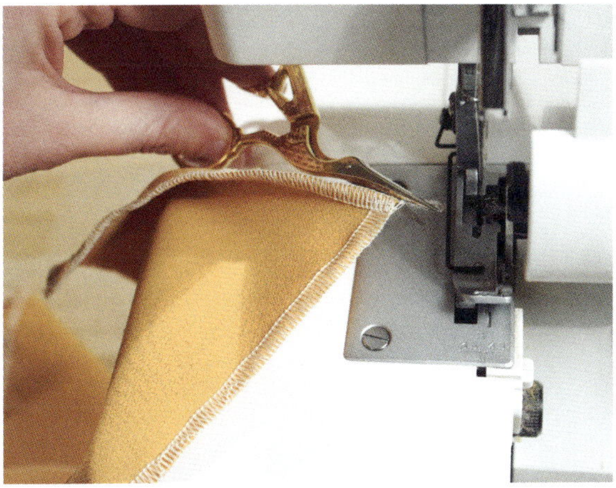

1. Surjetez l'ensemble des pièces.

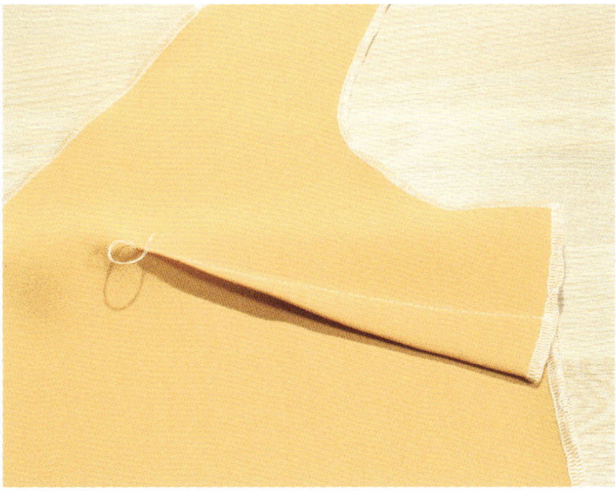

2. Piquez les *pinces devant*, endroit contre endroit, en commençant par des points d'arrêt solides au niveau de la base de la pince (la partie large de la pince) et en terminant la couture « en mourant », c'est-à-dire en rétrécissant la couture jusqu'à piquer dans le vide. Coupez les fils à 10 cm et faites deux nœuds à la main. Repassez les pinces couchées vers le bas.

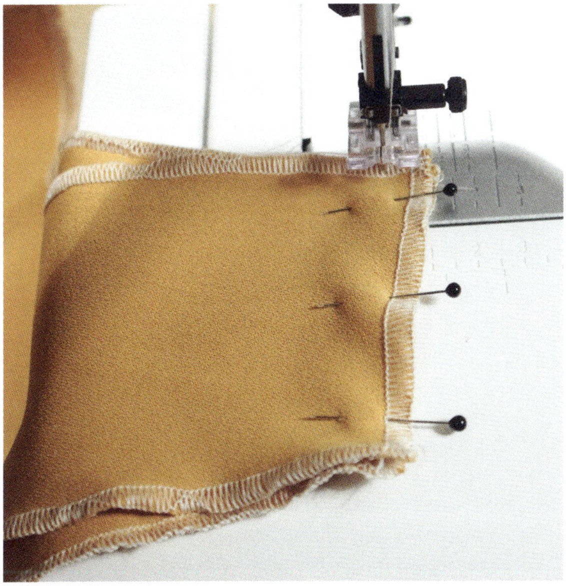

3. Assemblez endroit contre endroit le *dos* et le *devant* au niveau des épaules. Repassez coutures ouvertes.

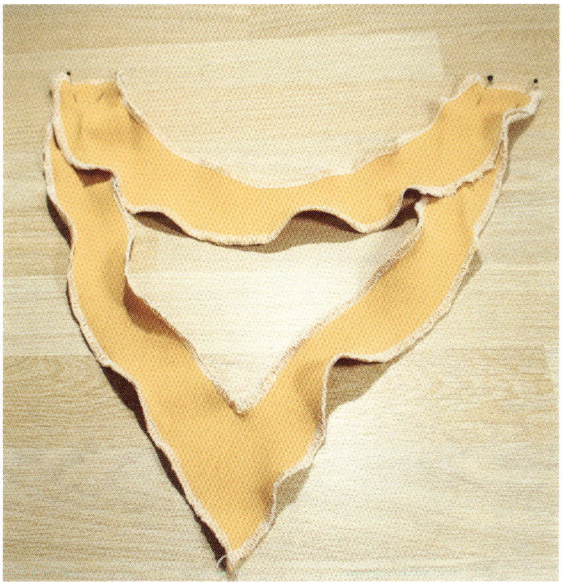

4. Assemblez endroit contre endroit l'*enforme dos* et l'*enforme devant* au niveau des épaules. Repassez coutures ouvertes.

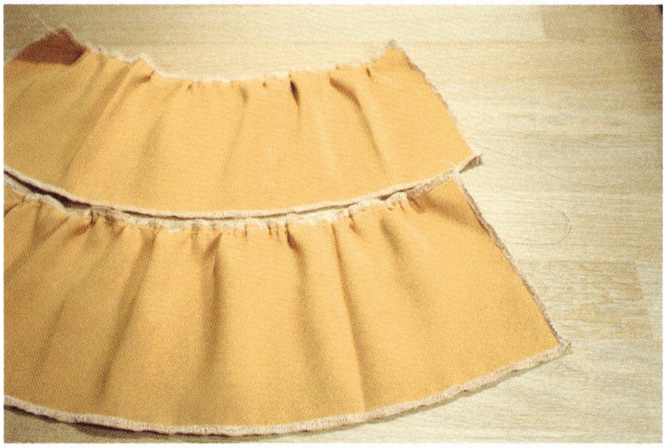

5. Passez un fil de fronces au niveau du haut des *volants*.

INFO

▶ Pour réaliser un fil de fronces, il faut :

- **régler la machine pour avoir des larges points ;**
- **ne pas faire de point d'arrêt ;**
- **laisser dépasser le fil de chaque côté de 15 cm pour avoir une prise à tirer.**

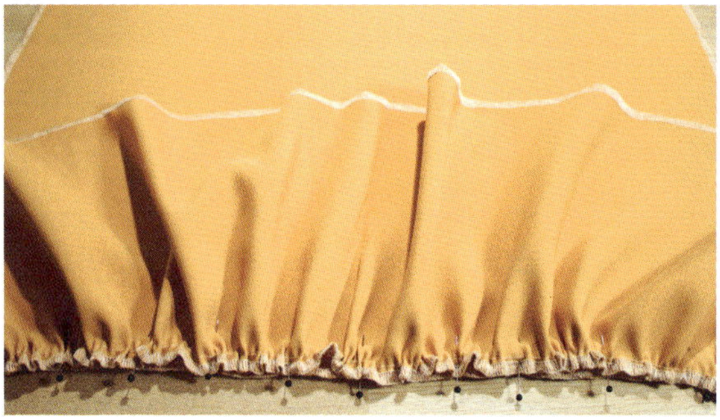

6. Tirez les fils de fronces et épinglez le volant endroit contre endroit au *devant* et au *dos*. Assemblez les volants au *devant* et au *dos*. Repassez coutures ouvertes.

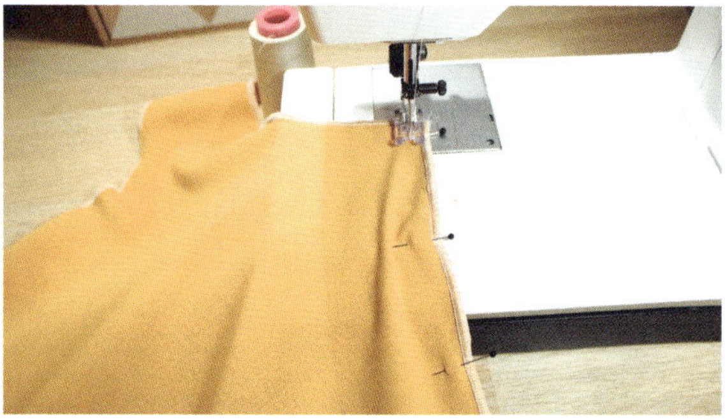

7. Assemblez endroit contre endroit le *dos* et le *devant* au niveau des côtés. Repassez coutures ouvertes.

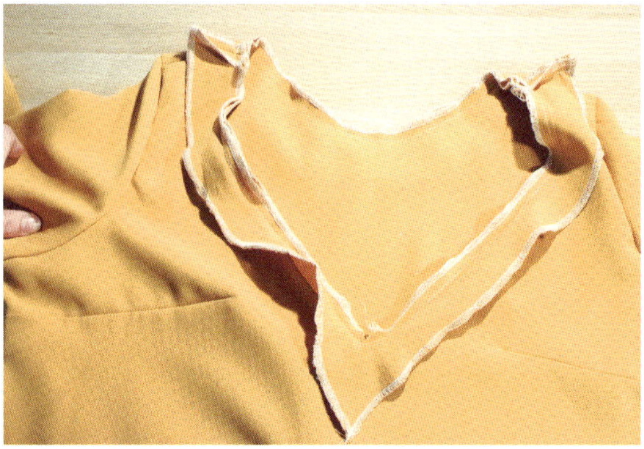

8. Assemblez endroit contre endroit l'*enforme encolure* à la robe. Retournez l'*enforme* à l'intérieur et repassez pour la maintenir à sa place.

INFO

▶ Vous pouvez surpiquer avec une nervure l'*enforme* à la robe au niveau de l'encolure si votre tissu ne tient pas en place à l'intérieur.

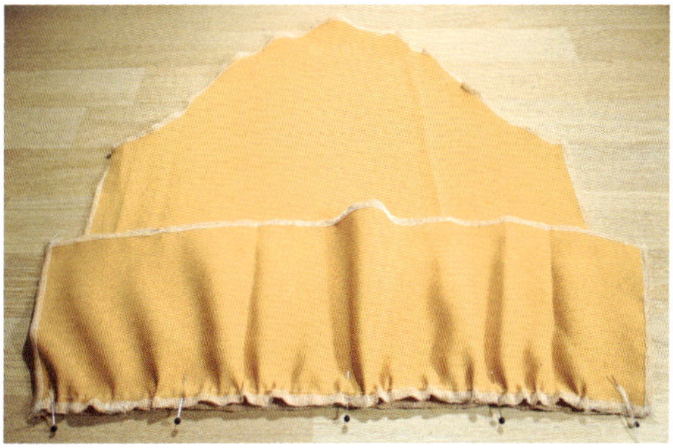

9. Assemblez endroit contre endroit les *volants de manche* aux *manches*. Repassez coutures ouvertes.

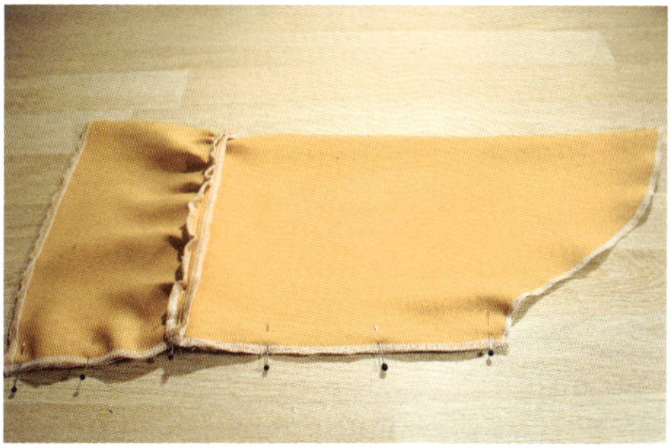

10. Assemblez endroit contre endroit les coutures de *dessous de manche*. Repassez coutures ouvertes.

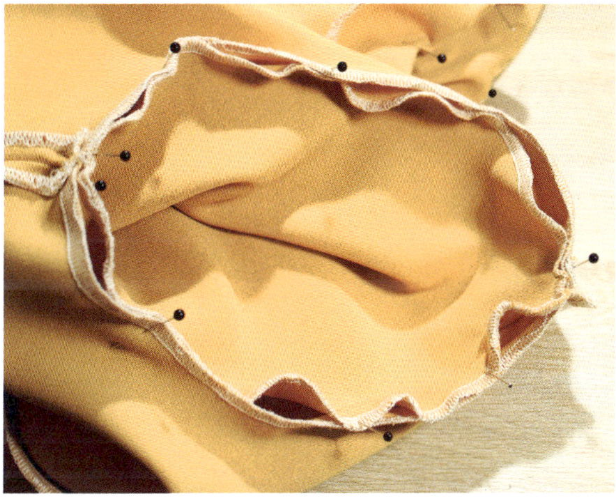

11. Assemblez endroit contre endroit les *manches* à la robe. Repassez coutures ouvertes.

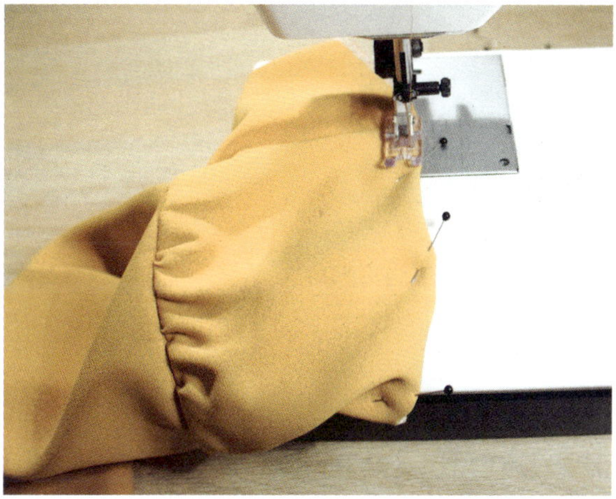

12. Marquez au fer l'ourlet de 1 cm du *volant de la robe* et du *volant de manche* et surpiquez-le.
Bravo, votre robe volantée est terminée !

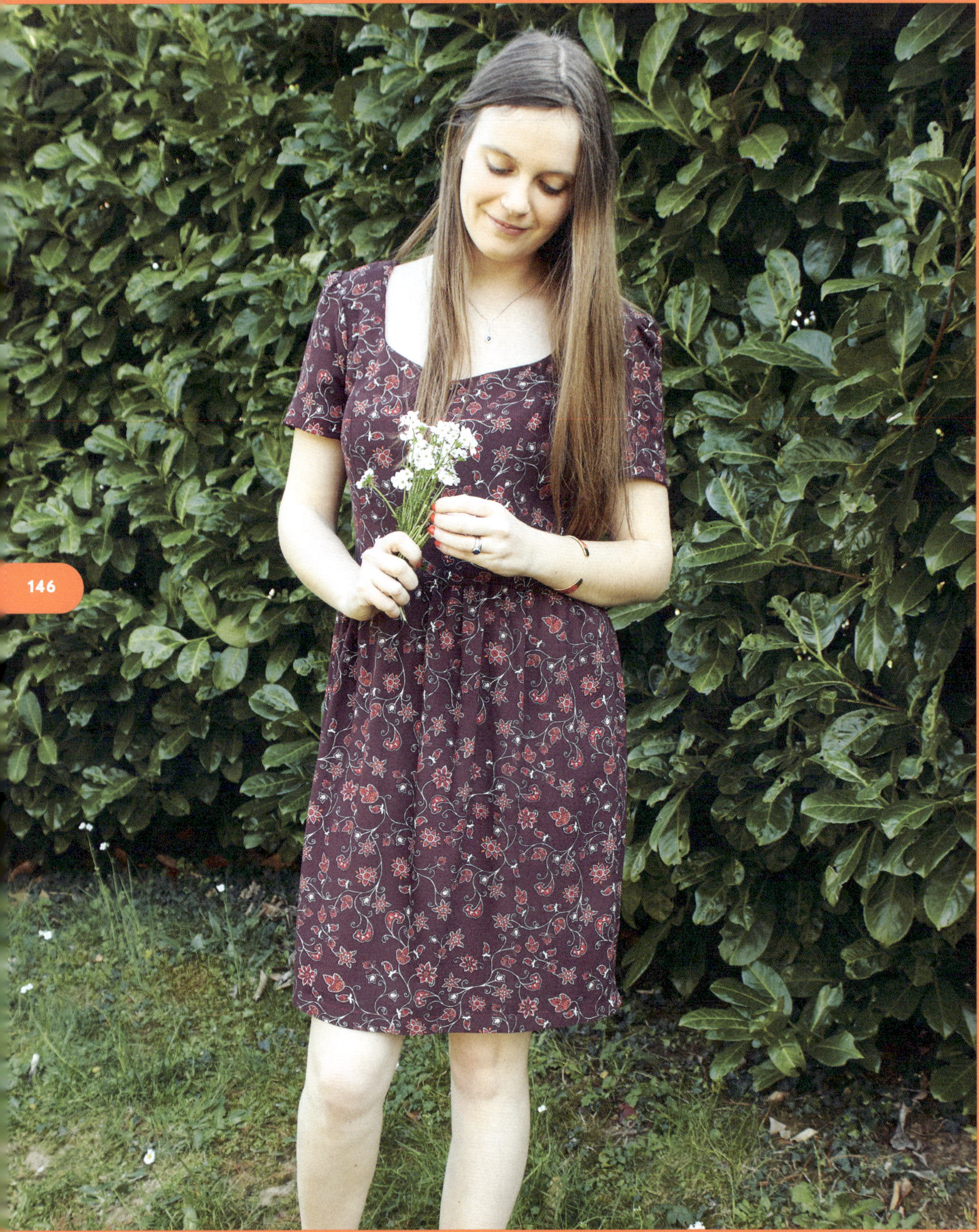

LA ROBE PATINEUSE

Pour cette troisième robe, vous allez apprendre à tracer une robe de soirée. Le choix de matière est large : satin de coton, soie, wax, lyocell, crêpe de polyester, viscose, velours, suédine fine ou broderie. Ici, la robe est cousue dans une viscose.

NIVEAUX DE DIFFICULTÉ

Patronage	☺
Couture	☺

Légende : ☺ facile, ☺☺ très facile

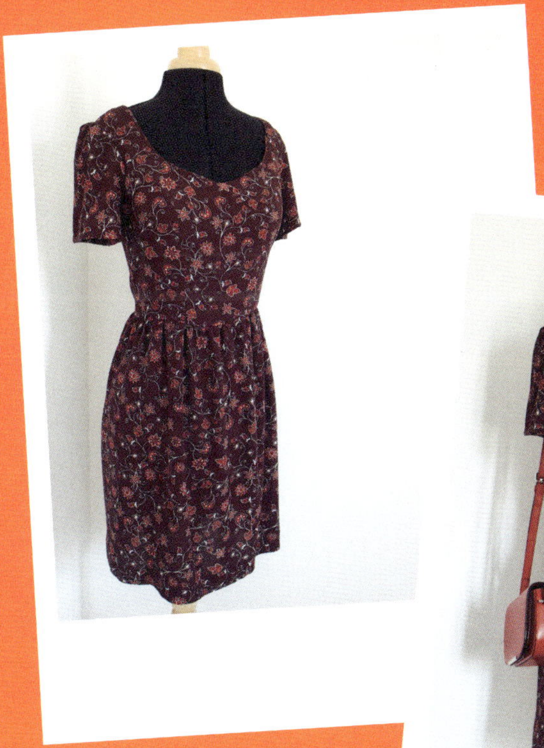

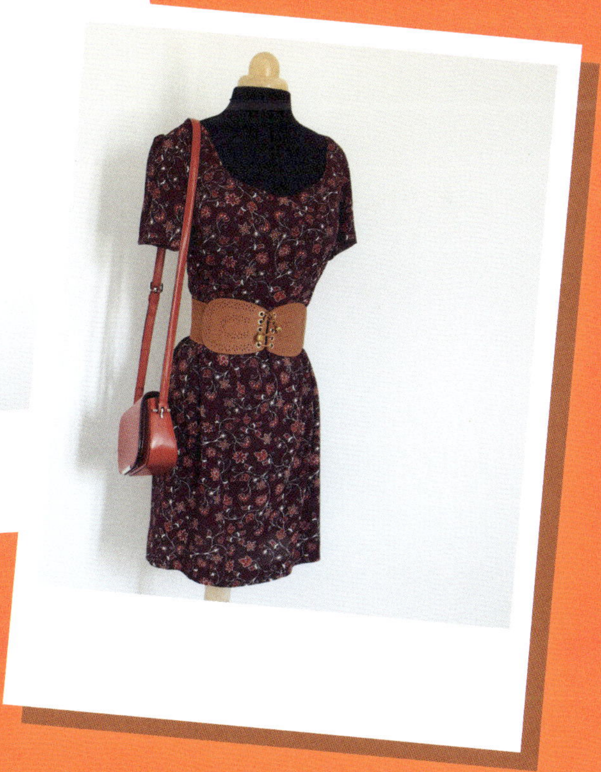

LA CONSTRUCTION ET LA TRANSFORMATION

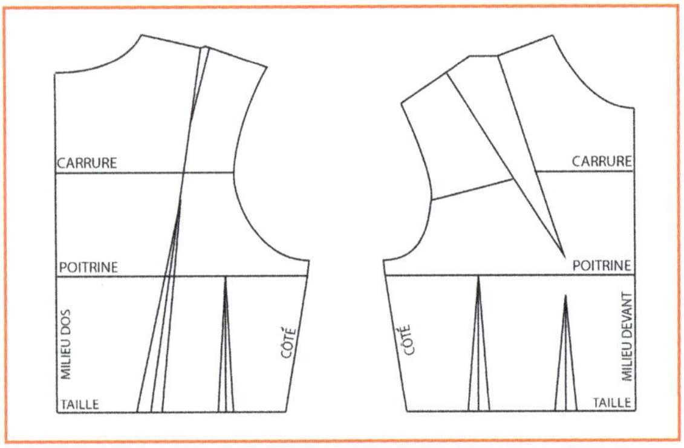

1. Prenez le rouleau de papier kraft et posez dessus les deux bases de corsage. Laissez une marge de 40 cm en dessous, 5 cm au-dessus et 5 cm sur les côtés. Relevez avec un feutre noir les contours des bases du *corsage devant* et du *corsage dos*, les *lignes de taille*, *carrure* et *poitrine*, ainsi que les pointeaux des *pinces*.

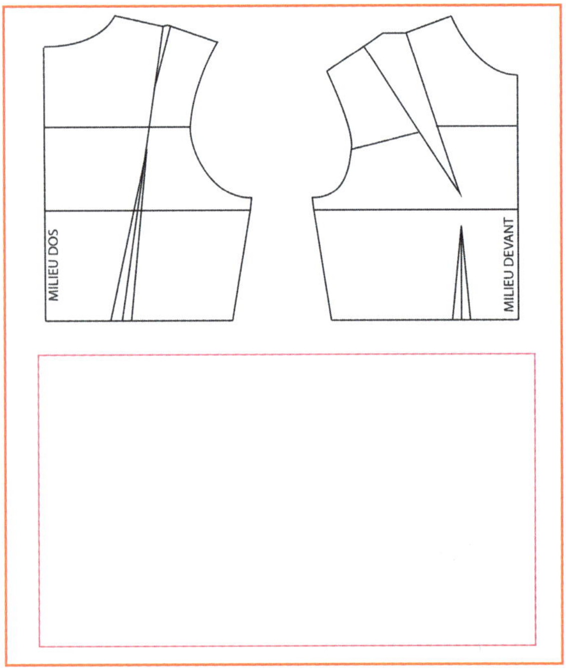

2. Tracez un grand rectangle haut de 50 cm et long de votre ***½ tour de taille* + 25 cm**. Ce rectangle constitue le bas de la robe froncée. Sur la construction, gommez les *petites pinces côtés*.

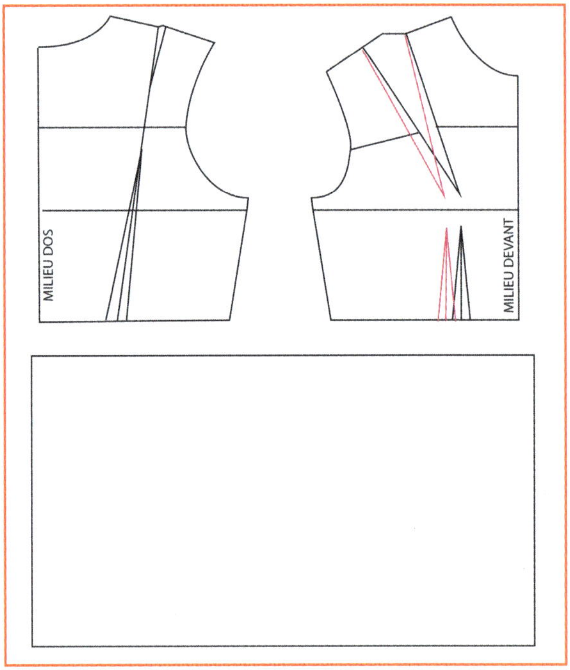

3. Décalez la pointe de *pince d'épaule devant* de 2 cm sur le côté et retracez la *pince d'épaule devant*. Décalez également la totalité de la *pince* la plus proche du *milieu devant* de 2 cm sur le côté.

INFO

▶ **Le décalage de la *pince avant* permet à la découpe princesse d'éviter de passer sur la pointe de sein.**

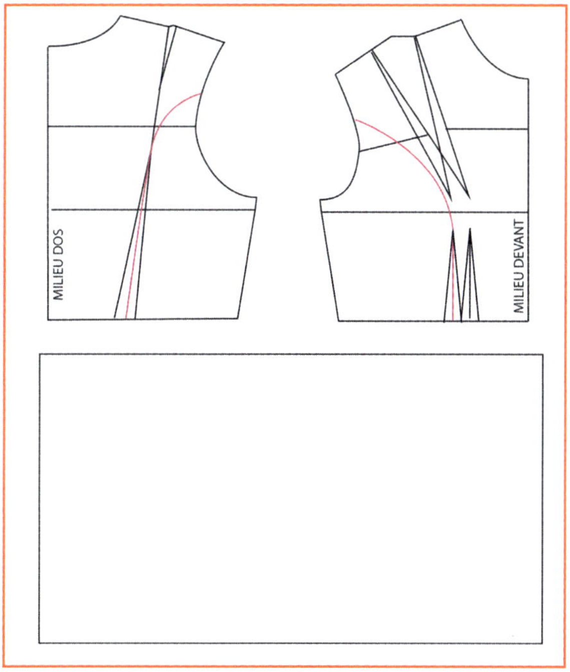

4. À l'aide du perroquet, tracez deux courbes harmonieuses, l'une partant de l'*emmanchure devant* et se terminant dans la pointe de la *pince principale du devant*, et l'autre partant de l'*emmanchure dos* et se terminant dans la pointe de la *pince principale du dos*. Évitez un bombé trop prononcé de vos courbes et veillez à ce que le départ des découpes princesse devant et dos partent de la même hauteur.

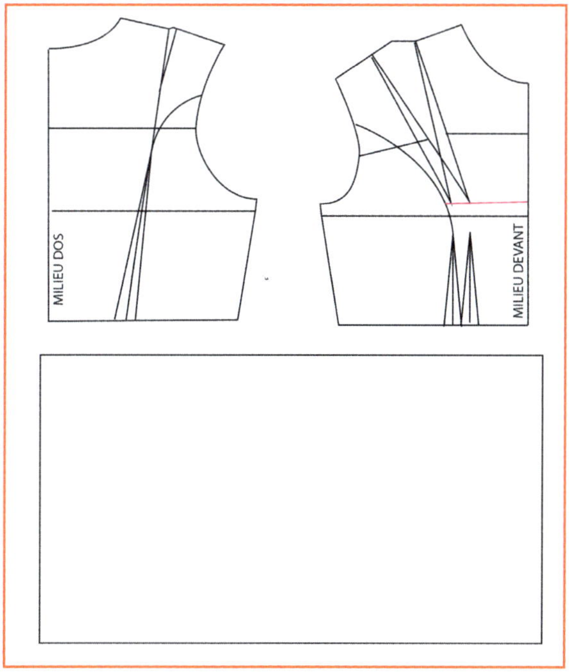

5. Tracez une perpendiculaire au *milieu devant* passant par la pointe de *pince d'épaule* jusqu'à la courbe précédemment tracée.

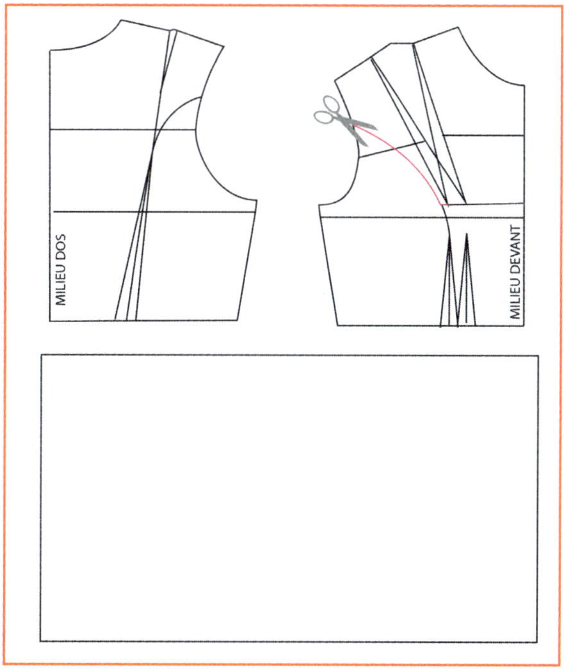

6. Fendez le haut de la courbe et le petit segment se situant entre la courbe et la pointe de la *pince d'épaule*.

7. À l'aide de ruban adhésif, fermez la *pince d'épaule* et retracez harmonieusement la ligne d'épaule si nécessaire.

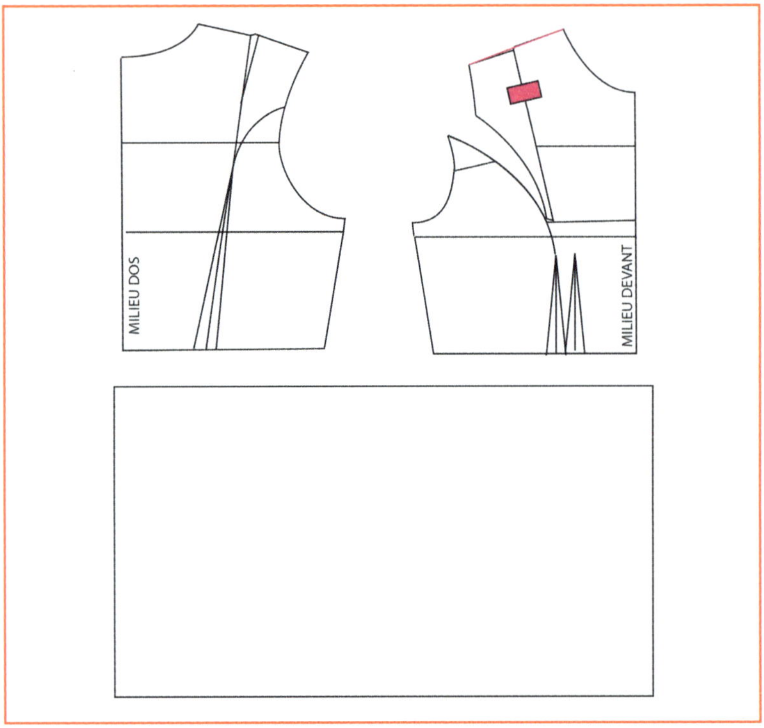

8. Au niveau du *milieu devant*, tracez un joli décolleté large ou cœur. Il n'y a pas de manière conventionnelle pour tracer ce décolleté. Il est néanmoins conseillé de réduire l'épaule en dégageant l'encolure pour avoir un décolleté plus ouvert et élégant.

INFO

▶ **Évitez les formes trop exagérées.**

Mesurez la *ligne d'épaule devant*. Sur la *ligne d'épaule dos*, positionnez le nouveau départ de l'encolure en adéquation avec la mesure de la *ligne d'épaule devant*. Retracez à l'aide du perroquet la nouvelle *encolure dos*.

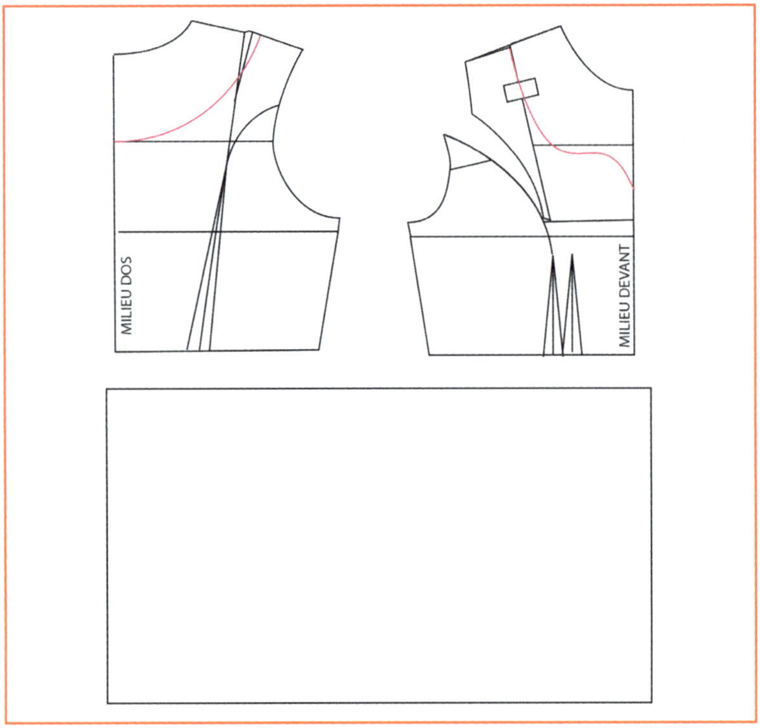

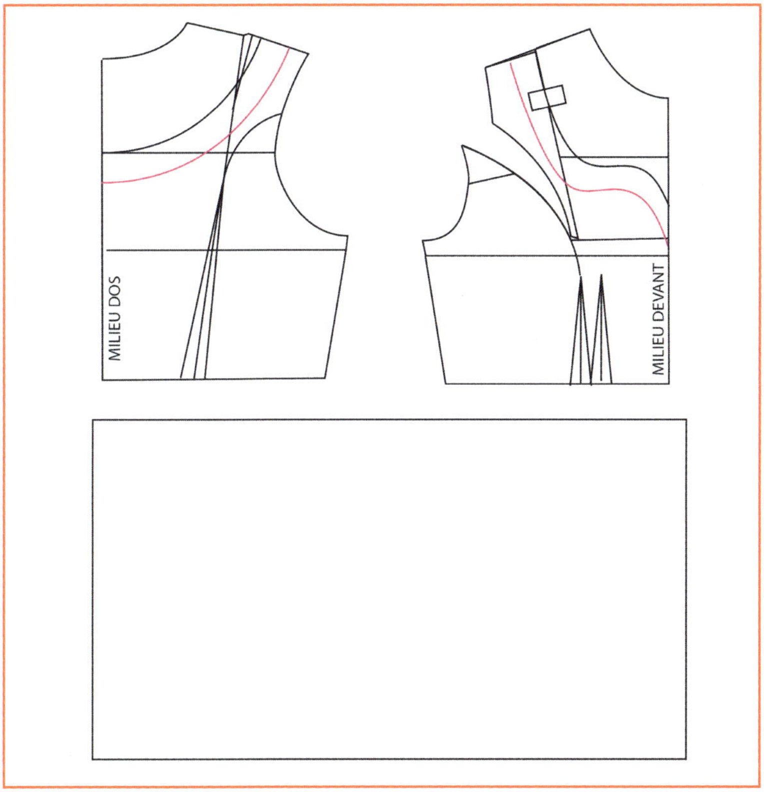

9. À l'intérieur de chaque construction, tracez des lignes parallèles à 3 cm de l'*encolure devant* et de l'*encolure dos*. Cela constitue les enformes de propreté.

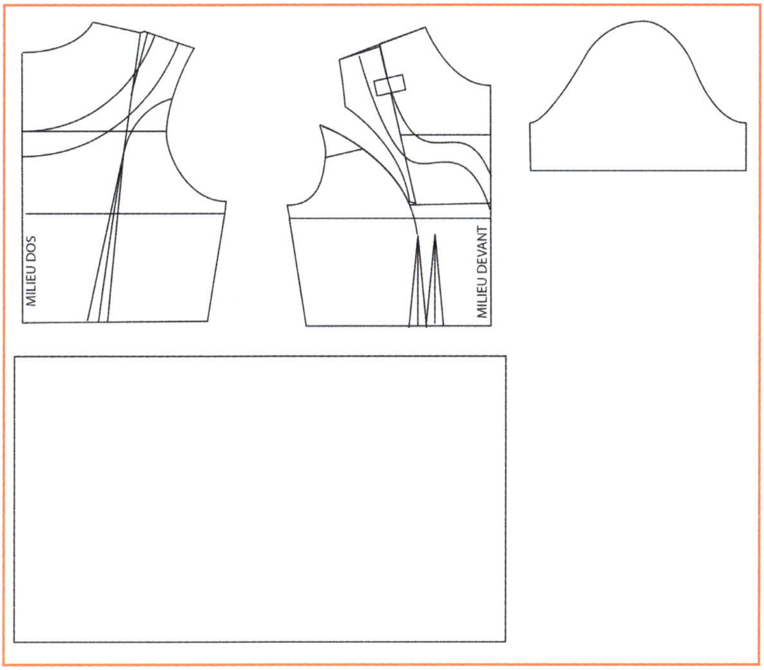

10. Reportez-vous au chapitre 6 pour choisir la manche souhaitée pour ce modèle. Ici est illustrée la manche courte droite.

LE PATRON

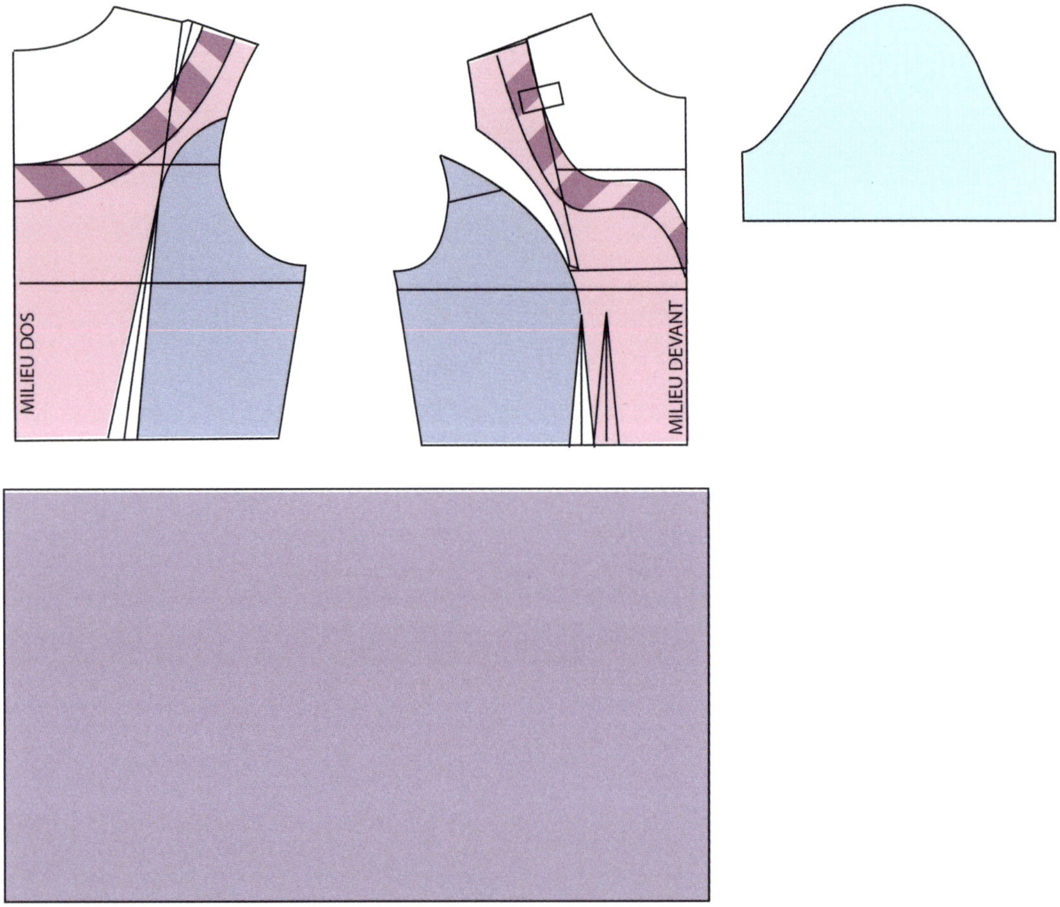

11. Déroulez à présent le papier kraft blanc par-dessus la construction. À l'aide d'un feutre noir, relevez (en les espaçant suffisamment) les huit pièces principales qui constituent la robe : le *devant*, le *côté devant*, le *dos*, le *côté dos*, l'*enforme encolure devant*, l'*enforme encolure dos*, la *jupe* et la *manche* choisie. Relevez en traits pleins les contours extérieurs.

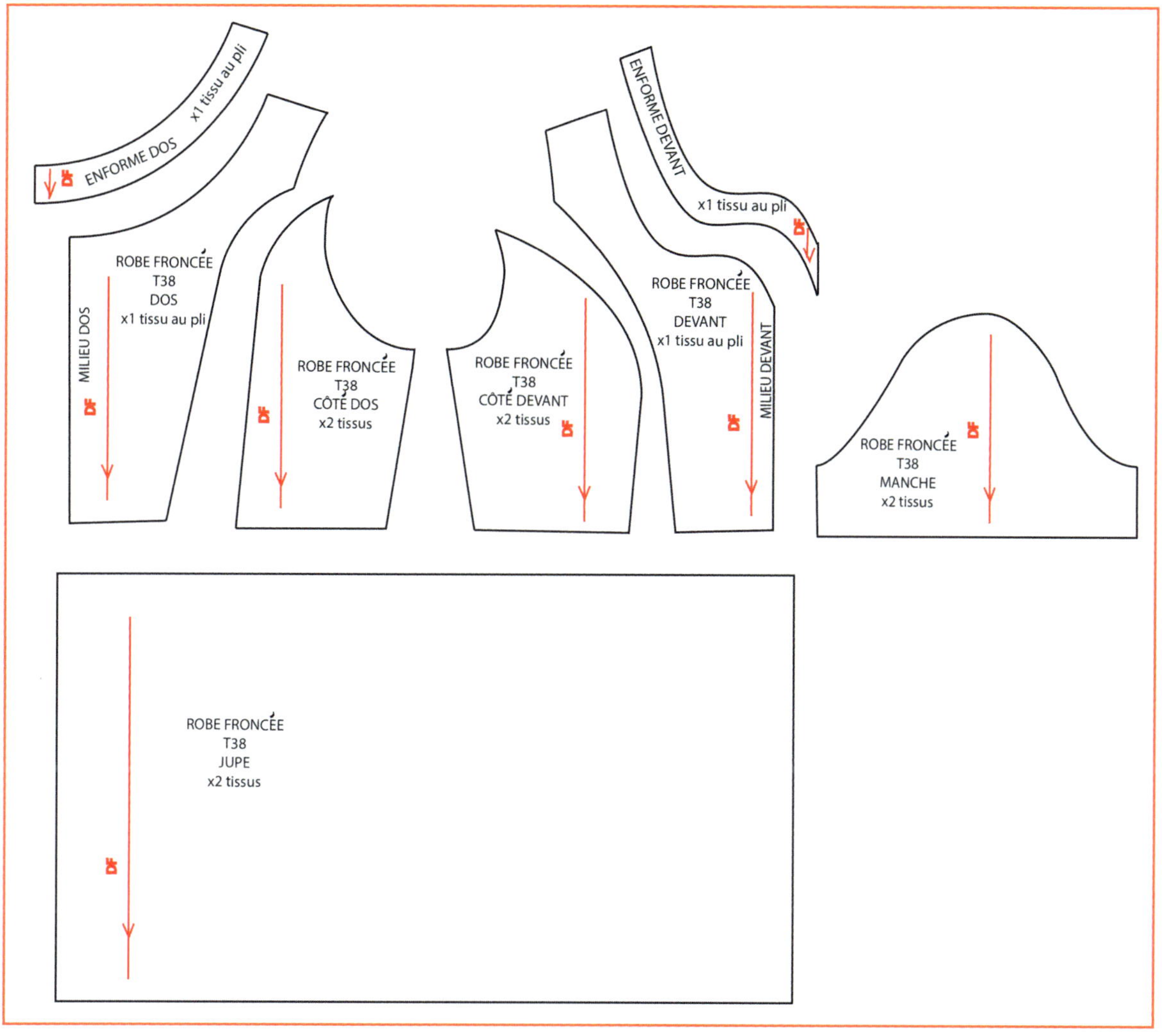

12. Tracez en rouge le droit-fil sur chaque pièce. Le droit-fil doit toujours être parallèle au *milieu devant* ou au *milieu dos*. Tracez-le suffisamment long pour vous aider lors du placement des pièces sur le tissu. Légendez les pièces de manière détaillée : type de modèle, taille, nom de la pièce, nombre de fois à couper.

Petite aide si vous n'êtes pas encore familiarisé avec le nombre de pièces à couper, pour ce modèle :

- le devant : × 1 tissu au pli ;
- le côté devant : × 2 tissus ;
- le dos : × 1 tissu au pli ;
- le côté dos : × 2 tissus ;
- l'enforme encolure devant : × 1 tissu au pli ;
- l'enforme encolure dos : × 1 tissu au pli ;
- la jupe : × 2 tissus ;
- la manche : × 2 tissus.

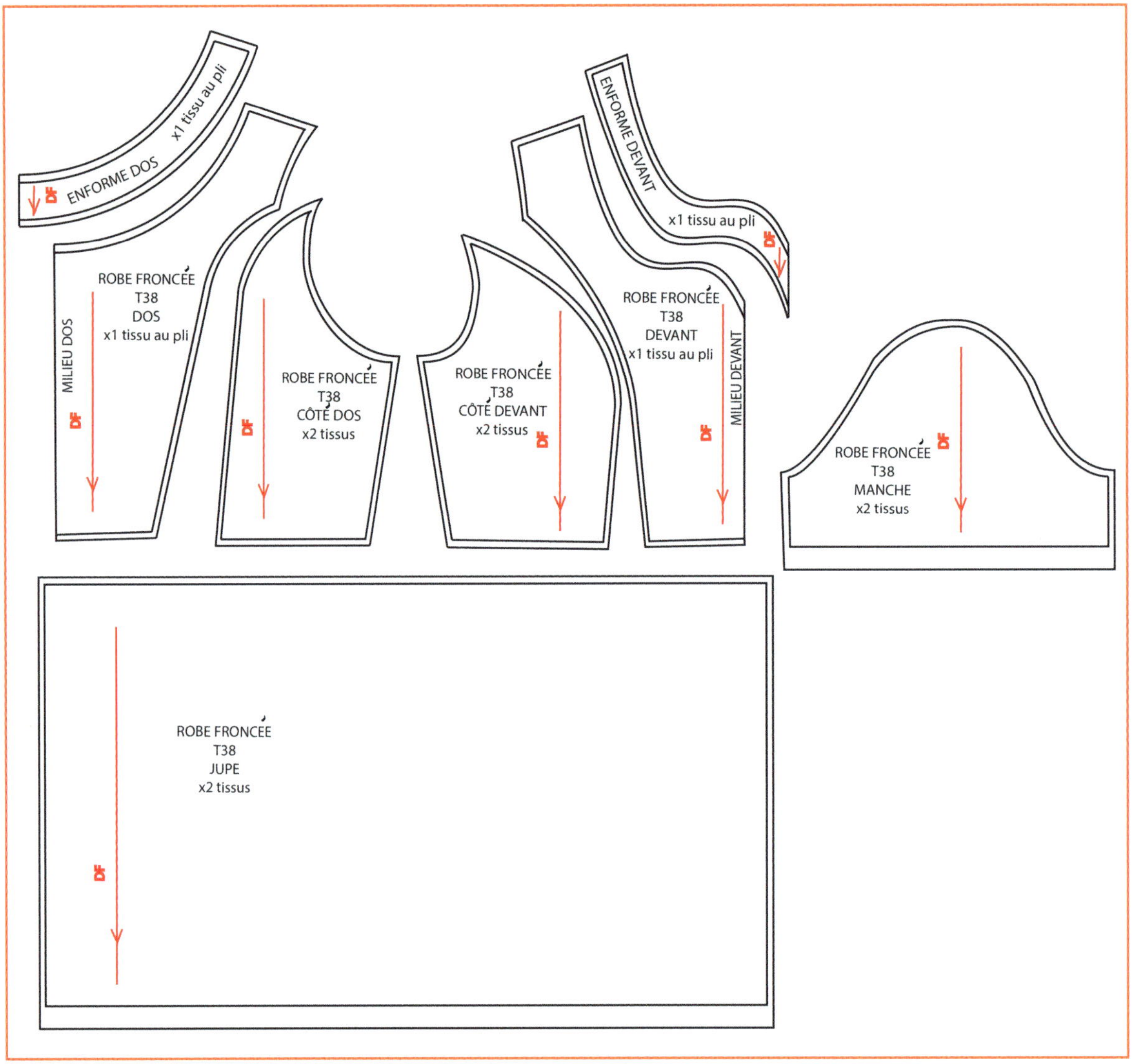

13. Ajoutez les valeurs de couture grâce à l'équerre graduée. Elles sont de 1 cm tout autour des pièces, sauf en bas de la robe où l'ourlet doit être de 3 cm. Ne mettez pas de valeur de couture au niveau du *milieu devant* et du *milieu dos* car les pièces principales *devant* et *dos* ainsi que les *enformes encolure devant* et *dos* sont à couper au pli. Le patron est prêt à être coupé. Choisissez un joli tissu, placez les pièces au pli ou à double en fonction de la légende, en veillant à ce que le droit-fil soit toujours parallèle à la lisière. Maintenant, vous êtes prêt à passer au montage !

LA GAMME DE MONTAGE

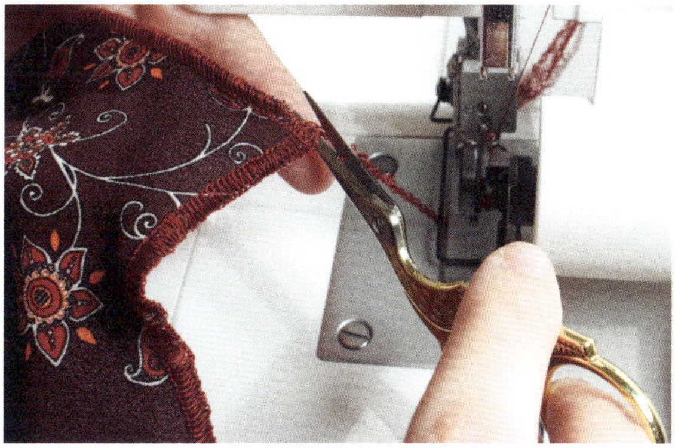

1. Surjetez l'ensemble des pièces.

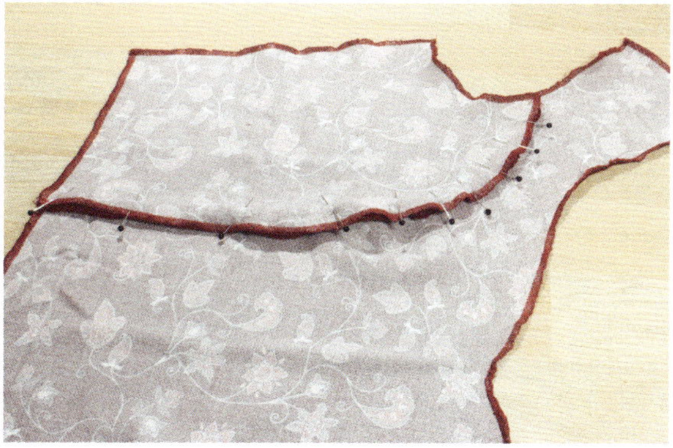

2. Assemblez endroit contre endroit les *côtés devant* au *devant*, puis les *côtés dos* au *dos*. Repassez coutures couchées vers les côtés.

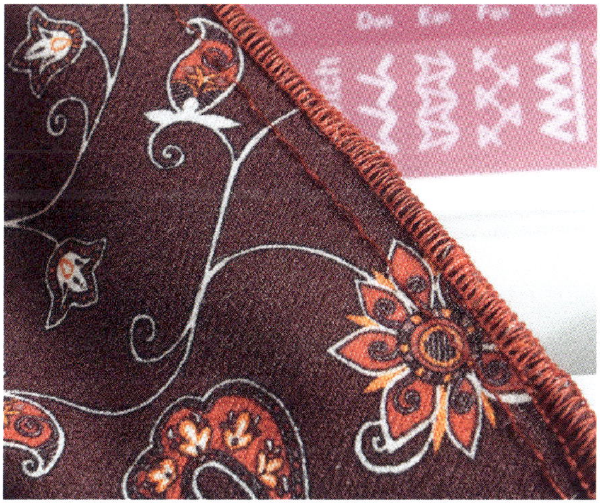

3. Passez un fil de fronces sur chacun des rectangles. Tirez sur le fil de fronces pour réduire les longueurs des rectangles de sorte que les nouvelles longueurs des rectangles froncés correspondent au *devant* et au *dos* du haut de la robe.

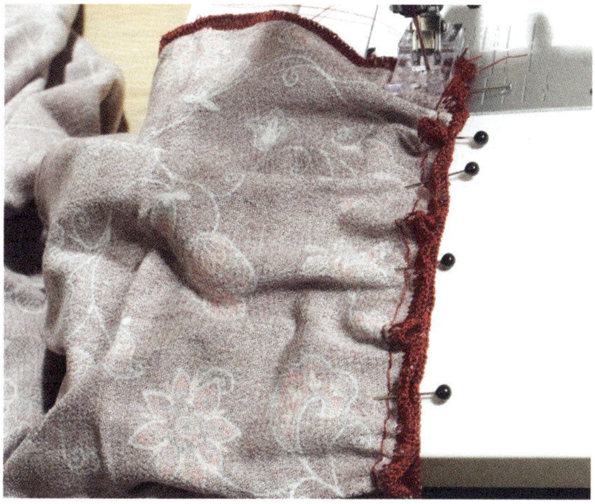

4. Assemblez endroit contre endroit les *rectangles* au *devant* et au *dos*. Repassez coutures ouvertes.

INFO

▶ **Pour réaliser un fil de fronces, il faut :**
- **régler la machine pour avoir des larges points ;**
- **ne pas faire de point d'arrêt ;**
- **laisser dépasser le fil de chaque côté de 15 cm pour avoir une prise à tirer.**

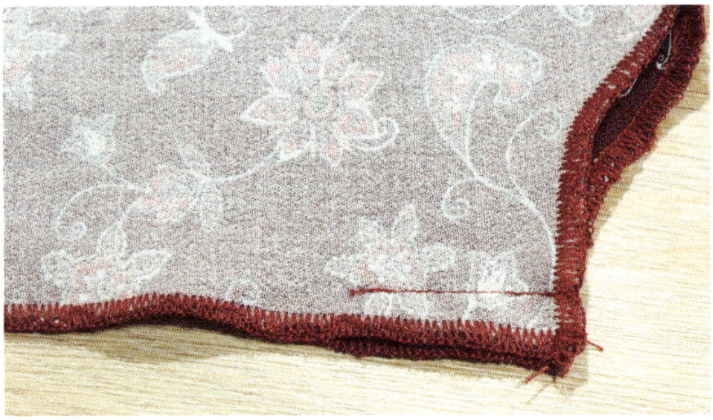

5. Assemblez endroit contre endroit le *devant* et le *dos* au *côté gauche*, sur 4 cm seulement. Repassez coutures ouvertes.

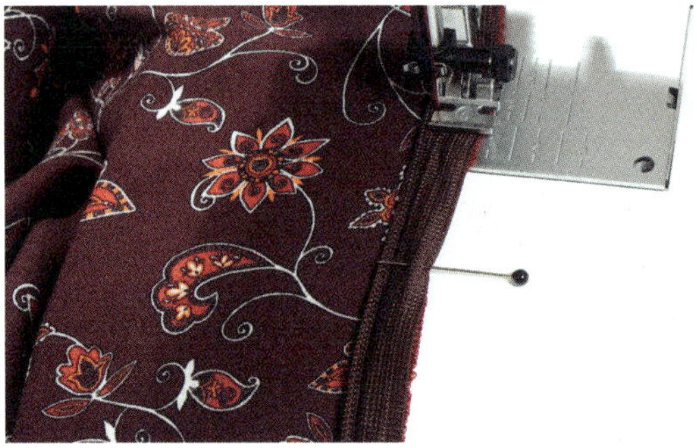

6. Posez le zip invisible au *côté gauche*. Fermez le bas de la couture. Repassez coutures ouvertes.

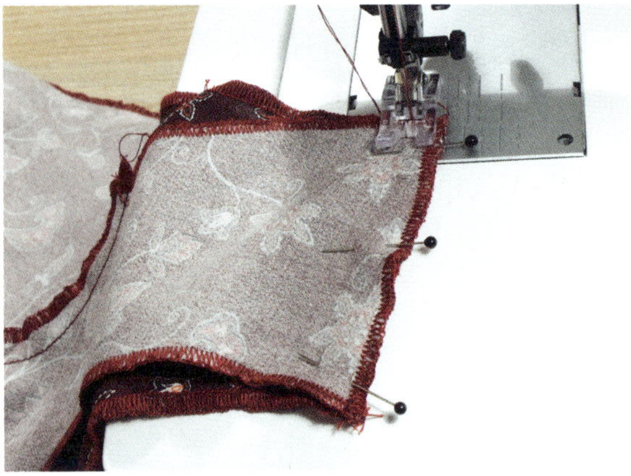

7. Assemblez endroit contre endroit le *côté droit* de la robe ainsi que les *épaules.* Repassez coutures ouvertes.

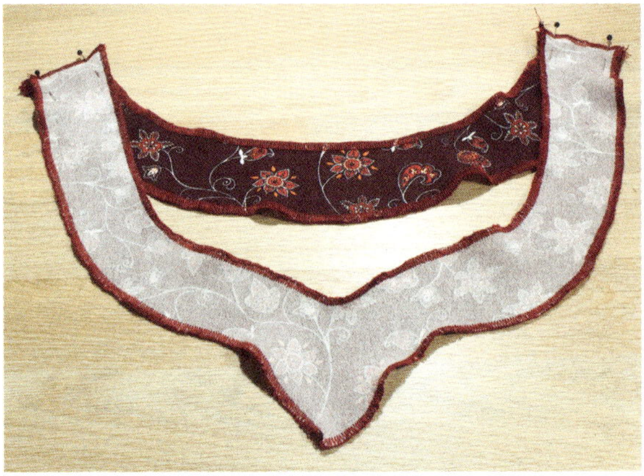

8. Assemblez endroit contre endroit les *enformes*. Repassez coutures ouvertes.

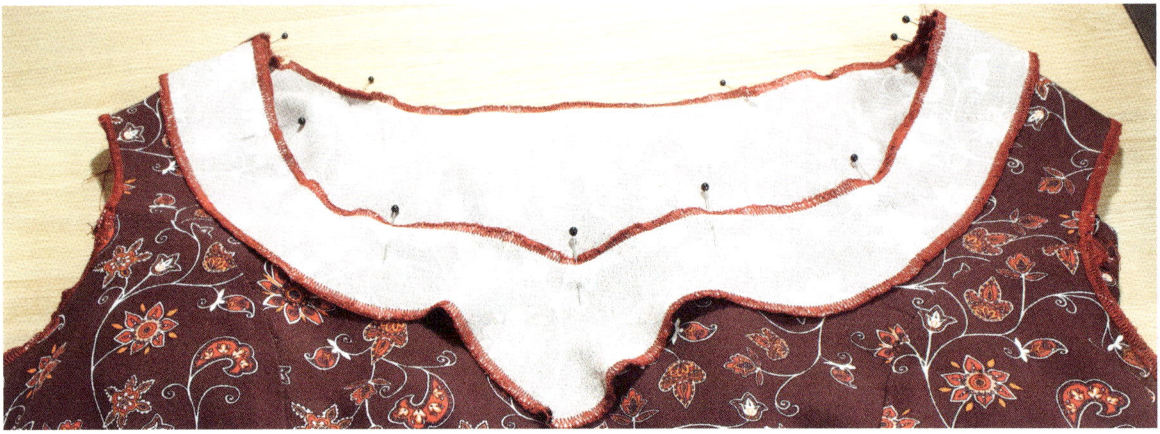

9. Assemblez endroit contre endroit l'*enforme* à la *pièce principale*. Crantez les angles et retournez l'enforme à l'intérieur. Repassez.

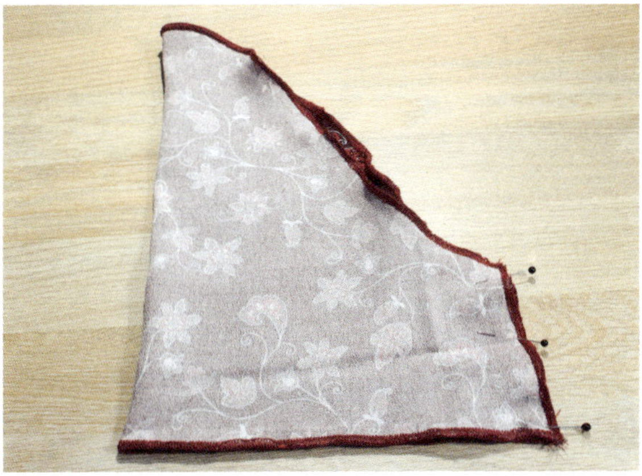

10. Assemblez endroit contre endroit le *dessous de manche*. Repassez coutures ouvertes.

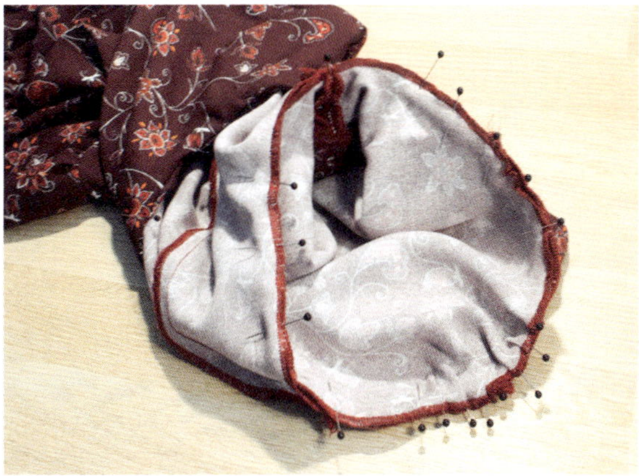

11. Assemblez endroit contre endroit la *manche* à la robe. Repassez.

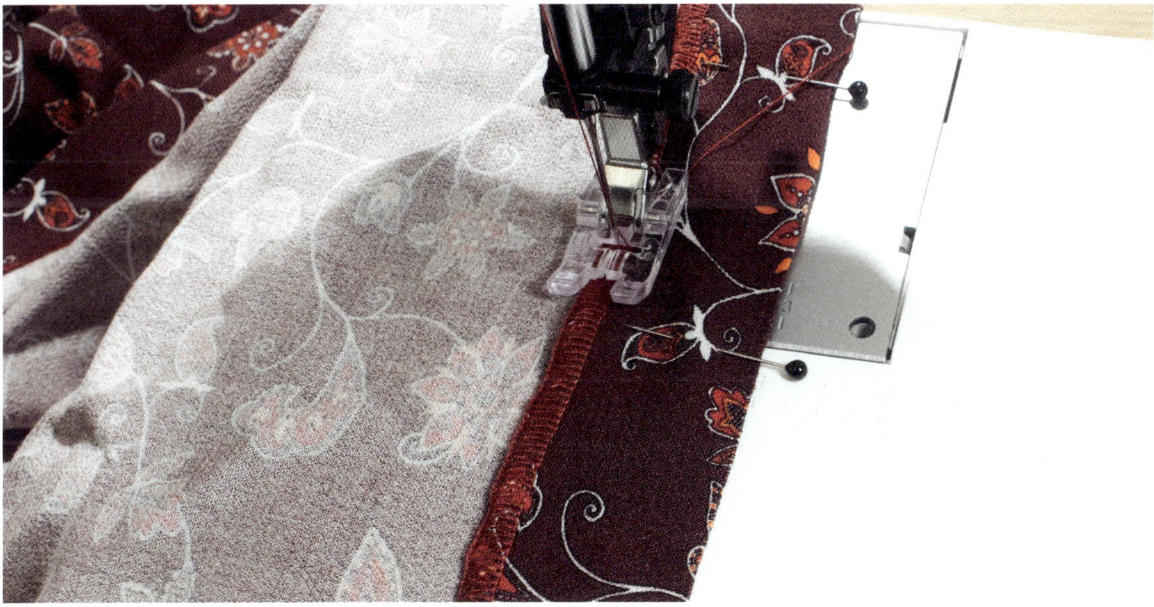

12. Marquez l'ourlet du bas de la robe et de la *manche* de 3 cm au fer et surpiquez-le. Bravo, votre robe patineuse est terminée !

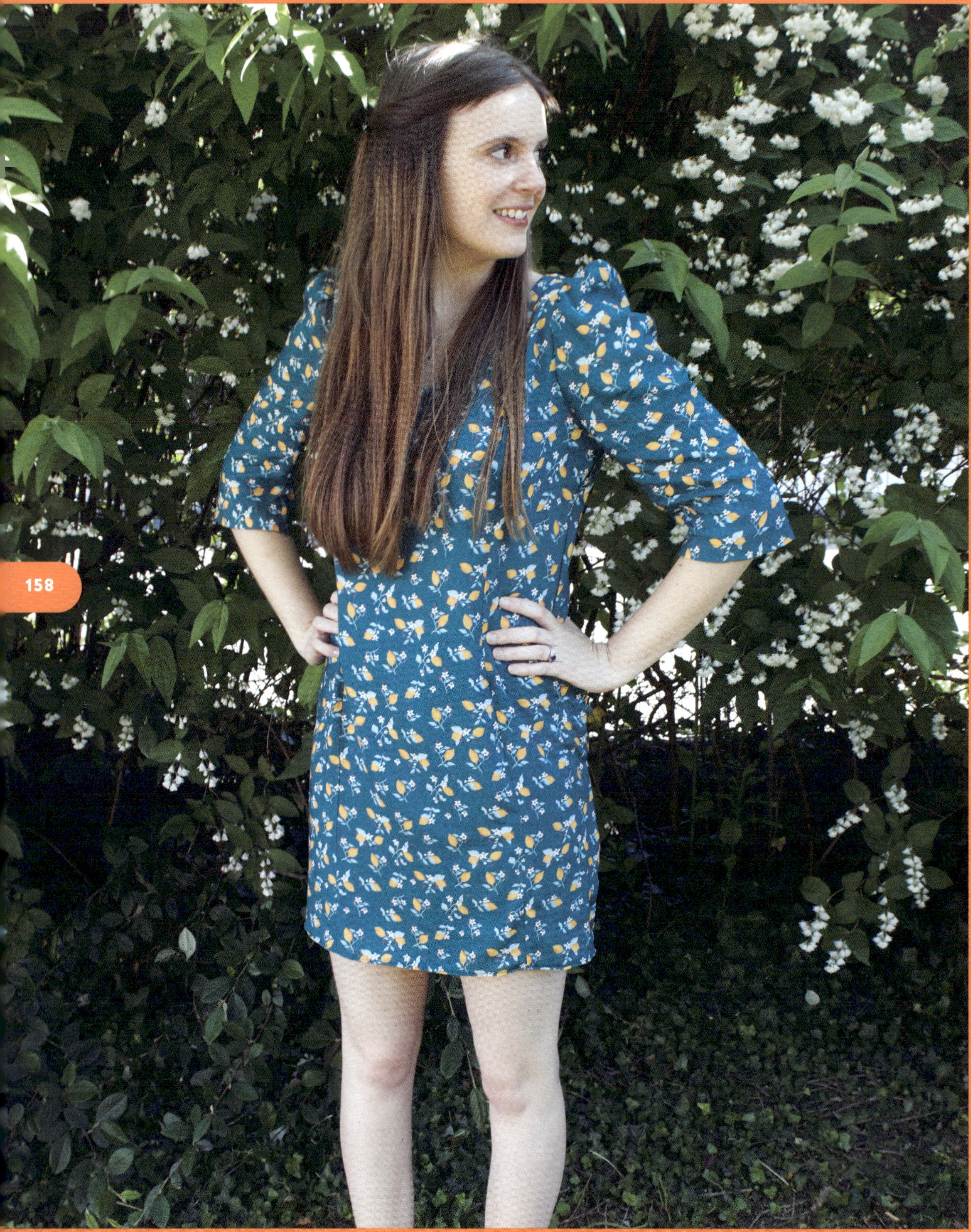

La robe cintrée

Vous allez maintenant apprendre à tracer une robe cintrée. Le choix de matière est divers et varié : jean souple, wax, lyocell, sergé de coton, velours, suédine fine ou broderie. Ici, la robe est réalisée dans une viscose.

NIVEAUX DE DIFFICULTÉ

Patronage	☺
Couture	☺

Légende : ☺ facile, ☺☺ très facile

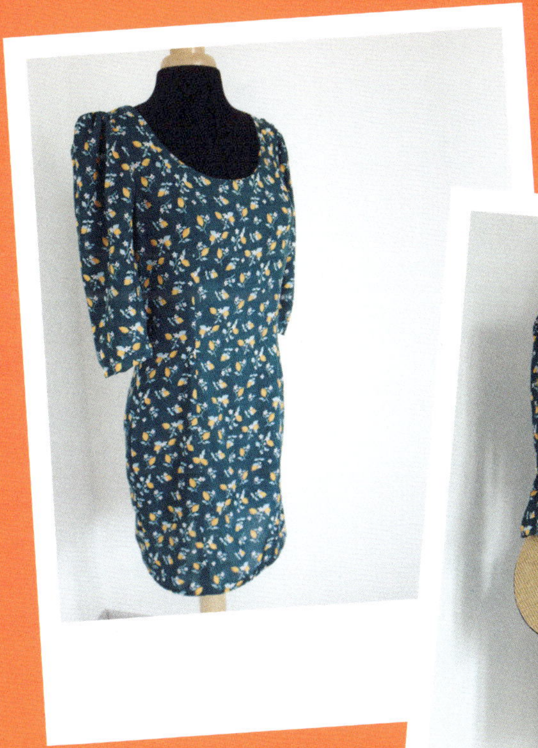

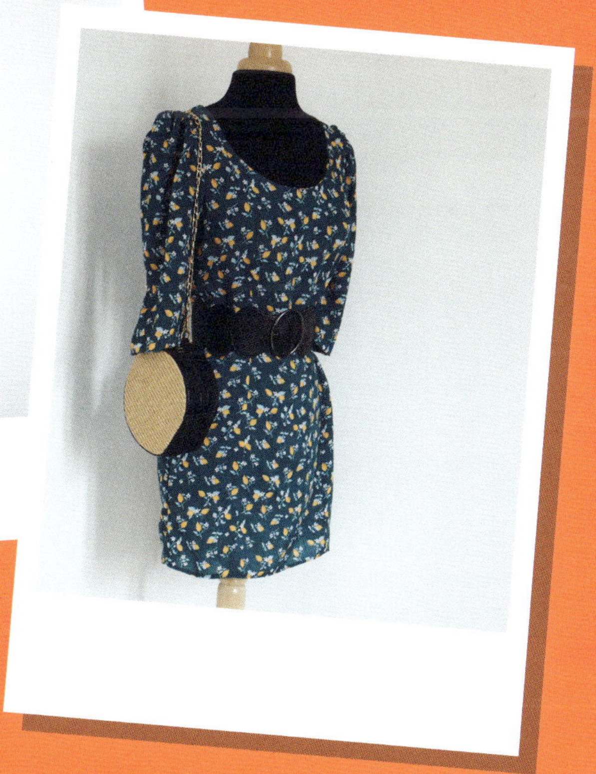

LA CONSTRUCTION ET LA TRANSFORMATION

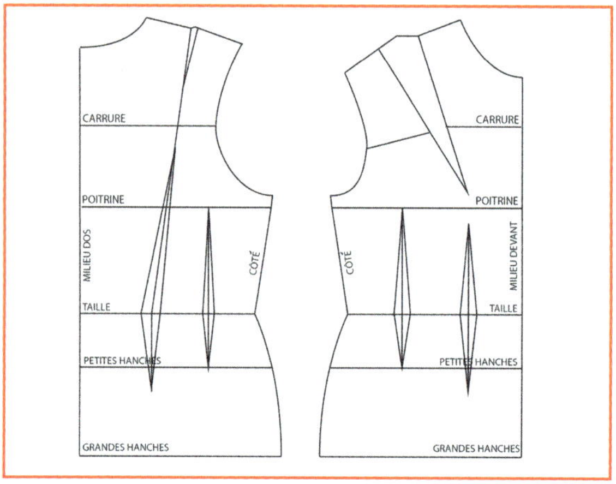

1. Prenez le rouleau de papier kraft et posez dessus les deux bases de corsage. Laissez une marge de 40 cm en dessous, 5 cm au-dessus et 5 cm sur les côtés. Relevez avec un feutre noir les contours des bases du *corsage devant* et du *corsage dos*, les *lignes de taille*, *petites hanches*, *grandes hanches*, *carrure* et *poitrine*, ainsi que les pointeaux des *pinces*.

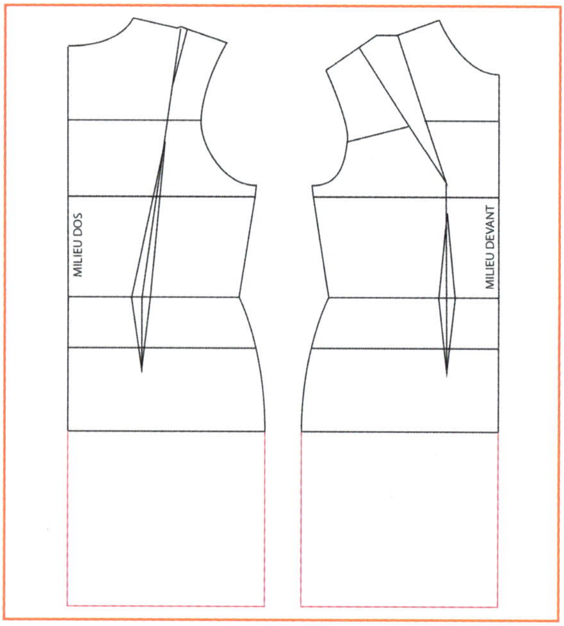

2. Rallongez votre construction de 30 cm environ pour que la base de corsage devienne une robe aux genoux. Vous pourrez la raccourcir par la suite. Ne tracez pas les deux *pinces* les plus proches des côtés.

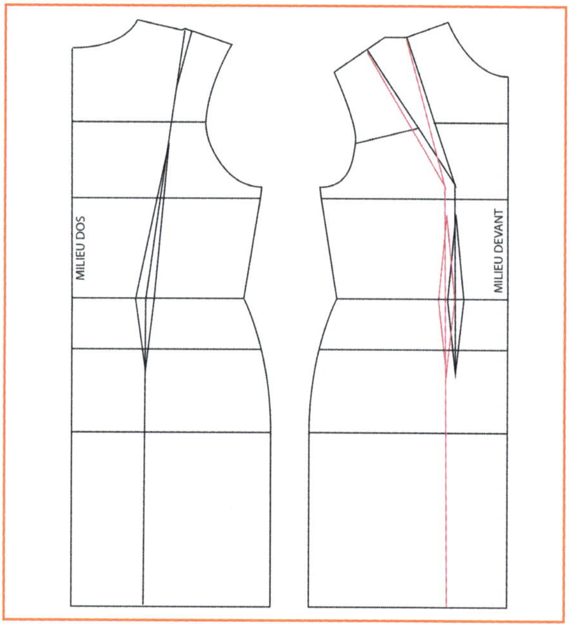

3. Décalez la pointe de la *pince d'épaule devant* de 2 cm sur le côté, retracez la *pince*. Décalez également la totalité de la *pince principale devant* de 2 cm sur le côté.

INFO

▶ **Ce décalage permet à la *découpe devant* de ne pas passer pile sur la pointe de sein, ce qui ne serait pas très esthétique.**

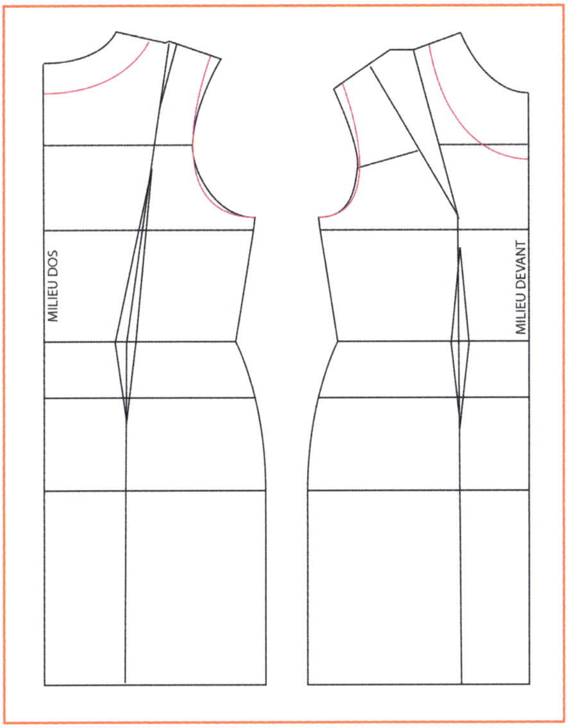

4. Choisissez la forme et la profondeur du décolleté voulu. Sur la *ligne d'épaule devant*, positionnez le nouveau départ de l'*encolure* à 4 cm de l'ancien et tracez un décolleté selon la forme désirée en veillant à le faire descendre sous la *ligne de carrure*. Si vous optez pour un décolleté rond, veillez à faire une platitude de 1 cm au niveau du *milieu devant*. Ici est illustré un décolleté rond descendant sous la *ligne de carrure*.

INFO

▶ **La robe ne s'ouvrant pas, la terminaison du décolleté sous la *ligne de carrure devant* est obligatoire pour avoir suffisamment d'aisance pour passer la tête.**

Sur la *ligne d'épaule devant*, positionnez le nouveau *départ de l'emmanchure* à 1,5 cm de l'ancien et retracez harmonieusement avec le perroquet l'*emmanchure devant*. Sur la *ligne d'épaule dos*, positionnez le nouveau départ de l'*encolure* à 4 cm de l'ancien et retracez l'*encolure* selon la forme désirée. Mesurez votre nouvelle *ligne d'épaule devant* et utilisez cette mesure pour tracer la nouvelle *ligne d'épaule dos*.

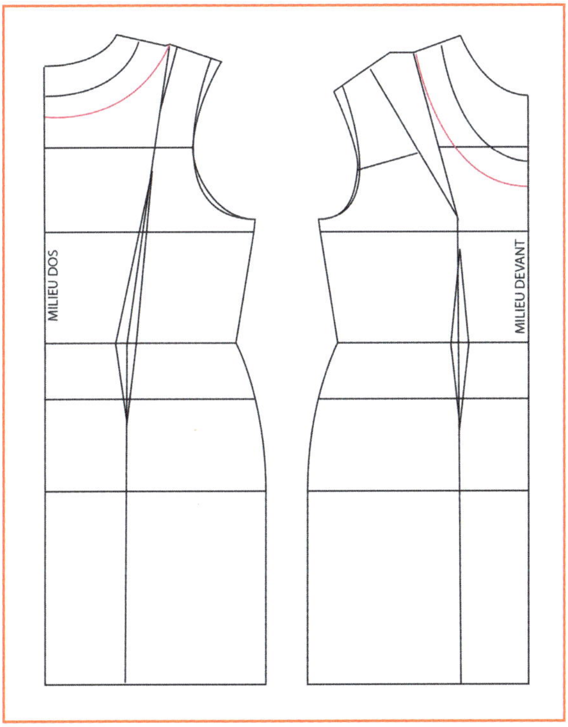

5. À l'intérieur de chaque construction, tracez des lignes parallèles à 3 cm de l'*encolure devant* et de l'*encolure dos*. Cela constitue les enformes de propreté.

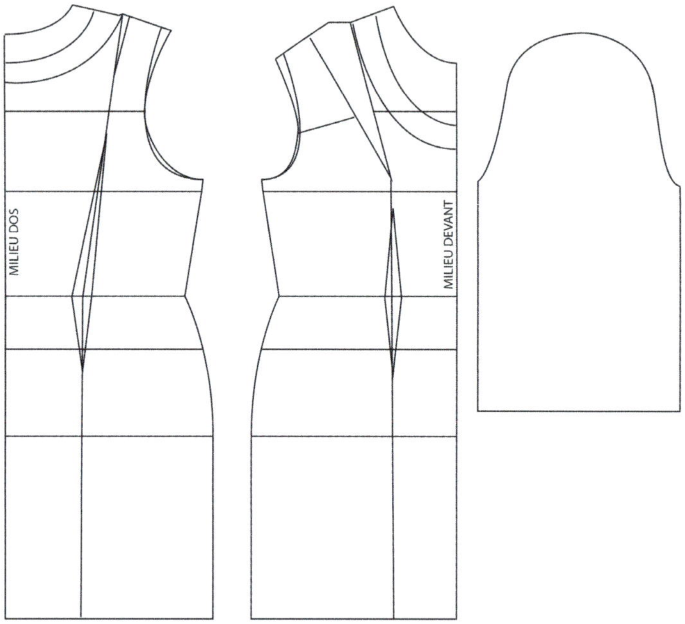

6. Reportez-vous au chapitre 6 pour choisir la manche souhaitée pour ce modèle. Ici est illustrée la manche gigot.

LE PATRON

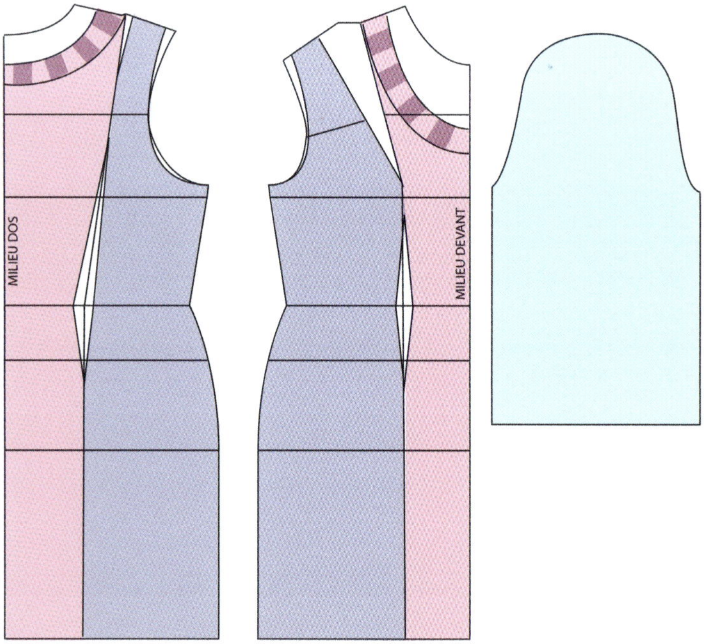

7. Déroulez à présent le papier kraft blanc par-dessus la construction. À l'aide d'un feutre noir, relevez (en les espaçant suffisamment) les neuf pièces principales qui constituent la robe : le *devant*, le *côté devant*, le *dos*, le *côté dos*, l'*enforme encolure devant*, l'*enforme encolure dos*, la *manche* choisie ainsi que le *passant* et la *ceinture à nouer*. Relevez en traits pleins les contours extérieurs.

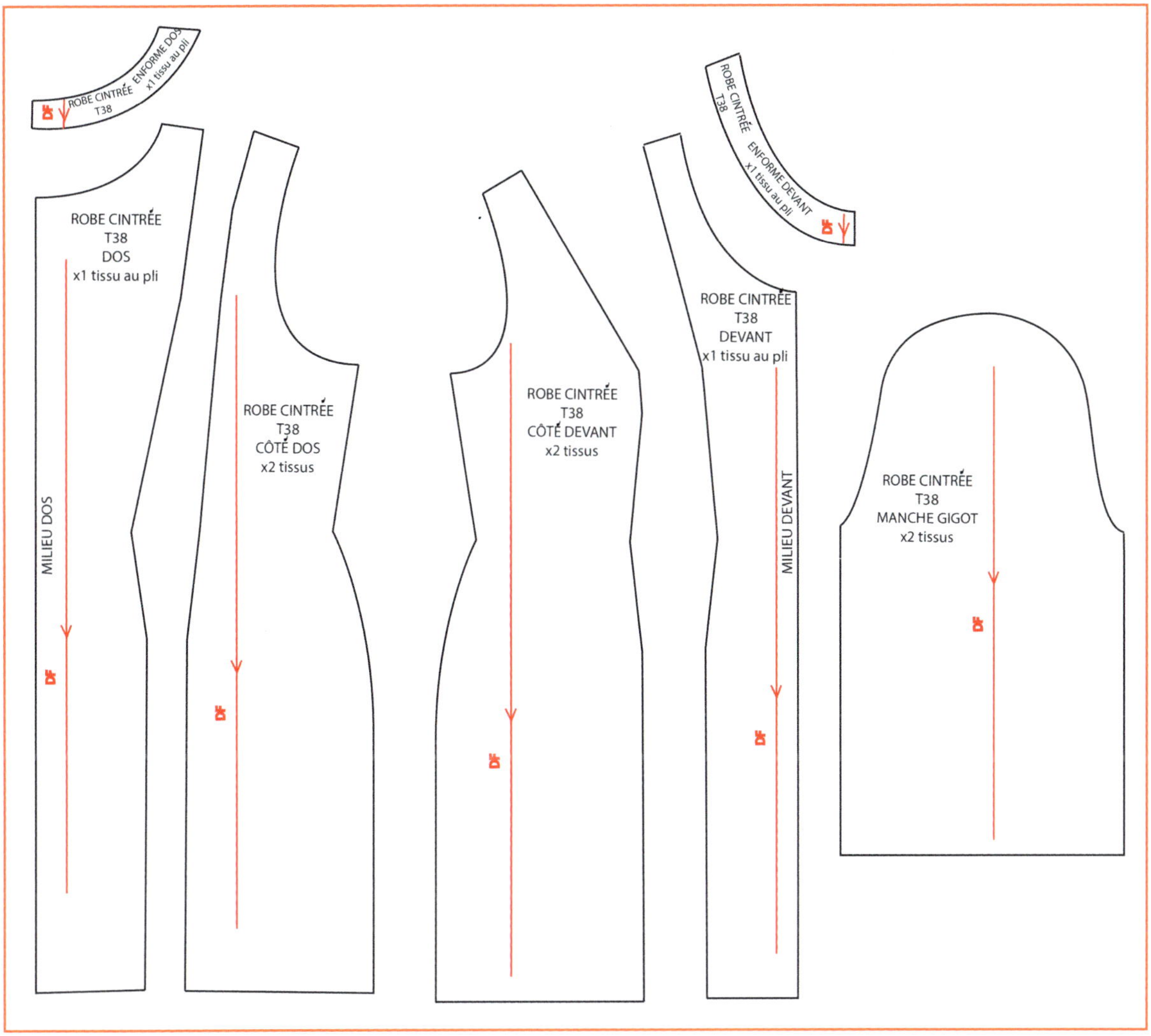

8. Tracez en rouge le droit-fil sur chaque pièce. Le droit-fil doit toujours être parallèle au *milieu devant* ou au *milieu dos*. Tracez-le suffisamment long pour vous aider lors du placement des pièces sur le tissu. Légendez les pièces de manière détaillée : type de modèle, taille, nom de la pièce, nombre de fois à couper.

Petite aide si vous n'êtes pas encore familiarisé avec le nombre de pièces à couper, pour ce modèle :

- le devant : × 1 tissu au pli ;
- le côté devant : × 2 tissus ;
- le dos : × 1 tissu au pli ;
- le côté dos : × 2 tissus ;
- l'enforme encolure devant : × 1 tissu au pli ;
- l'enforme encolure dos : × 1 tissu au pli ;
- la manche : × 2 tissus.

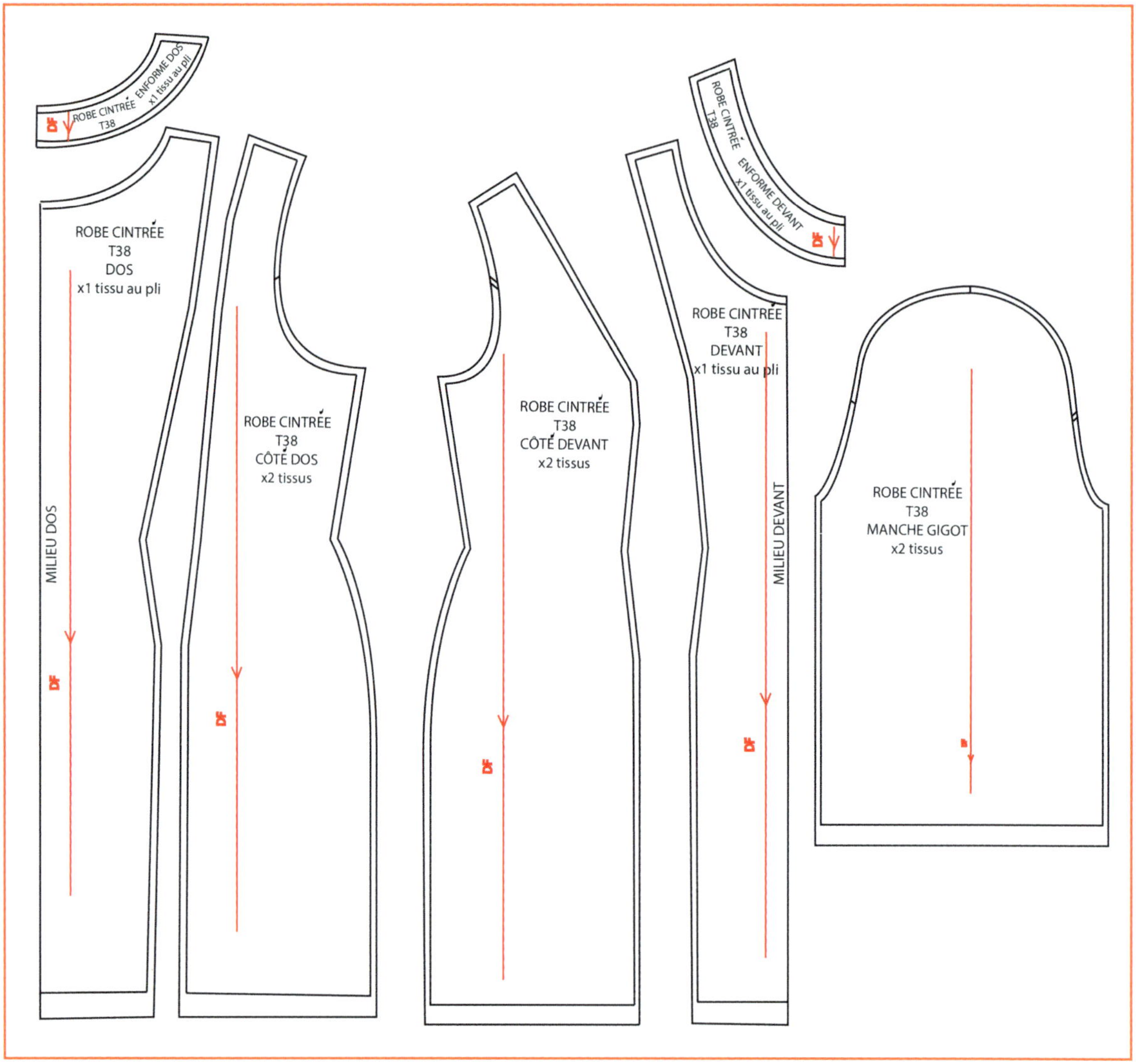

9. Ajoutez les valeurs de couture grâce à l'équerre graduée. Elles sont de 1 cm tout autour des pièces, sauf en bas de la robe où l'ourlet doit être de 3 cm. Ne mettez pas de valeur de couture au niveau du *milieu devant* et du *milieu dos* car les pièces principales *devant* et *dos* ainsi que les *enformes encolure devant* et *dos* sont à couper au pli.
Le patron est prêt à être coupé. Choisissez un joli tissu, placez les pièces au pli ou à double en fonction de la légende, en veillant à ce que le droit-fil soit toujours parallèle à la lisière. Maintenant, vous êtes prêt à passer au montage !

LA GAMME DE MONTAGE

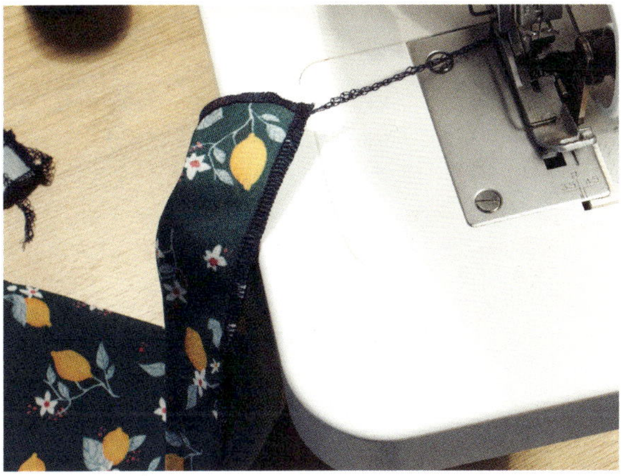

1. Surjetez l'ensemble des pièces.

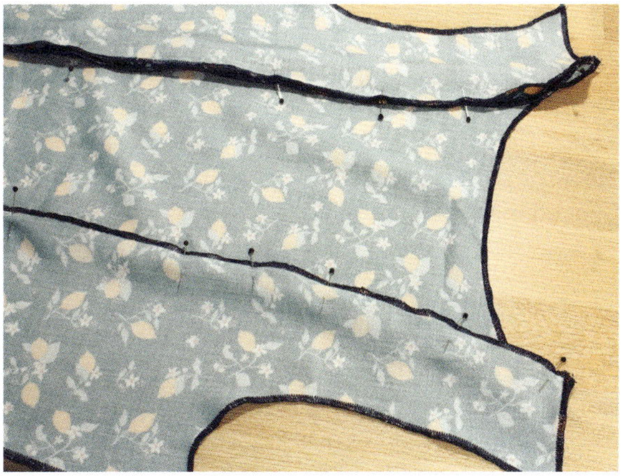

2. Assemblez endroit contre endroit les *côtés devant* au *devant*, puis les *côtés dos* au *dos*. Repassez coutures ouvertes.

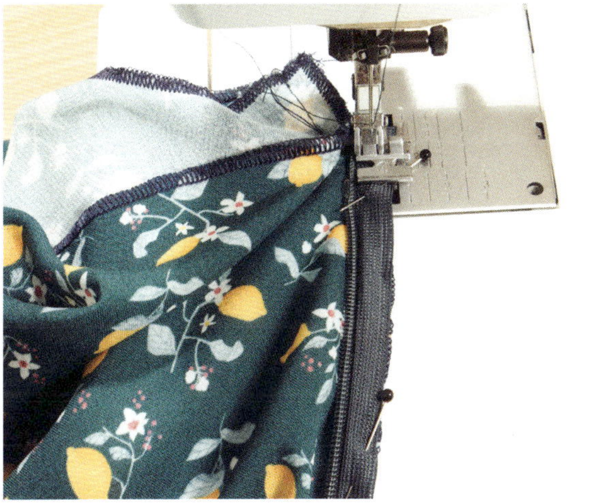

3. Assemblez endroit contre endroit le *devant* et le *dos* au *côté gauche*, sur 4 cm seulement. Posez le zip invisible au *côté gauche*. Fermez le bas de la couture. Repassez coutures ouvertes.

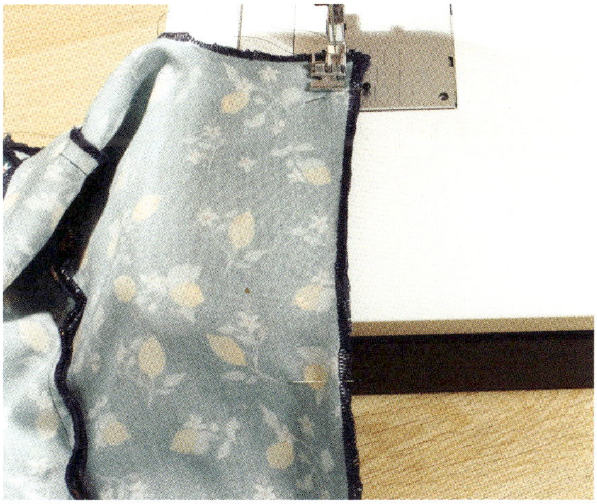

4. Assemblez endroit contre endroit le *côté droit* de la robe. Repassez coutures ouvertes.

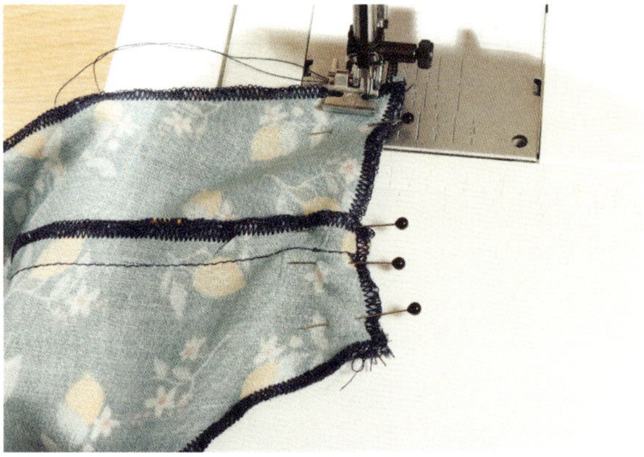

5. Assemblez endroit contre endroit les *épaules* de la robe. Repassez coutures ouvertes.

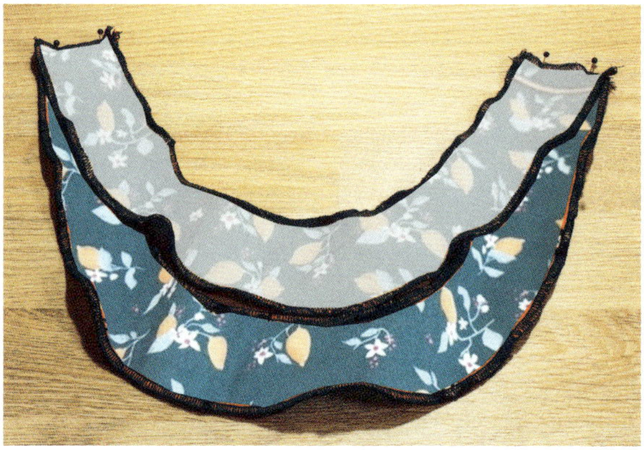

6. Assemblez endroit contre endroit l'*enforme devant* à l'*enforme dos*. Repassez coutures ouvertes.

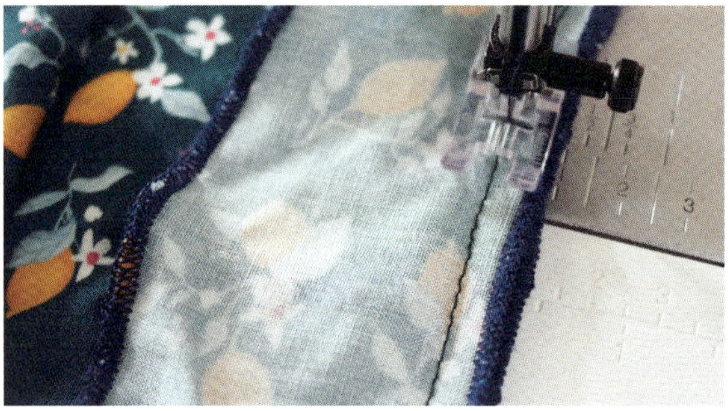

7. Assemblez endroit contre endroit l'*enforme* à la *robe*. Retournez l'enforme sur l'intérieur de la robe et repassez.

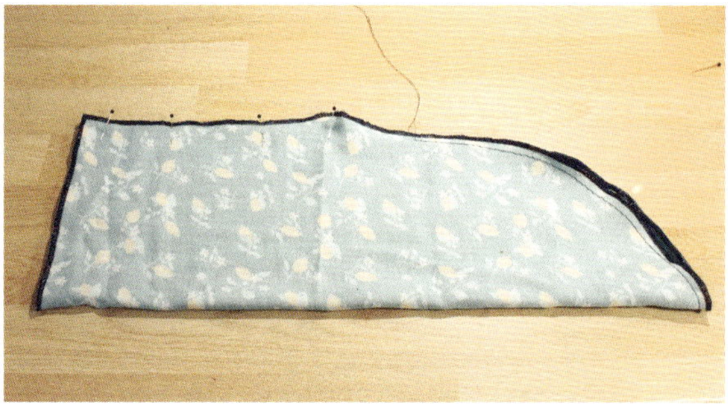

8. Assemblez endroit contre endroit le *dessous de manche*. Repassez coutures ouvertes.

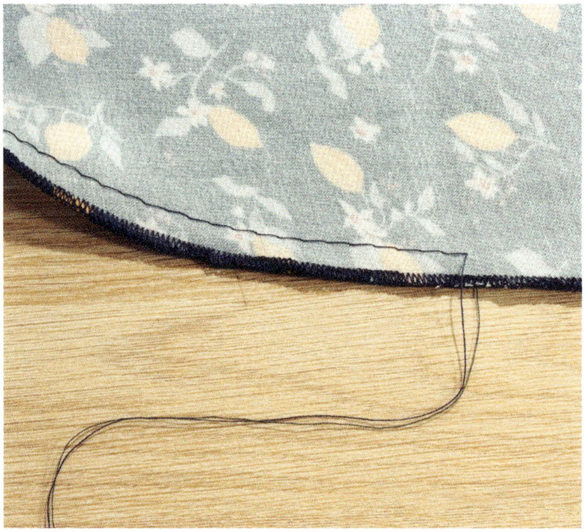

9. Passez un fil de fronces sur les *têtes de manche*. Tirez sur le fil de fronces pour réduire la longueur des *têtes de manche* de sorte que les nouvelles longueurs des *têtes de manche froncées* correspondent au *tour d'emmanchure*.

INFO

▶ **Pour réaliser un fil de fronces, il faut :**
- **régler la machine pour avoir des larges points ;**
- **ne pas faire de point d'arrêt ;**
- **laisser dépasser le fil de chaque côté de 15 cm pour avoir une prise à tirer.**

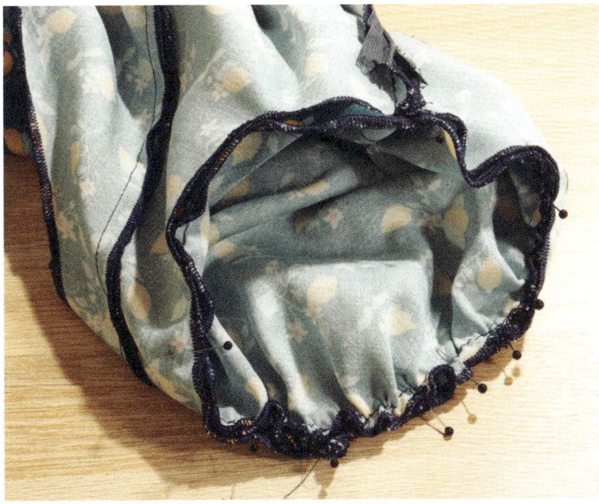

10. Froncez les *manches* et assemblez-les à la robe, endroit contre endroit. Repassez coutures ouvertes.

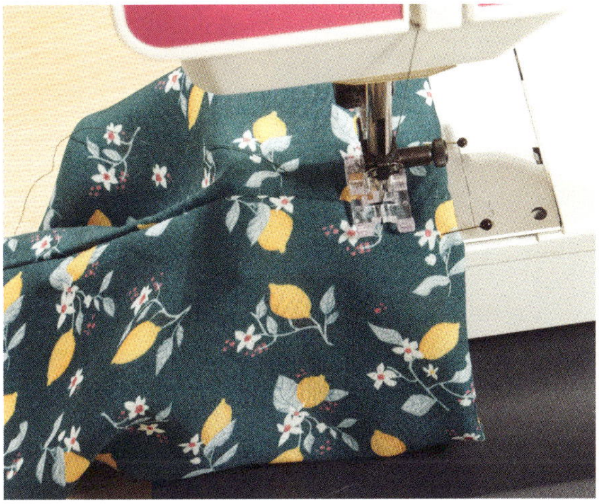

11. Repliez l'ourlet de la *manche*, repassez-le et surpiquez-le.

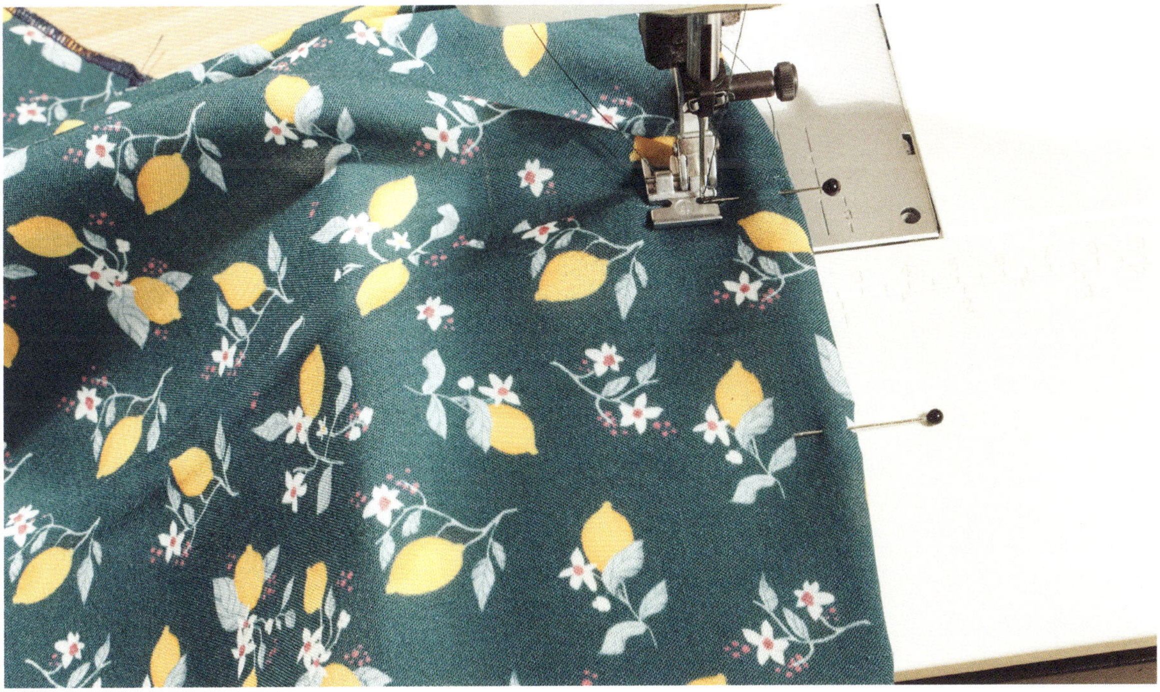

12. Marquez l'ourlet de 3 cm au fer et surpiquez-le. Bravo, votre robe cintrée est terminée !

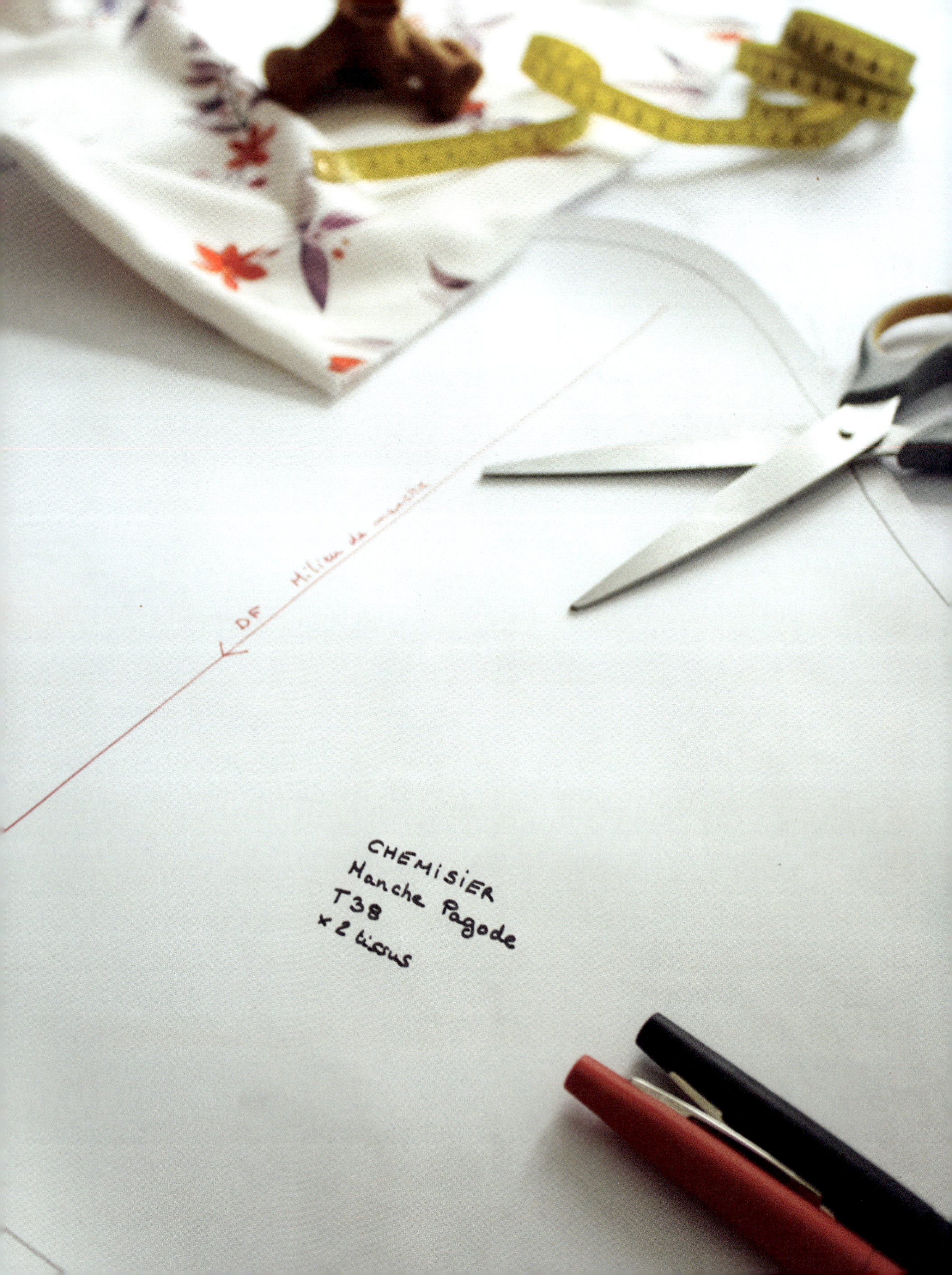
DF Milieu de manche
CHEMISIER
Manche Pagode
T38
x 2 tissus

Chapitre 6

Les pièces annexes

LES MANCHES

Vous allez ici apprendre à tracer la manche droite classique, puis quelques manches fantaisie. Contrairement à la jupe de base et au corsage de base, vous ne pouvez pas tracer de manche de base sur du rhodoïd, car la construction de la manche dépend du tour d'emmanchure devant et dos, et ce dernier varie en fonction de votre point d'épaule. Vous êtes donc obligé de reconstruire à chaque fois votre manche en passant par cette méthode avant de pouvoir la modifier et la transformer en manche fantaisie.

LA MANCHE DROITE

Traçage du cadre rectangle

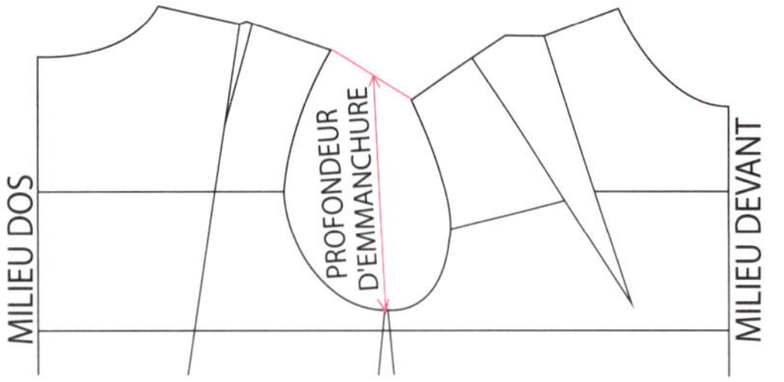

1. Munissez-vous du papier kraft et de votre porte-mine pour la construction de la manche. Mesurez votre *tour d'emmanchure dos* et votre *tour d'emmanchure devant*. Mesurez également votre *profondeur d'emmanchure*.

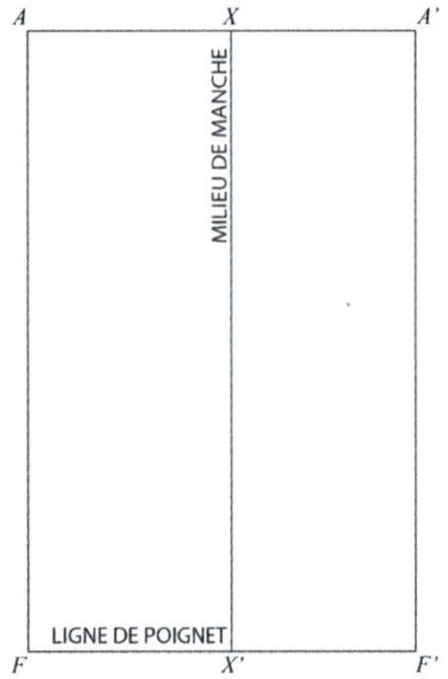

2. Tracez une ligne horizontale AXA' de sorte que AX = 7/10 du *tour d'emmanchure dos* et XA' = 7/10 du *tour d'emmanchure devant*.
Tracez une ligne verticale AF mesurant 60 cm. Tracez FF' de sorte que FF' soit parallèle à AA' et de même longueur. C'est la *ligne de poignet*.
Rejoignez A' et F'.
Placez X' sur FF' de telle sorte que XX' soit perpendiculaire à FF'. XX' est le *milieu de manche*.

Traçage des lignes repères

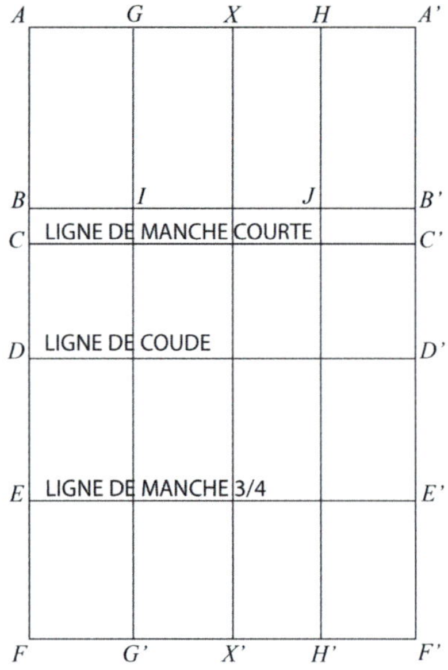

3. Tracez BB', une ligne parallèle et en dessous de AA' située à une distance correspondant à la **profondeur d'emmanchure × 0,875**. C'est la ligne correspondant à la hauteur de la *tête de manche*.
Tracez CC', une ligne parallèle à AA' située à 4 cm en dessous de BB'. C'est la ligne repère pour une manche courte.
Tracez DD', une ligne parallèle à AA' située à 35 cm en dessous de AA'. C'est la ligne repère pour le coude.
Tracez EE', une ligne parallèle à AA' située à 48 cm en dessous de AA'. C'est la ligne de repère pour une manche 3/4.
Placez G sur AX tel que AG = ½ de AX. Tracez GG' tel que GG' soit parallèle à XX'. Nommez I l'intersection entre GG' et BB'.
Placez H sur XA' tel que XH = ½ de XA'. Tracez HH' tel que HH' soit parallèle à XX'. Nommez J l'intersection entre HH' et BB'.

Construction de la tête de manche

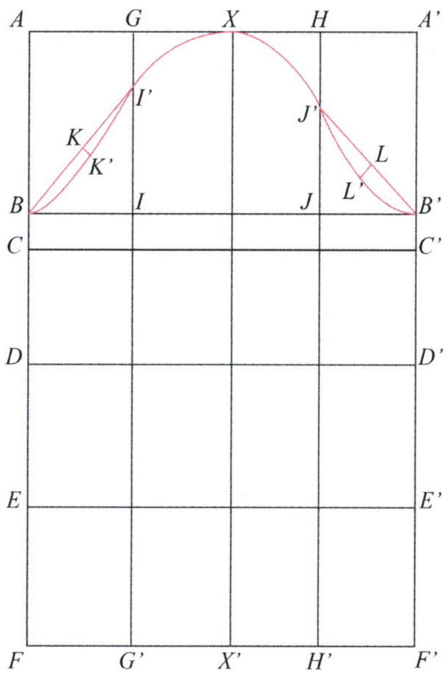

4. Sur GI et en partant de G, placez I' tel que **GI' = ⅓ de GI**. Tracez une ligne droite joignant B et I'. Placez K au milieu de BI' et tracez vers le bas une perpendiculaire en K sur 1 cm. Nommez ce point K'.

Sur HJ et en partant de H, placez J' tel que **HJ' = 2/5 de HJ**. Tracez une ligne droite joignant B' et J'. Placez L au milieu de B'J' et tracez vers le bas une perpendiculaire en L sur 2 cm. Nommez ce point L'.

À l'aide du perroquet, tracez la *tête de manche* en reliant les points BK'I'XJ'L'B' en respectant une platitude de 0,75 cm à partir de B, de 0,5 cm de part et d'autre de X, et de 1 cm au niveau de B'.

Vérifications

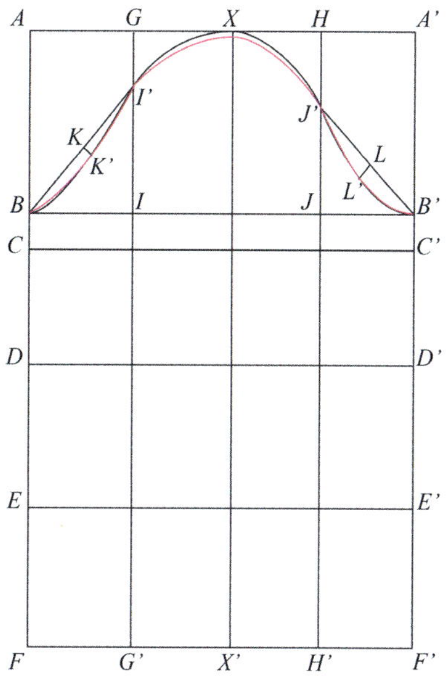

5. Mesurez la *tête de manche* (BK'I'XJ'L'B'). Soustrayez à cette valeur votre mesure du *tour d'emmanchure devant* et *dos*. Le résultat est la valeur d'embu. Il est normal d'avoir de l'embu. Son amplitude acceptable dépendra du type de vêtement cousu et de la matière choisie. En effet, pour la manche d'un tailleur en laine, l'embu peut varier entre 2,5 et 4 cm, la matière étant très facile à travailler car très souple. En revanche, pour un chemisier en coton, il n'est pas recommandé d'excéder 1,5 cm, car le coton est une matière assez sèche et vous risqueriez d'avoir des difficultés à résorber l'embu en créant des plis non voulus.

Si l'embu de votre manche est trop élevé pour votre top ou chemisier, pas de panique. Retravaillez les courbes de la *tête de manche* pour les faire moins bombées et moins creusées. Vous allez gagner quelques millimètres. Si l'embu est toujours trop grand par rapport à la valeur espérée, descendez votre point X de quelques millimètres, retracez la *tête de manche* et remesurez-la. Répétez l'opération jusqu'à ce que vous tombiez sur une valeur acceptable.

Patronage de la manche

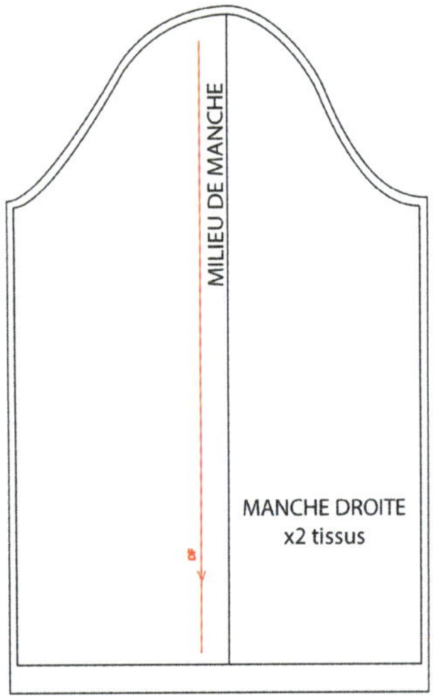

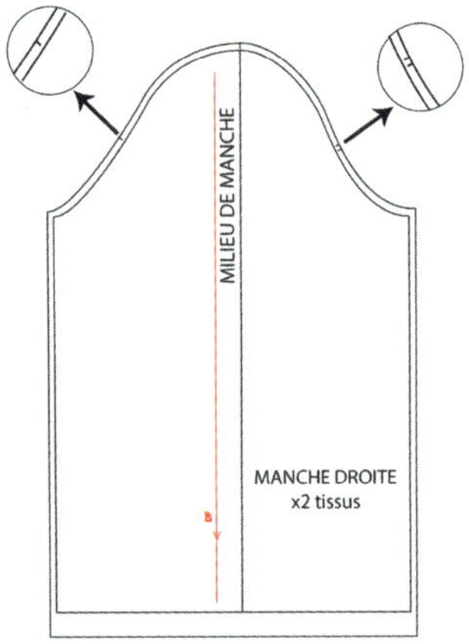

6. Le droit-fil de manche est toujours parallèle au *milieu de la manche*, c'est-à-dire parallèle à XX'.

INFO

▶ **Il est crucial de parfaitement respecter le droit-fil, sinon la manche vrillera !**

Les valeurs de couture classiques de la manche droite de base sont de 1 cm tout autour de la manche, excepté en bas de la manche, où l'ourlet doit être de 3 cm.

7. Pour bien monter la manche et éviter qu'elle parte sur l'avant ou l'arrière, positionnez trois repères :

- le cran du *milieu de manche* : il se situe en X et devra être positionné au niveau de la couture de l'épaule lors du montage ;
- le cran de l'*emmanchure dos*, placé sur la tête de manche entre K' et I' ;
- le double cran de l'*emmanchure devant*, placé sur la tête de manche entre J' et L'.

INFO

▶ **Le double cran permet de différencier facilement le *dos* du *devant* de la manche une fois que les manches en tissu seront coupées !**

Reportez ensuite le cran de l'*emmanchure dos* et le double cran de l'*emmanchure devant* sur le patron au niveau de l'emmanchure.

INFO

▶ **L'embu devra être réparti en harmonie entre le cran de l'*emmanchure dos* et le double cran de l'*emmanchure devant*, en veillant à bien faire correspondre le cran de milieu de manche avec la couture d'épaule.**

POUR ALLER PLUS LOIN

Vous pouvez facilement transformer votre manche droite classique en manche fantaisie à volants rapportés. Il vous suffit d'ajouter en bas de la manche une bande de tissu large de 10 cm et ayant une longueur de AA' + 18 cm. Vous trouverez l'illustration de cette manche dans le chapitre 5 sur le modèle de la robe droite volantée.

LA MANCHE PAGODE

Pour obtenir cette manche ample, vous devez déjà construire une manche de base, puis la transformer. Le tissu idéal pour cette jolie manche romantique est un tissu fluide comme une viscose, un crêpe polyester ou une mousseline.

Traçage du cadre rectangle

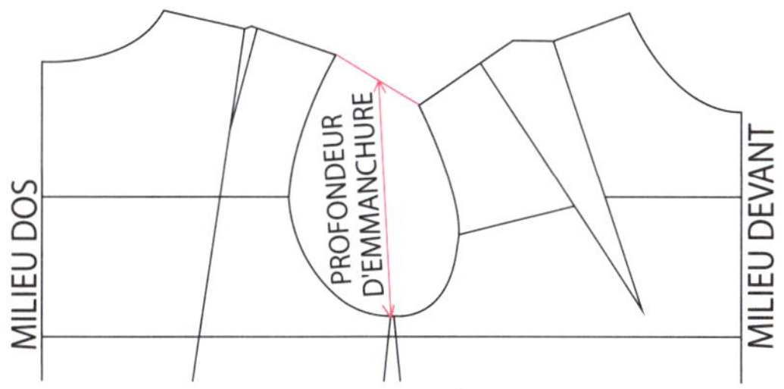

1. Munissez-vous du papier kraft et de votre porte-mine pour la construction de la manche. Mesurez votre *tour d'emmanchure dos* et votre *tour d'emmanchure devant*. Mesurez également votre *profondeur d'emmanchure*.

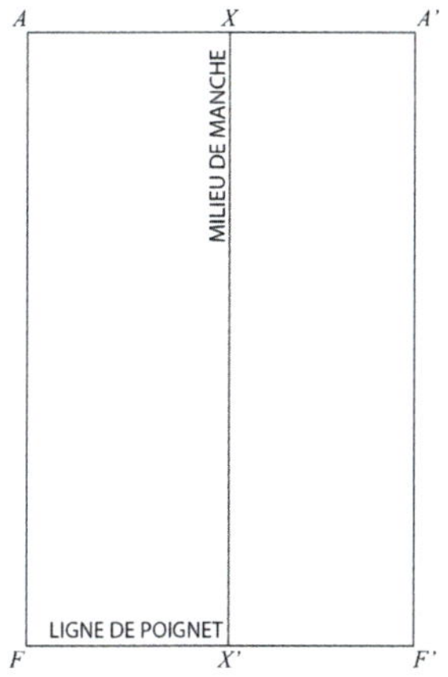

2. Tracez une ligne horizontale AXA' de sorte que AX = 7/10 du *tour d'emmanchure dos* et XA' = 7/10 du *tour d'emmanchure devant*.
Tracez une ligne verticale AF mesurant 60 cm. Tracez FF' de sorte que FF' soit parallèle à AA' et de même longueur. C'est la *ligne de poignet*.
Rejoignez A' et F'.
Placez X' sur FF' de telle sorte que XX' soit perpendiculaire à FF'. XX' est le *milieu de manche*.

Traçage des lignes repères

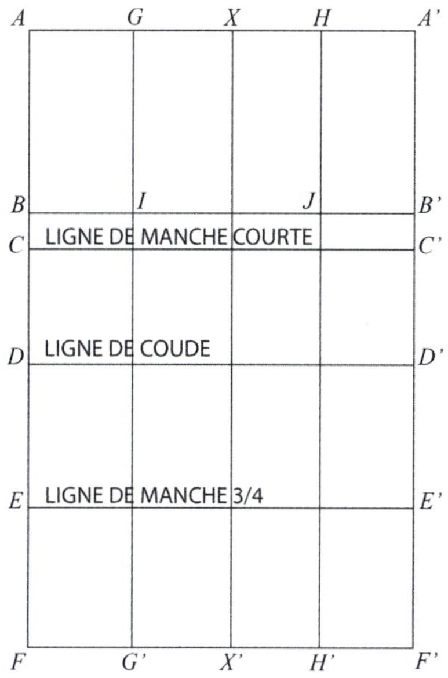

3. Tracez BB', une ligne parallèle et en dessous de AA' située à une distance correspondant à **la *profondeur d'emmanchure* x 0,875**. C'est la ligne correspondant à la hauteur de la tête de manche.
Tracez CC', une ligne parallèle à AA' située à 4 cm en dessous de BB'. C'est la ligne repère pour une manche courte.
Tracez DD', une ligne parallèle à AA' située à 35 cm en dessous de AA'. C'est la ligne repère pour le coude.
Tracez EE', une ligne parallèle à AA' située à 48 cm en dessous de AA'. C'est la ligne de repère pour une manche 3/4.
Placez G sur AX tel que **AG = ½ de AX**. Tracez GG' tel que GG' soit parallèle à XX'. Nommez I l'intersection entre GG' et BB'.
Placez H sur XA' tel que **XH = ½ de XA'**. Tracez HH' tel que HH' soit parallèle à XX'. Nommez J l'intersection entre HH' et BB'.

Construction de la tête de manche

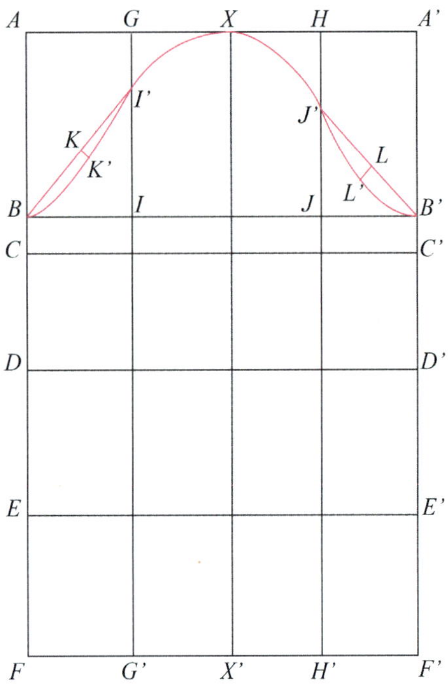

4. Sur GI et en partant de G, placez I' tel que **GI' = ⅓ de GI**. Tracez une ligne droite joignant B et I'. Placez K au milieu de BI' et tracez vers le bas une perpendiculaire en K sur 1 cm. Nommez ce point K'.
Sur HJ et en partant de H, placez J' tel que **HJ' = 2/5 de HJ**. Tracez une ligne droite joignant B' et J'. Placez L au milieu de B'J' et tracez vers le bas une perpendiculaire en L sur 2 cm. Nommez ce point L'.
À l'aide du perroquet, tracez la *tête de manche* en reliant les points BK'I'XJ'L'B' en respectant une platitude de 0,75 cm à partir de B, de 0,5 cm de part et d'autre de X, et de 1 cm au niveau de B'.

Transformations de la manche de base

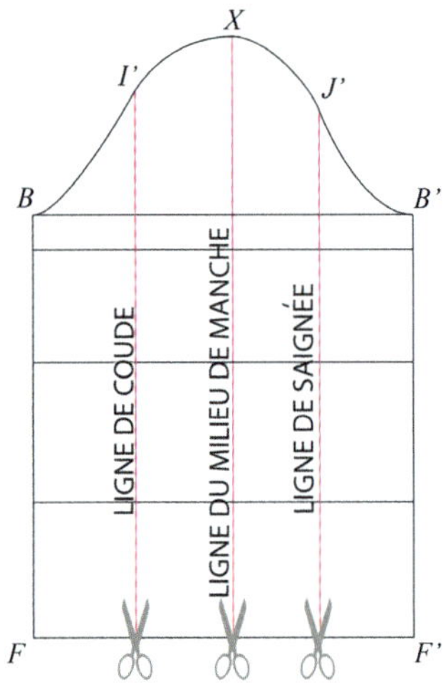

5. À partir du bas de la manche de base, fendez la *ligne de coude* (G'I'), la *ligne de milieu de manche* (X'X) et la *ligne de saignée* (H'J').

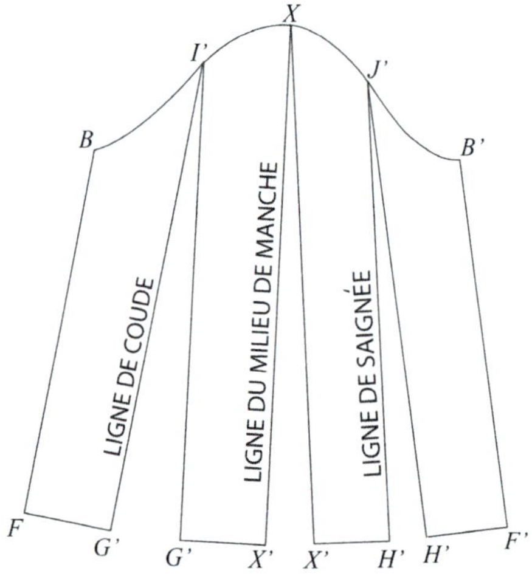

6. À l'aide du mètre à ruban, évaluez la circonférence voulue au bas de la manche. À partir des points de la *tête de manche* (I', X, J'), donnez progressivement de l'évasement de manière à avoir l'évasement maximal au niveau du bas de manche, tout en veillant à évaser de manière décroissante de la *ligne de coude* à la *ligne de saignée*.
Exemple : évasez de 12 cm la ligne de coude, de 10 cm la ligne du milieu devant et de 8 cm la ligne de saignée.

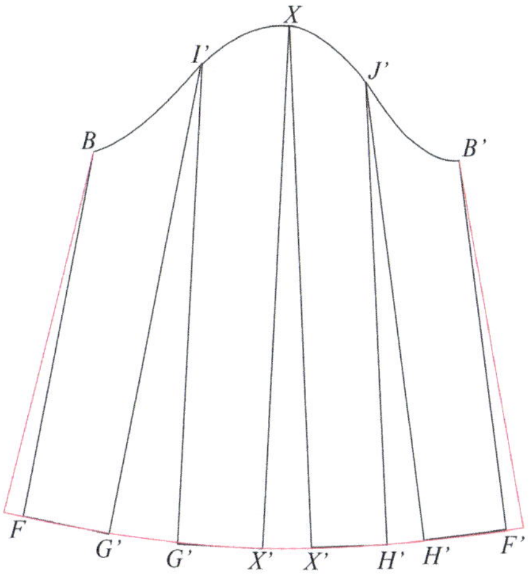

7. Selon la longueur choisie, CC', DD', EE' ou FF', élargissez de 3 cm de part et d'autre la *ligne de bas de manche*. Rejoignez chacun de ces deux nouveaux points à respectivement B et B'.
À l'aide du perroquet, retracez le bas de manche harmonieusement, en veillant à avoir un angle droit au niveau des côtés de la manche.

INFO

▶ **Ici est illustrée la transformation sur une manche longue, mais vous pouvez raccourcir la manche pour avoir une manche 3/4, au coude ou courte.**

Patronage de la manche pagode

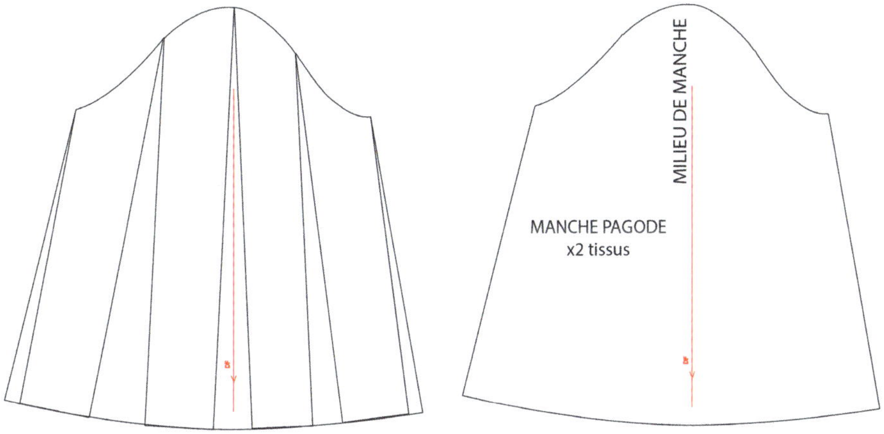

8. Le droit-fil passe par X et le milieu de l'élargissement central.

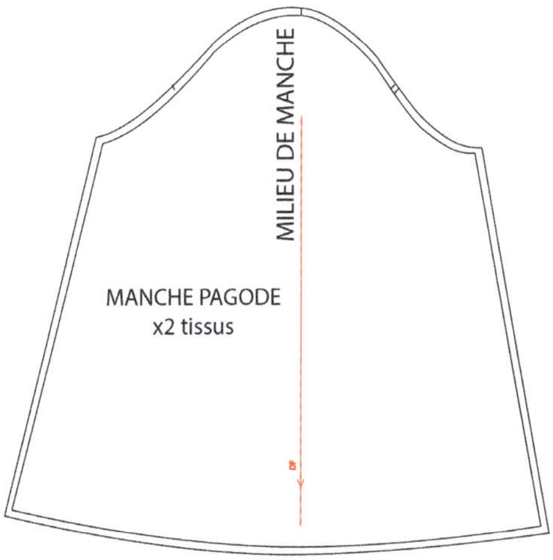

9. Les valeurs de couture sont de 1 cm tout autour de la manche. En effet, le bas de la manche étant en courbe, vous ne devez pas tracer la valeur habituelle d'ourlet de 3 cm. N'oubliez pas de mettre les crans à l'*emmanchure* !

LA MANCHE GIGOT

Pour obtenir cette manche gonflante, vous devez dans un premier temps construire une manche de base pour la transformer par la suite. Le tissu idéal pour cette jolie manche à volume est un tissu structuré ou cassant comme la popeline de coton, du jean fin ou du taffetas de soie.

Traçage du cadre rectangle

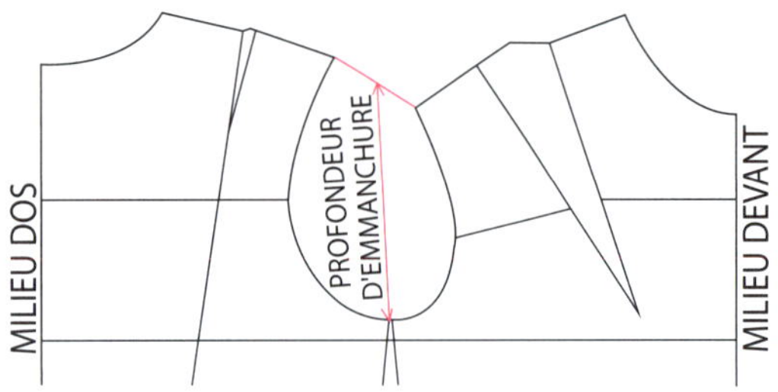

1. Munissez-vous du papier kraft et de votre porte-mine pour la construction de la manche. Mesurez votre *tour d'emmanchure dos* et votre *tour d'emmanchure devant*. Mesurez également votre *profondeur d'emmanchure*.

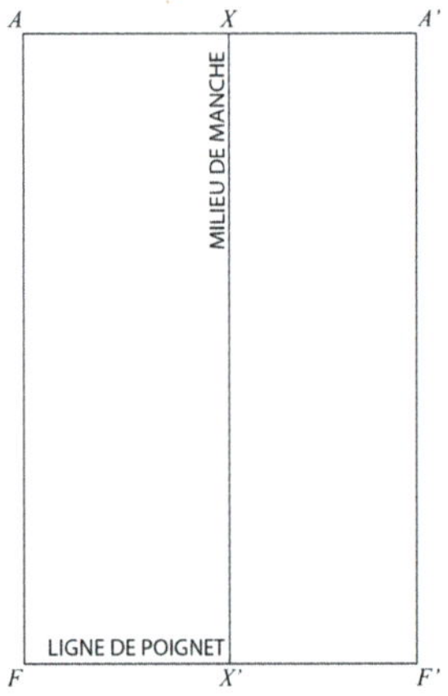

2. Tracez une ligne horizontale AXA' de sorte que AX = 7/10 du *tour d'emmanchure dos* et XA' = 7/10 du *tour d'emmanchure devant*.

Tracez une ligne verticale AF mesurant 60 cm. Tracez FF' de sorte que FF' soit parallèle à AA' et de même longueur. C'est la *ligne de poignet*.

Rejoignez A' et F'.

Placez X' sur FF' de telle sorte que XX' soit perpendiculaire à FF'. XX' est le *milieu de manche.*

Traçage des lignes repères

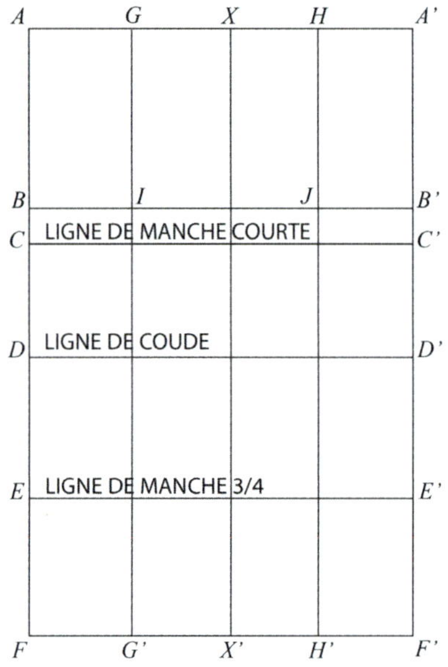

3. Tracez BB', une ligne parallèle et en dessous de AA' située à une distance correspondant à la ***profondeur d'emmanchure* × 0,875**. C'est la ligne correspondant à la hauteur de la *tête de manche*.

Tracez CC', une ligne parallèle à AA' située à 4 cm en dessous de BB'. C'est la ligne repère pour une manche courte.

Tracez DD', une ligne parallèle à AA' située à 35 cm en dessous de AA'. C'est la ligne repère pour le coude.

Tracez EE' une ligne parallèle à AA' située à 48 cm en dessous de AA'. C'est la ligne repère pour une manche 3/4.

Placez G sur AX tel que **AG = ½ AX**. Tracez GG' tel que GG' soit parallèle à XX'. Nommez I l'intersection entre GG' et BB'.

Placez H sur XA' tel que **XH = ½ de XA'**. Tracez HH' tel que HH' soit parallèle à XX'. Nommez J l'intersection entre HH' et BB'.

Construction de la tête de manche

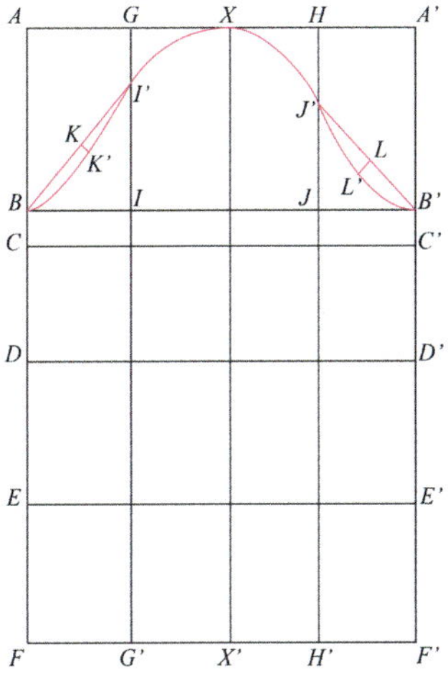

4. Sur GI et en partant de G, placez I' tel que **GI' = ⅓ de GI**. Tracez une ligne droite joignant B et I'. Placez K au milieu de BI' et tracez vers le bas une perpendiculaire en K sur 1 cm. Nommez ce point K'.
Sur HJ et en partant de H, placez J' tel que **HJ' = 2/5 de HJ**. Tracez une ligne droite joignant B' et J'. Placez L au milieu de B'J' et tracez vers le bas une perpendiculaire en L sur 2 cm. Nommez ce point L'.
À l'aide du perroquet, tracez la *tête de manche* en reliant les points BK'I'XJ'L'B' en respectant une platitude de 0,75 cm à partir de B, de 0,5 cm de part et d'autre de X et de 1 cm au niveau de B'.

Transformations de la manche de base

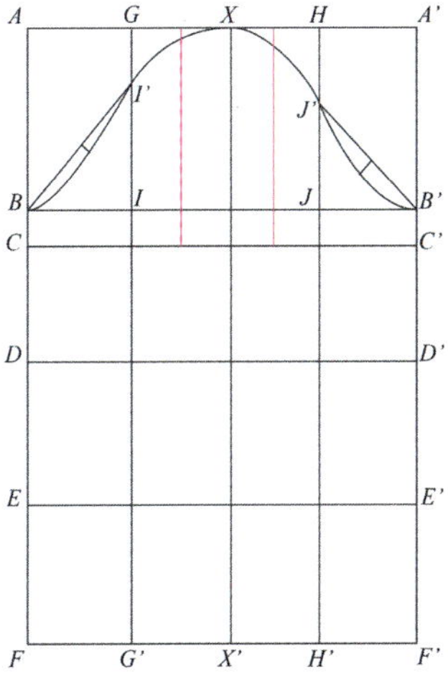

5. Tracez une ligne parallèle à XX', à mi-chemin entre G et X, et une seconde parallèle à mi-chemin entre X et H.

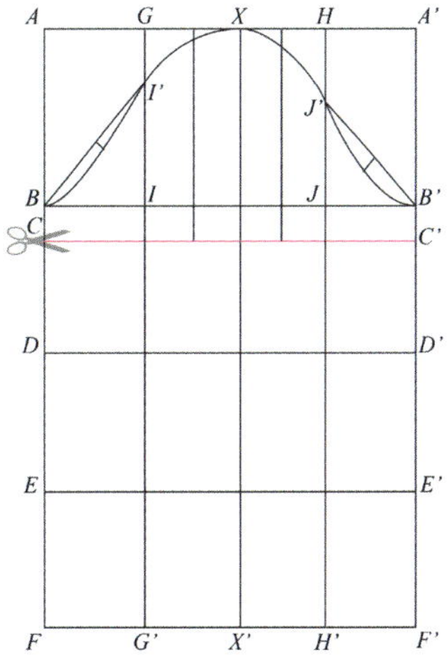

6. Découpez la manche sur la ligne CC'.

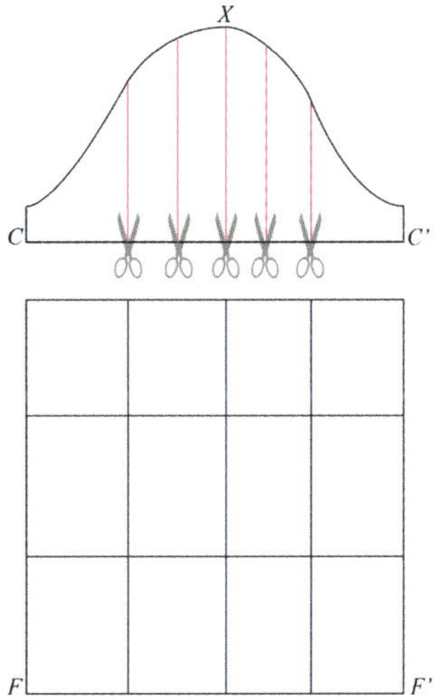

7. Fendez toutes les lignes verticales sur toute leur hauteur.

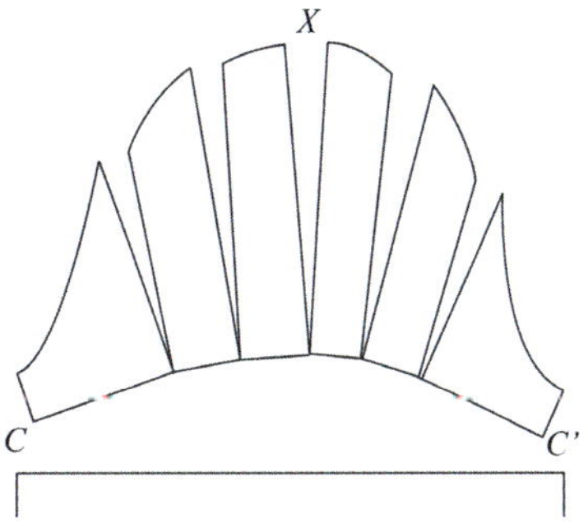

8. Donnez 4 cm d'évasement au niveau la *tête de manche* entre chaque pan.

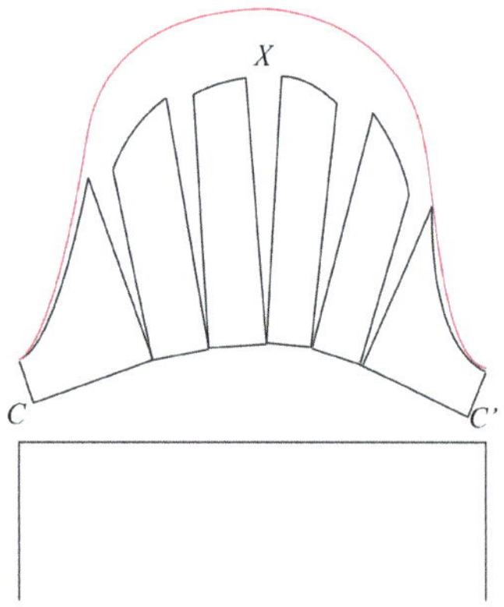

9. Retracez la *tête de manche* en repositionnant X 7 cm plus haut que le point X initial. À l'aide du perroquet, retracez l'intégralité de la *tête de manche*.

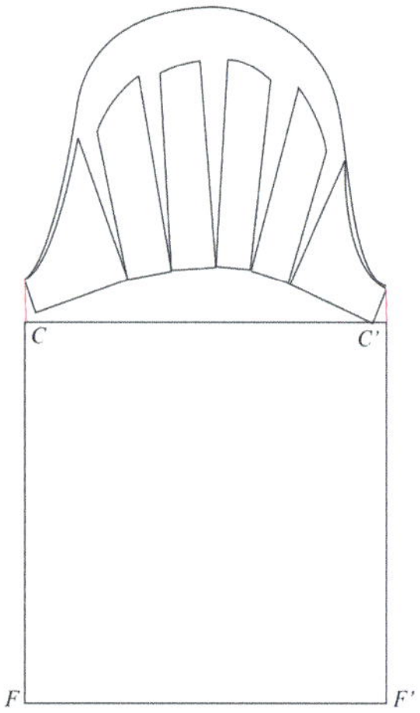

10. Collez votre transformation sur la base de manche restante (CC') en veillant à ce que la ligne XX' soit bien droite. Rejoignez en ligne droite C et F ainsi que C' et F' en veillant à ce que ces deux mesures de *dessous de manche* correspondent. Si ce n'est pas le cas, ajustez la *tête de manche* de quelques millimètres pour que les deux mesures de *dessous de manche* coïncident.

INFO

▶ **Ici est illustrée la transformation sur une manche longue, mais vous pouvez raccourcir la manche pour avoir une manche 3/4, une manche au niveau du coude ou une manche courte !**

Patronage de la manche gigot

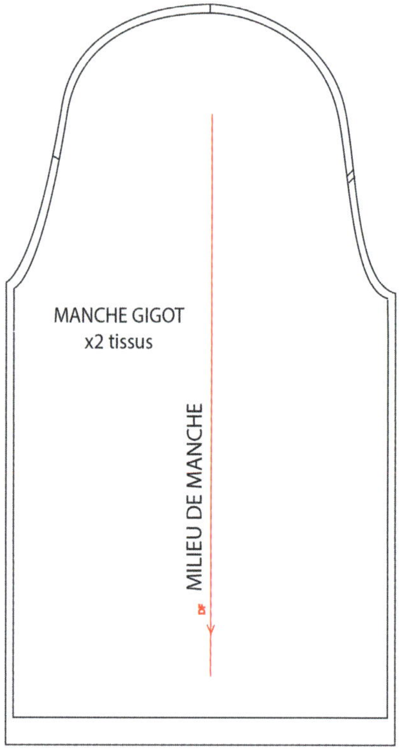

11. Le droit-fil reste inchangé, il est toujours parallèle à XX'.

Les valeurs de couture sont de 1 cm tout autour de la manche sauf en bas de la manche, où vous devez tracer une valeur habituelle d'ourlet de 3 cm.

N'oubliez pas de mettre les crans. Ils vous serviront à répartir le volume de fronces entre les crans d'*emmanchure* pour obtenir le bouffant de la manche gigot.

LES COLS

Dans cette partie, vous allez apprendre à tracer un pied de col, le col classique de chemise, le col Claudine et le col lavallière.

LE COL DE CHEMISE

Traçage du pied du col

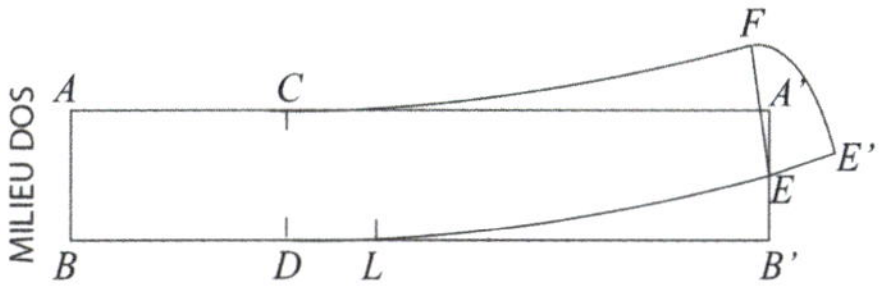

1. Tracez une ligne horizontale **AA' = ½ *encolure*** (du vêtement tracé). Tracez une ligne AB perpendiculaire à AA' avec **AB = 3 cm**. Tracez le rectangle AA'B'B.
En partant de A, placez C à **⅓ de AA'**, et en partant de B, placez D à **⅓ de BB'**.
Sur A'B' et en partant de B', placez E tel que **B'E = 1/10 de BB'**.
À l'aide du perroquet, en partant de E, joignez D en courbe douce.
En partant de E, placez vers le haut F perpendiculairement à DE tel que **EF = 3 cm**. Tracez EF.
À l'aide du perroquet, en partant de F, joignez C en le tangentant.
Prolongez en ligne droite DE de la mesure de la croisure du vêtement à coudre. Nommez ce nouveau point E'. Joignez F à E' en dessinant un arrondi.

INFO

▶ **Sur votre construction de vêtement, mesurez bien la valeur partant de la ligne du *milieu devant* et allant jusqu'à la ligne de *croisure/pliure* et non au-delà.**

Placez L sur BE' tel quel **BL = ½ *encolure dos***. Ce point représente le cran d'épaule.

INFO

▶ **Le *pied de col* est commun à tous les cols. Il sert à donner de la hauteur et du maintien aux *cols*.**

Traçage du col

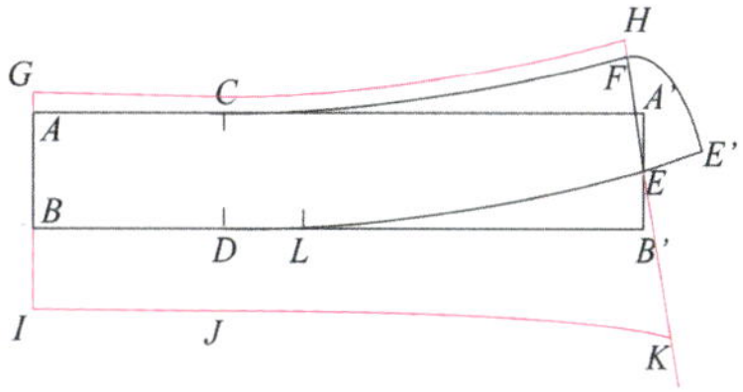

2. Tracez une parallèle à AF 0,5 cm au-dessus de cette dernière. Nous nommerons respectivement les points G et H.
Prolongez GB de 2 cm et placez le point I. Depuis I, placez le point J sur une ligne parallèle à BD tel que **BD = IJ**.
Prolongez la droite HE d'environ 15 cm. À partir de J, tracez une *pointe de col* plus ou moins pentue vers le prolongement de HE, et nommez l'intersection K. Les points HFK sont alignés.

Ajustement du col

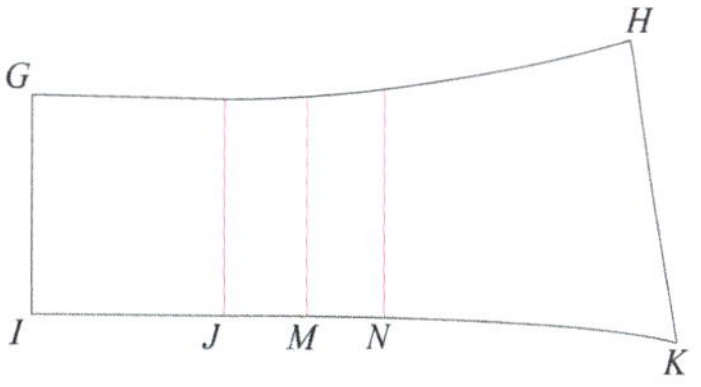

3. Relevez séparément le *col* (GHKJI) et le *pied de col* (ACFE'EDB).
Placez M sur JK tel que **JM = DL**.
Placez N sur JK tel que **JM = MN**.
Tracez sur la hauteur totale du col trois lignes parallèles à AB, la première passant par J, la deuxième passant par M et la troisième passant par N.

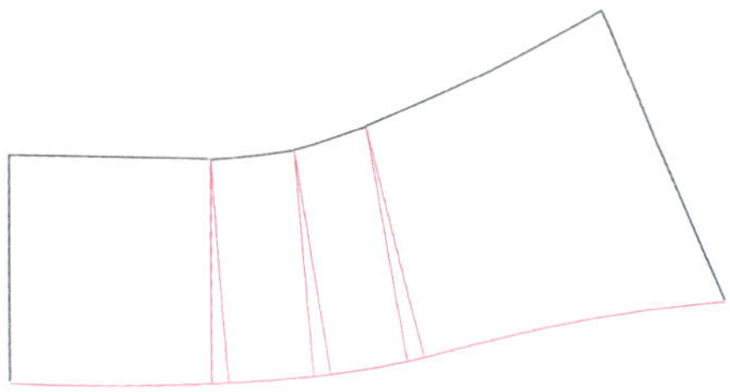

4. Fendez ces lignes et donnez 0,5 cm d'espace en bas de ces trois lignes.
À l'aide du perroquet, retracez harmonieusement le bas du col.

Patronage du col et du pied de col

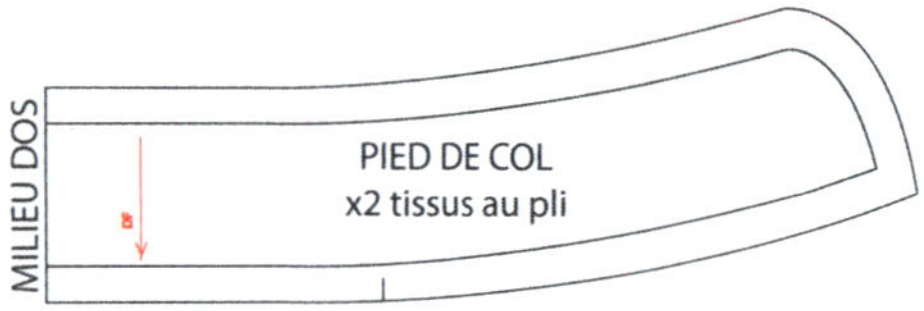

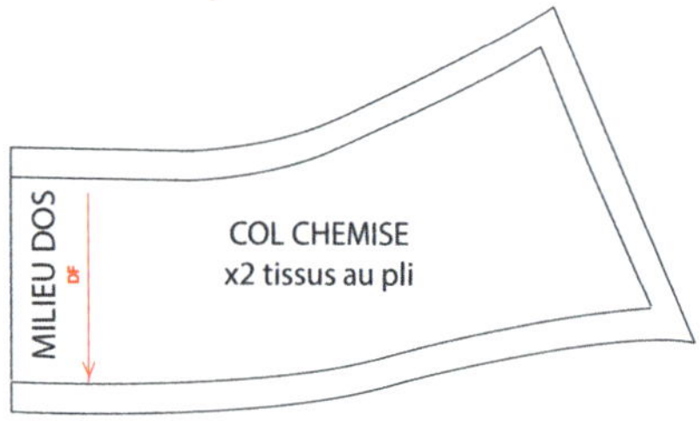

5. Le droit-fil du *col* et celui du *pied de col* doivent être parallèles au *milieu dos*, c'est-à-dire parallèles à AB.
Les valeurs de couture sont de 1 cm tout autour du *pied de col* et du *col* hormis au *milieu dos* (AB et GI), car les pièces sont à couper au pli.

LE COL CLAUDINE

Traçage du pied du col

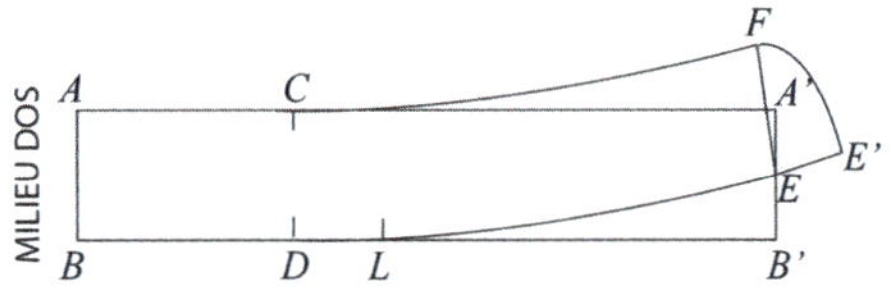

1. Tracez une ligne horizontale **AA' = ½ *encolure* (du vêtement tracé)**. Tracez une ligne AB perpendiculaire à AA' avec **AB = 3 cm**. Tracez le rectangle AA'B'B.
En partant de A, placez C à ⅓ **de AA'**, et en partant de B, placez D à ⅓ **de BB'**.
Sur A'B' et en partant de B', placez E tel que **B'E = 1/10 de BB'**.
À l'aide du perroquet, en partant de E, joignez D en le tangentant.
En partant de E, placez vers le haut F perpendiculairement à DE tel que **EF = 3 cm**. Tracez EF.
À l'aide du perroquet, en partant de F, joignez C en le tangentant.
Prolongez en ligne droite DE de la mesure de la croisure du vêtement à coudre en E'. Joignez F à E' en dessinant un arrondi.

INFO

▶ **Sur votre construction de vêtement, mesurez bien la valeur partant de la ligne du *milieu devant* et allant jusqu'à la ligne de *croisure/pliure* et non au-delà.**

Placez L sur BE' tel quel **BL = ½ *encolure dos***. Ce point représente le cran d'épaule.

INFO

▶ **Le *pied de col* est commun à tous les cols. Il sert à donner de la hauteur et du maintien aux *cols*.**

Traçage du col Claudine

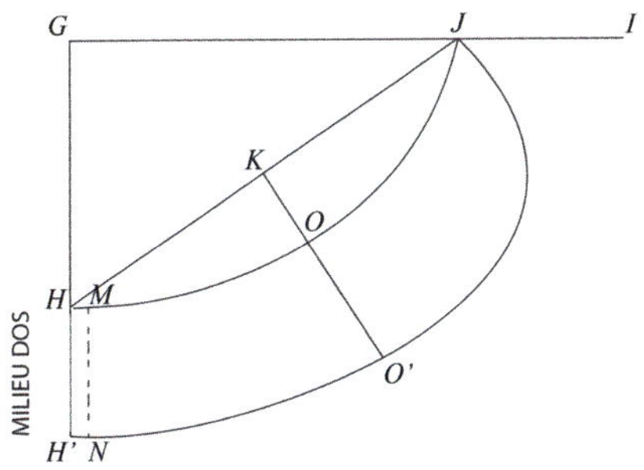

2. Sur une ligne verticale, tracez GH de telle sorte que **GH = ⅗ de BE**.

Tracez en G une ligne perpendiculaire à GH de 20 cm. Nommez-la GI.

En partant de H, tracez une ligne coupant GI en J, tel que **HJ = ½ *tour d'encolure* × 0,875.**

Placez K au milieu de HJ.

Tracez vers le bas une perpendiculaire à HJ passant par K. Placez O sur cette ligne tel que **KO = ¼ de GH**.

À l'aide du perroquet, tracez l'arrondi du col Claudine passant par HOJ en veillant à garder une platitude et un angle droit en H mesurant au moins 1,5 cm. Mesurez HOJ (*encolure du tombant*), puis mesurez ACF (*haut du pied de col*). Les deux mesures doivent correspondre. Si la mesure du *col* (HOI) ne correspond pas à celle du *pied de col* (ACF), déplacez le *milieu dos* (GH) du col Claudine en traçant une ligne MN parallèle à GH, pour agrandir ou rétrécir le *col*.

Placez H' sur GH 6 cm sous H (ou sur MN, à 6 cm de N si vous avez dû ajuster la mesure du col).

Prolongez KO de 6 cm et placez O'.

À l'aide du perroquet, tracez le *tombant de col* passant par H'O'J en débordant à droite de J.

Patronage du col et du pied de col

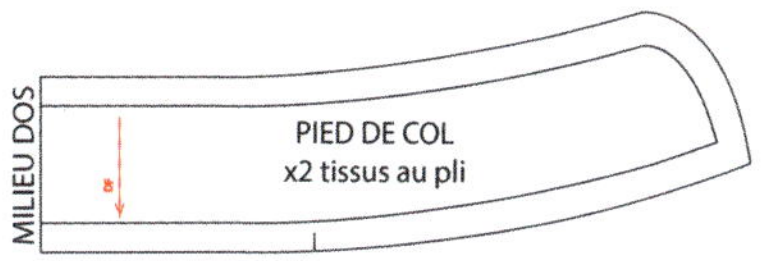

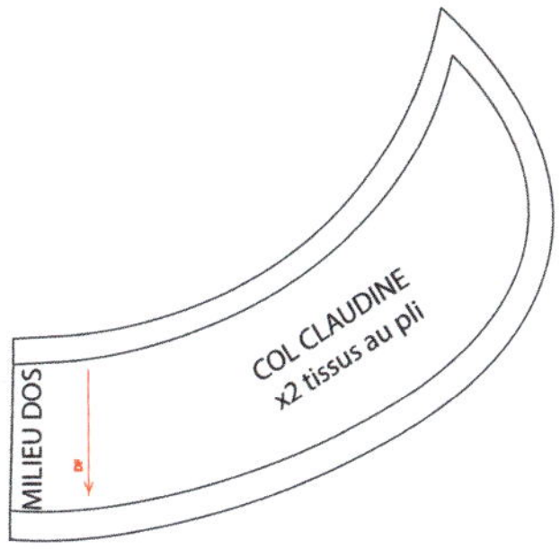

3. Le droit-fil du *col* et celui du *pied de col* doivent être parallèles au *milieu dos*, c'est-à-dire parallèles à AB ou à GH ou à MN.

Les valeurs de couture sont de 1 cm tout autour du *pied de col* et du *col* hormis au *milieu dos* (AB et GH ou MN), car les pièces sont à couper au pli.

Pensez à mettre le cran d'épaule sur le *pied de col* en L.

POUR ALLER PLUS LOIN

Vous pouvez décliner le col Claudine en dessinant des pétales au niveau du *tombant de col* plutôt qu'un arrondi continu.

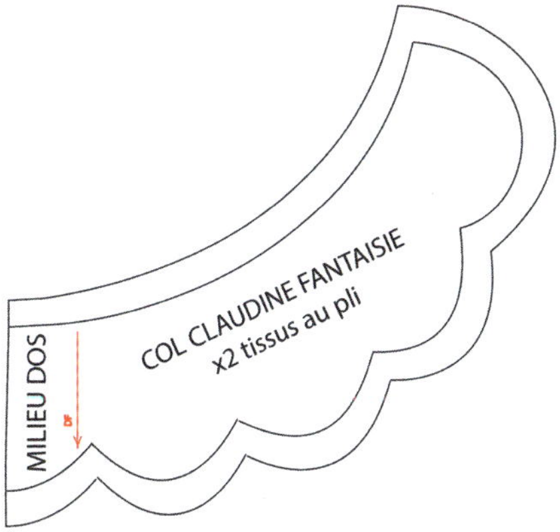

LE COL LAVALLIÈRE

Traçage du col

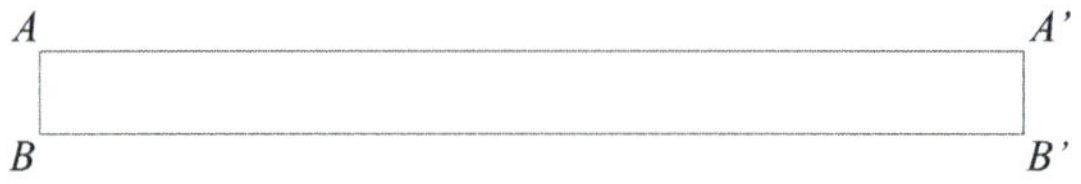

1. Tracez une ligne verticale AB dont la longueur est comprise entre 4 ou 6 cm en fonction de la hauteur du col souhaitée. Cette ligne constitue le *milieu dos*.
Tracez une ligne perpendiculaire à AB passant par A. Placez A' sur cette ligne de sorte que **AA' = votre ½ *encolure dos* + votre ½ *encolure devant* + 50 cm**.
Tracez BB', parallèle et de même longueur que AA'.
Reliez A' et B'

Patronage du col et du pied de col

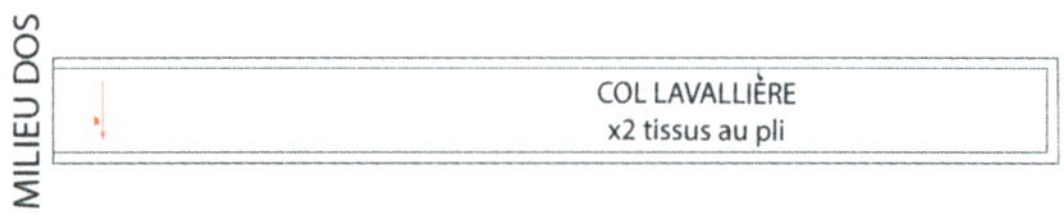

2. Le droit-fil du col est parallèle au *milieu dos*, c'est-à-dire parallèle à AB.
Les valeurs de couture sont de 1 cm tout autour du *col* hormis au *milieu dos* (AB), car la pièce est à couper deux fois au pli.
Placez le cran d'*épaule* en C tel que **BC = longueur de la ½ *encolure dos* du modèle**.
Placez le cran du *milieu devant* en D tel que **CD = longueur de la ½ *encolure devant* du modèle**.

POUR ALLER PLUS LOIN

Vous pouvez transformer le rectangle DD'A'B' en trapèze pour donner une forme au bas du nœud du col lavallière.

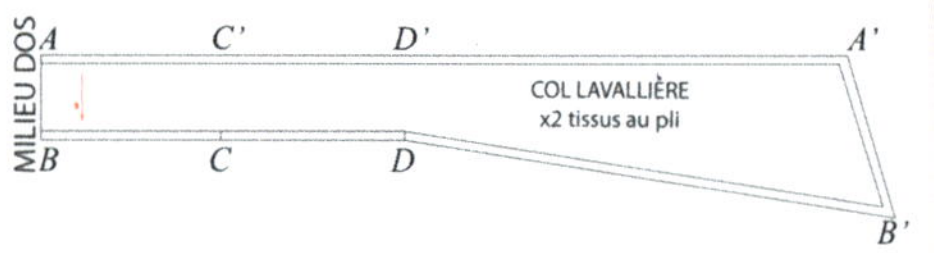

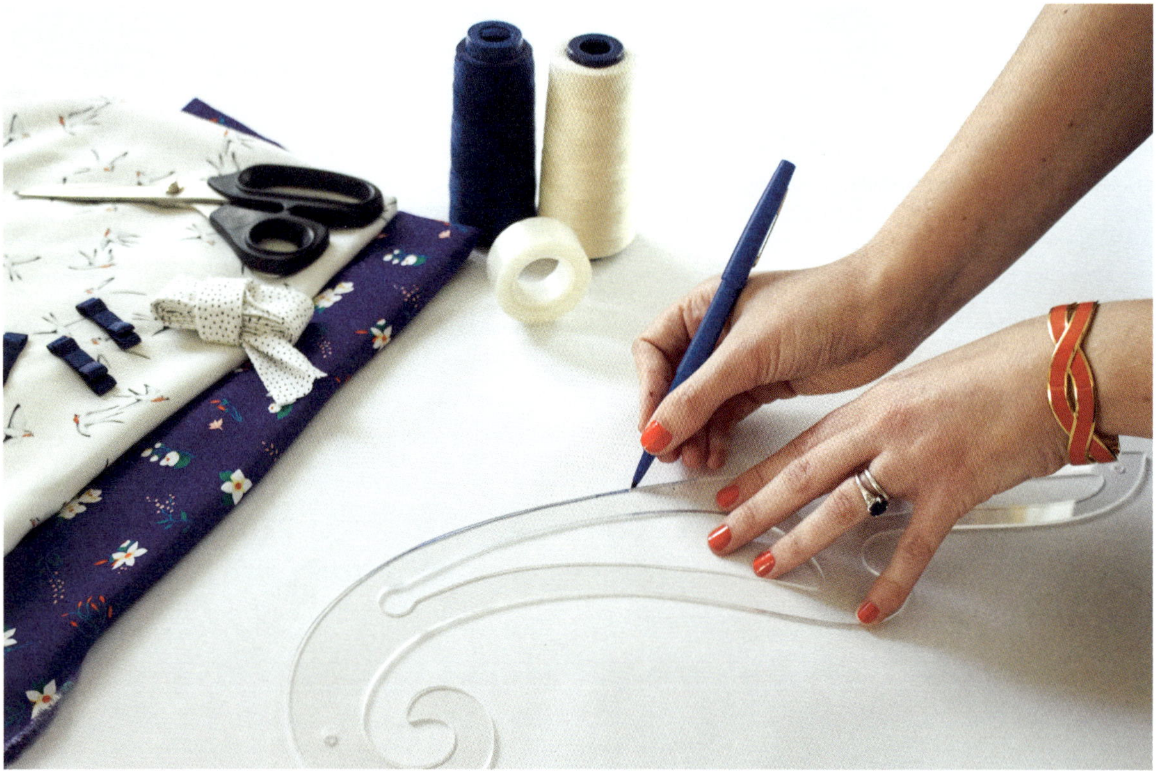

LES POCHES PLAQUÉES

Vous trouverez ici diverses formes de poches plaquées. Pensez à ajouter les valeurs de couture propres à chaque poche.

LA POCHE CŒUR

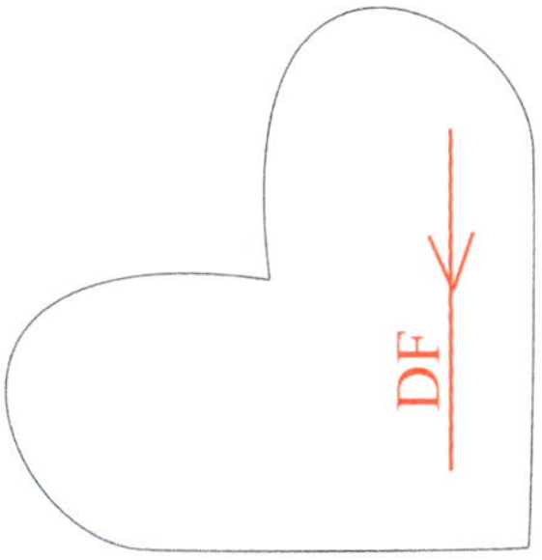

Les valeurs de couture de cette pièce à ajouter sont de 1 cm tout autour.
La poche devra être cousue en fourreau, pour une propreté des arrondis. Pensez donc à mettre des crans afin de laisser une ouverture pour pouvoir la retourner sur l'endroit.

INFO

▶ **Cette poche ne supporte pas les tissus ayant de l'élasticité.**

LA POCHE SEMI-RECTANGLE

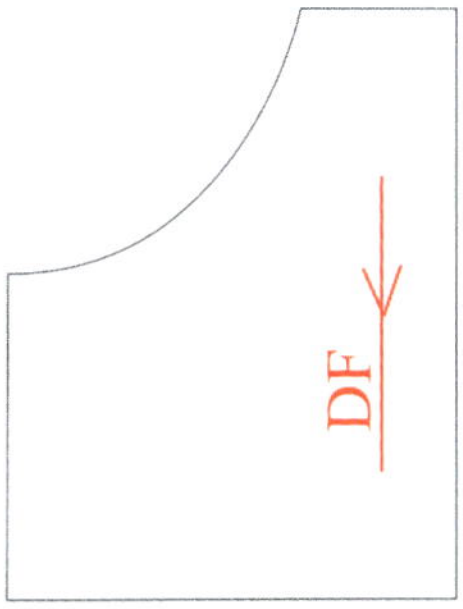

Les valeurs de couture de cette pièce à ajouter sont de 1 cm tout autour.
La poche devra être cousue soit en fourreau complet, soit en fourreau partiel, en ne prenant pas dans le fourreau le grand côté, qui sera inséré dans une découpe verticale.

LA POCHE DIAMANT

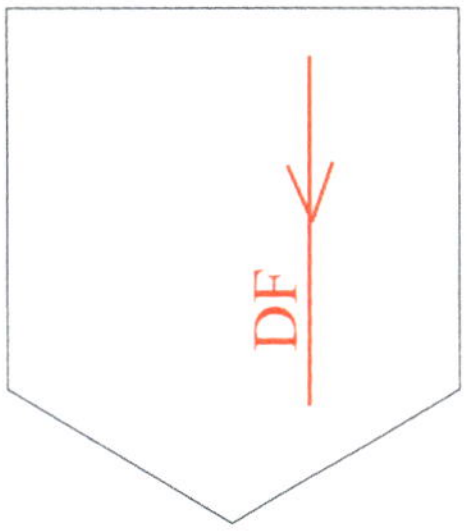

Les valeurs de couture de cette pièce à ajouter sont de 0,5 cm pour les côtés et le bas de la poche. En revanche, la valeur de couture pour le haut de la poche doit être de 3 cm pour permettre un repli.
Les valeurs de la poche devront être repliées au fer à repasser, avant de poser la poche à l'endroit voulu et de la surpiquer avec une nervure sur les quatre bords inférieurs.

LA POCHE HEXAGONALE

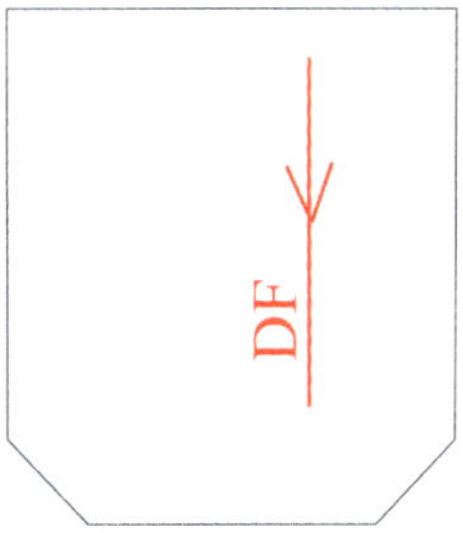

Les valeurs de couture de cette pièce à ajouter sont de 0,5 cm pour les côtés et le bas de la poche. En revanche, la valeur de couture pour le haut de la poche doit être de 3 cm pour permettre un repli.
Les valeurs de la poche devront être repliées au fer à repasser, avant de poser la poche à l'endroit voulu et de la surpiquer avec une nervure sur les cinq bords inférieurs.

LA POCHE ARRONDIE

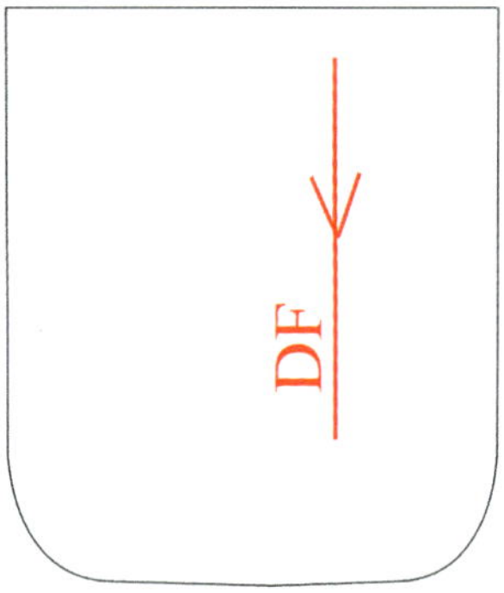

Les valeurs de couture de cette pièce à ajouter sont de 0,5 cm pour les côtés et le bas de la poche. En revanche, la valeur de couture pour le haut de la poche doit être de 3 cm pour permettre un repli.
Les valeurs de la poche devront être repliées au fer à repasser, avant de poser la poche à l'endroit voulu et de la surpiquer avec une nervure sur l'arrondi.

LA POCHE CARRÉE CLASSIQUE

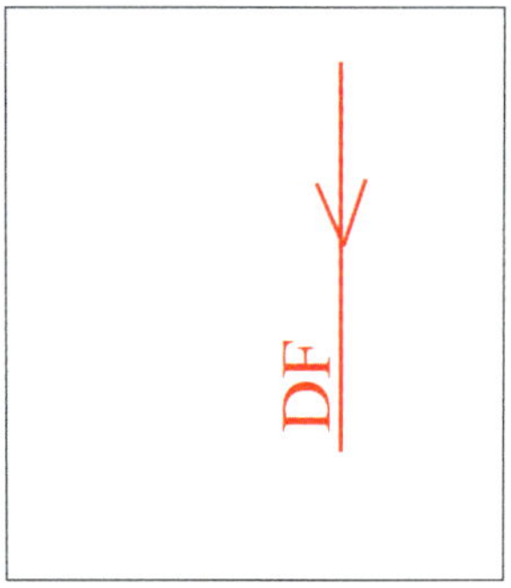

Les valeurs de couture de cette pièce à ajouter sont de 0,5 cm pour les côtés et le bas de la poche. En revanche, la valeur de couture pour le haut de la poche doit être de 3 cm pour permettre un repli.
Les valeurs de la poche devront être repliées au fer à repasser, avant de poser la poche à l'endroit voulu et de la surpiquer avec une nervure sur les trois bords inférieurs.

LES RABATS DE POCHE

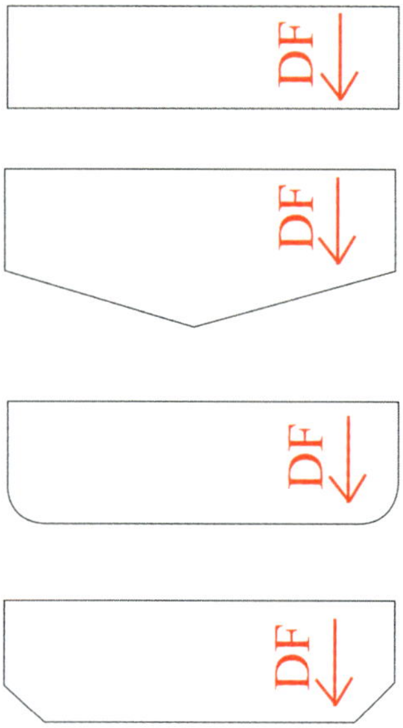

Vous pouvez ajouter un rabat de poche sur les poches diamant, hexagonale, arrondie ou carrée. Les quatre rabats proposés ci-dessus fonctionnent avec les quatre poches présentées précédemment.
Les valeurs de couture à ajouter pour chacun de ces rabats sont de 0,5 cm pour les côtés et le bas des rabats. En revanche, la valeur de couture pour le haut des rabats doit être de 1 cm. En effet, les rabats devront être coupés à double, cousus endroit contre endroit en fourreau au niveau des valeurs de couture de 0,5 cm, puis retournés sur l'endroit grâce à l'ouverture laissée par la partie haute des rabats non cousue.
Une fois sur l'endroit, repassez le rabat bien à plat et piquez le haut du rabat au-dessus de la poche.

LE NŒUD RECTANGLE

Je vous propose ici des explications pour réaliser un nœud. Simple et rapide à faire, il apporte une touche de glamour et de féminité sur le vêtement de votre choix. Vous pouvez le coudre sur une bretelle, sur une ceinture, dans le dos…

Tracer le nœud

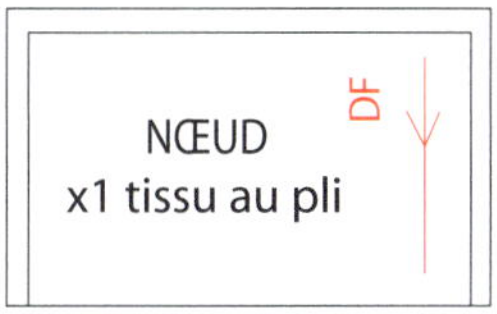

1. Estimez la taille du nœud fini tel que vous le désirez et tracez un rectangle correspondant à ces mesures. Tracez 1 cm de valeur de couture sur les deux largeurs ainsi que sur une longueur, et tracez le droit-fil parallèle à la largeur du nœud. La pièce sera à couper une fois au pli.

Coudre le nœud

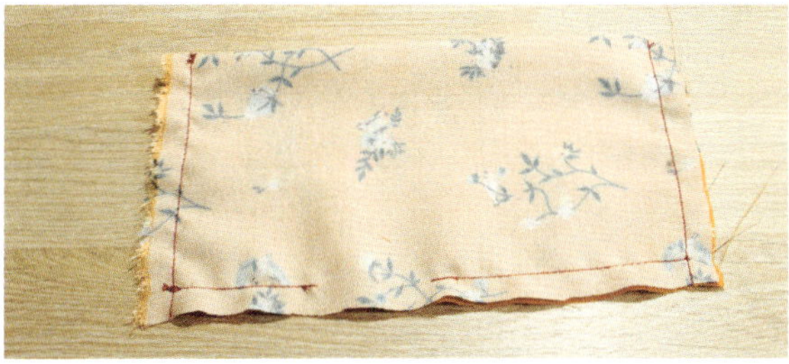

2. Placez les deux rectangles endroit contre endroit et assemblez-les tout autour à 1 cm de couture en pensant à laisser une ouverture de 3 cm au milieu d'une des deux longueurs.

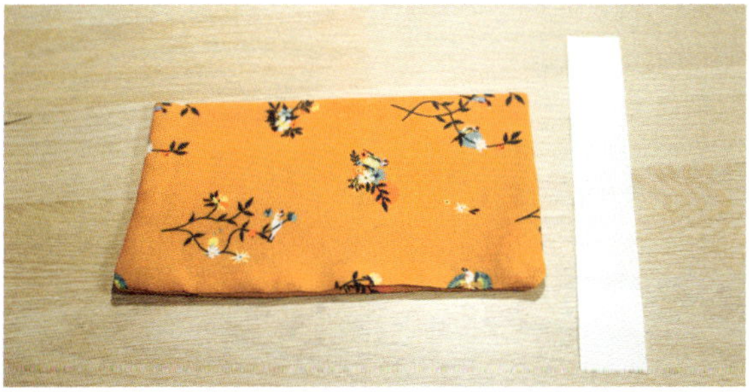

3. Dégarnissez les angles à l'aide de vos petits ciseaux de couture, puis retournez le nœud sur l'endroit grâce à la petite ouverture laissée en faisant ressortir les angles. Repassez le nœud bien à plat.

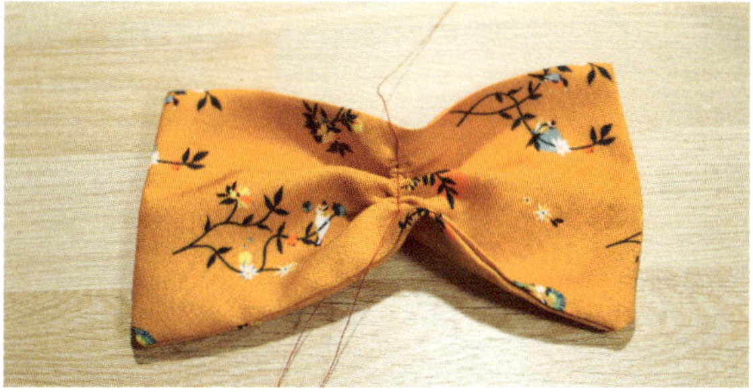

4. Passez un fil de fronces au milieu du nœud, dans le sens de la largeur. Tirez les fils pour froncer plus ou moins le nœud en fonction du look souhaité.

INFO

▶ Un fil de fronces se réalise avec de larges points et n'a pas de point d'arrêt. Pensez à laisser une dizaine de centimètres de fil de chaque côté de la couture pour pouvoir le tirer.

Choisissez un joli ruban, large de 3 ou 4 cm, puis faites un anneau avec ce ruban, plus ou moins serré en fonction du look souhaité.
Passez le nœud dans cet anneau.
À l'aide d'une aiguille, fixez l'anneau de ruban au nœud pour qu'il ne glisse pas.

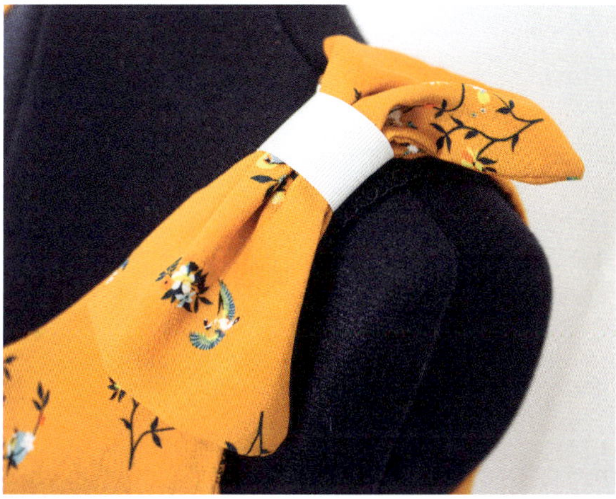

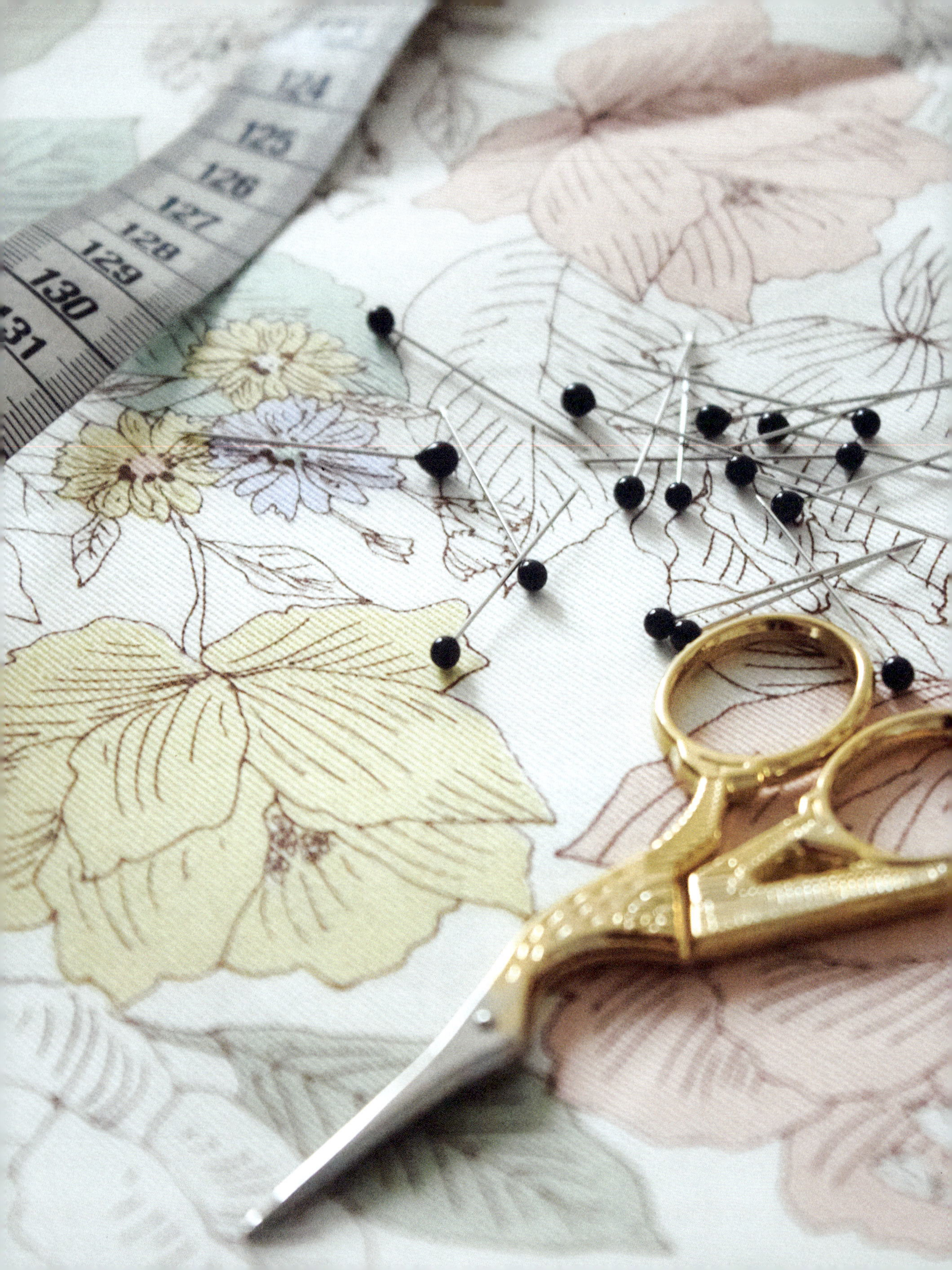
124
125
126
127
128
129
130
131

REMERCIEMENTS

Je remercie CréaPassions et Anne Kalicky – Comptoir éditorial, qui m'ont permis de créer mon premier livre en toute sérénité et en toute confiance.

Je remercie mon papa, Sylvain, 100 % néophyte en couture, qui a accepté de tracer chacun des patrons en suivant mes explications pour vérifier que tout soit accessible aux grands débutants. Je voudrais aussi remercier ma maman, Annick, qui m'a épaulée dans les prises de vues durant la période difficile du confinement.

Je remercie mes amis, Geneviève et Célia et mon mari, Benoit, qui ont été d'un enthousiasme sans faille et qui m'ont encouragée dans cette nouvelle expérience de plume.

Enfin, je remercie Karen, l'illustratrice lyonnaise des tissus Kakoungochi Fabrics, pour ses jolis imprimés romantiques qui m'ont inspirée tout le long du livre.

Dans la même collection :

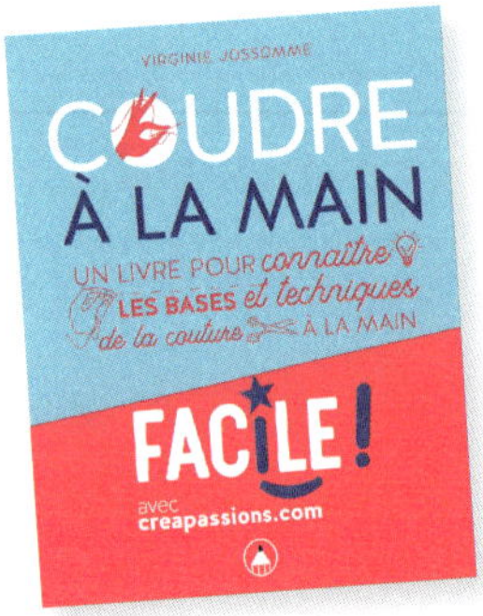

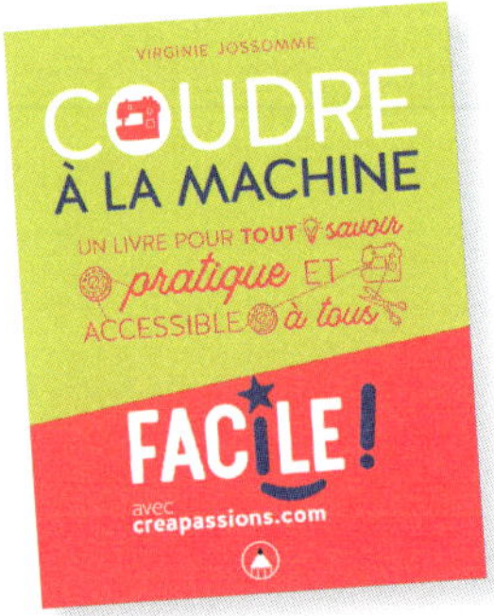

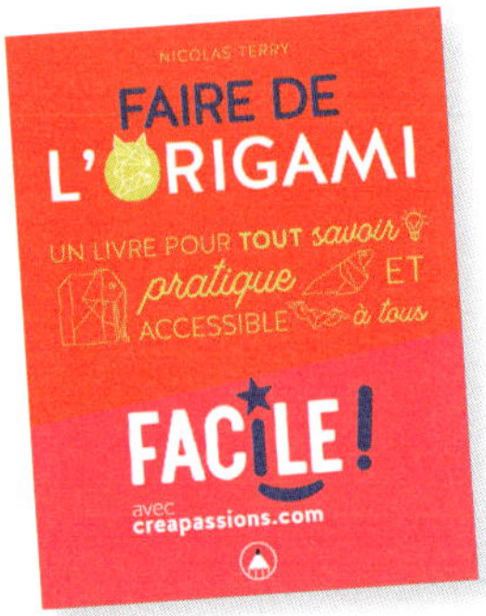

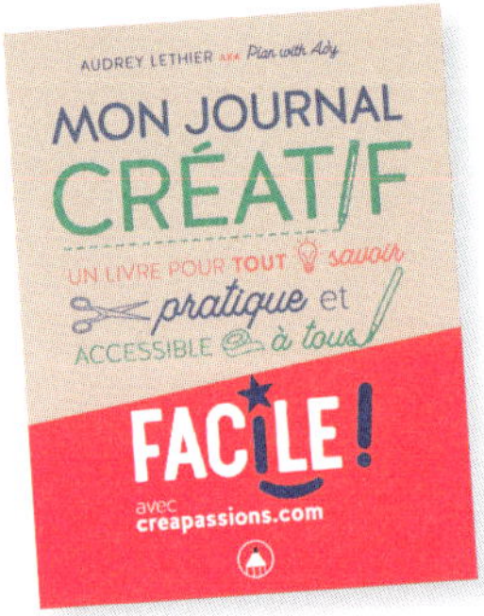

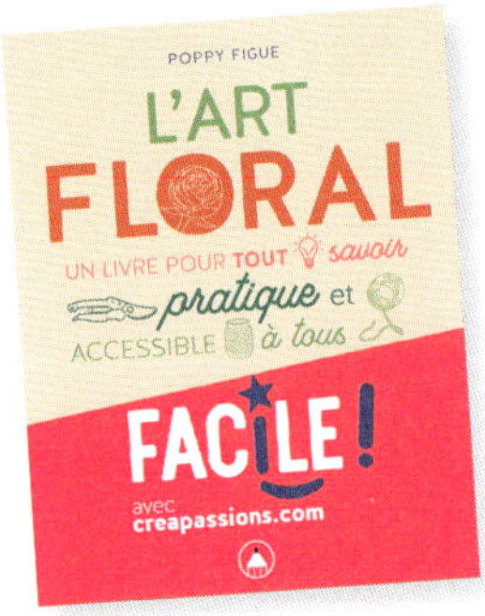

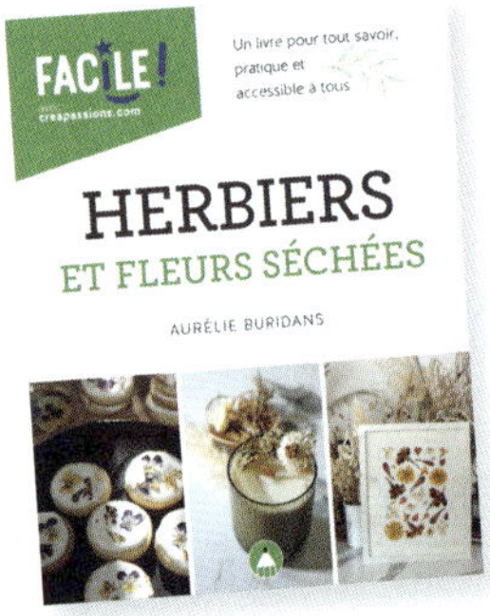

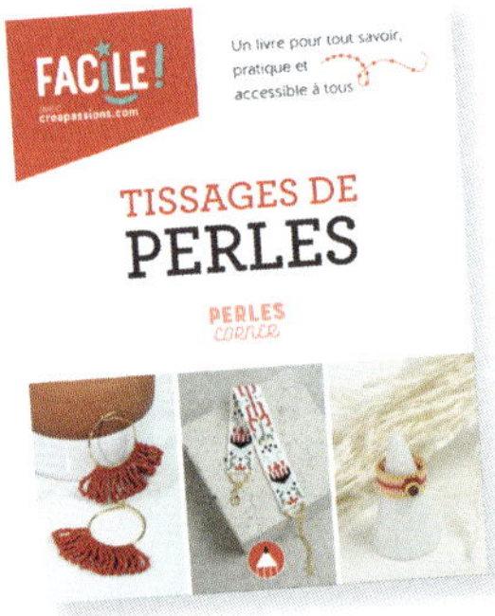

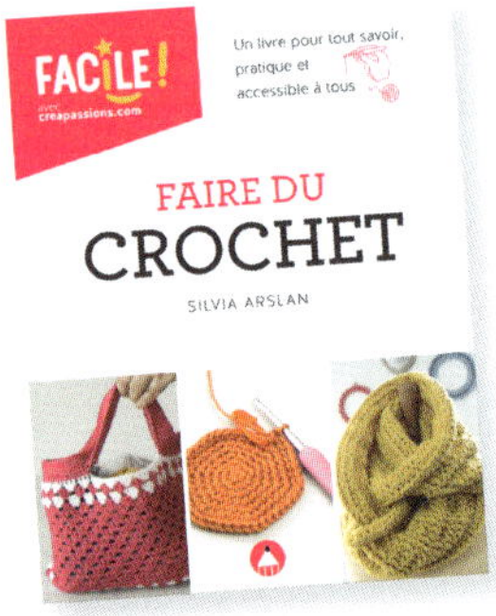

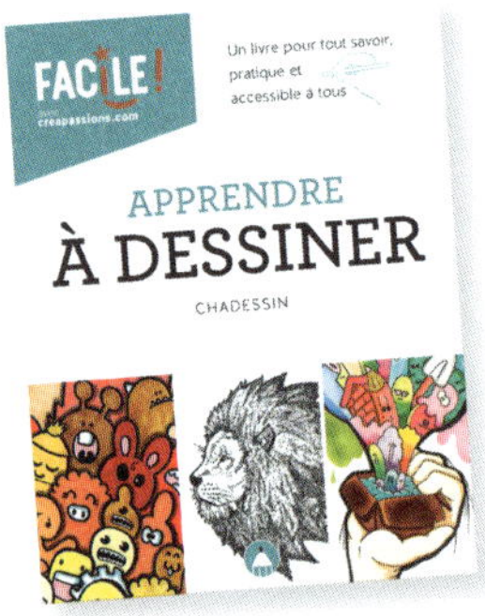

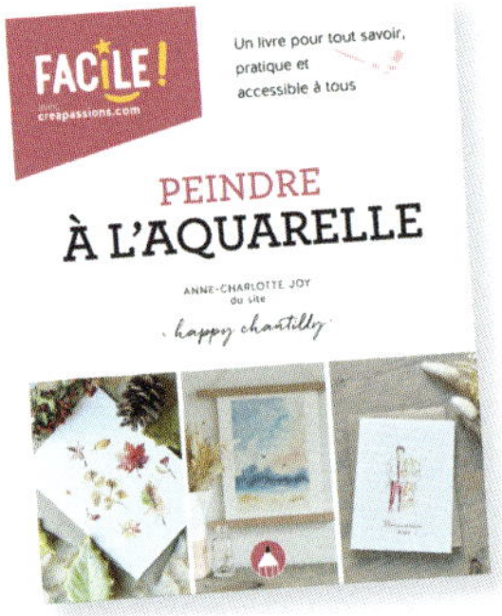

Direction d'ouvrage : Anne Kalicky – Comptoir éditorial
Lecture et corrections : Clémentine Sanchez
Graphisme de la collection : Xavier Crauffon
Couverture et mise en pages : Alexandrine Bauville

Des sociétés du groupe V PUBLICATIONS

www.v-publications.net

ISBN : 978-2-8141-0604-8
Dépôt légal : octobre 2020.
Imprimé en U.E.

FACILE !